JN409817

성경의 문(門)으로 들어가서
하이델베르크 요리문답의
창(窓)으로 보는

# 십계명

## 역사 속에 잃어버린 보물

최 영 인 지음

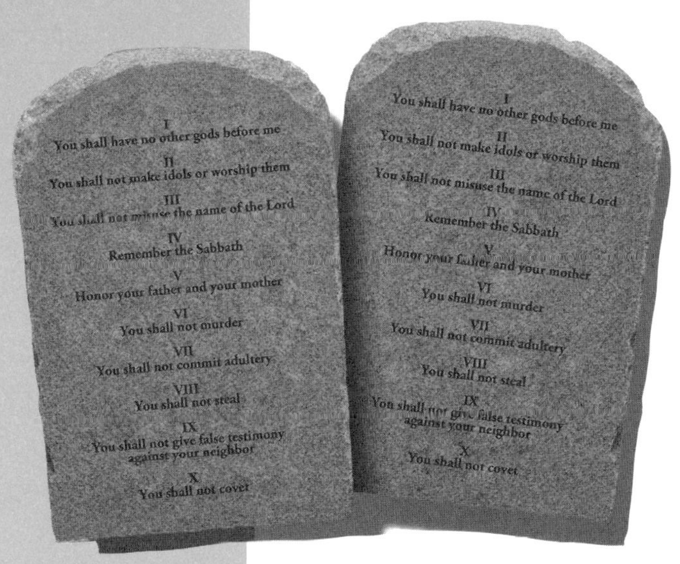


예사람
예수닮기를소망하는사람들

# 머리말

종교개혁 이후 개혁교회 및 장로교회에서 교회가 바른 신학, 바른 목양, 바른 신앙을 견지하기 위한 가장 중요한 초석은 사도신경, 주기도문, 십계명을 통한 교리교육, 그리고 요리문답을 통해 신앙고백적 공동체의 추구였습니다. 하지만 많은 교회가 우리에게 전수된 신앙 고백을 창고 안에 두고 활용하지 않아 먼지가 쌓여 갑니다.

세속의 정신과 이단들, 유사 종교들이 교회의 담장과 울타리를 무너뜨리려 할 때, 성도들이 쉽게 무너지는 이유가 무엇일까요? 한동안 교회가 '이신칭의'만 강조하며 값싼 구원의 은혜를 가르친 결과 윤리적 삶을 강조하지 않아서 교회가 이렇게 되었다는 자성의 목소리가 있었습니다. 이로 인해 '복음'보다는 '윤리와 행함'을 많이 강조한 결과, 강단에서도 이제는 '하나님의 존재와 속성, 예수 그리스도의 구속 사역'에 대한 설교보다 모범적인, 도덕적인 설교가 주를 이루고 있습니다. 하지만 사실 근본적인 원인은 구원받은 백성이 하나님이 원하시는 삶을 살 수 있도록 주신 '십계명'을 교회가 간과하고 있기 때문 아닐까요?

이 책은 교회 안에서 신앙의 성장과 성숙을 위해 우리 믿음의 선배들이 요리문답과 신앙고백서를 통해 어떻게 십계명을 가르쳐 왔는지 소개합니다. 먼저 신, 구약 성경의 문(門)을 열고 들어가 하나님의 의도를 살핀 뒤에, 하이델베르크 요리문답의 창(窓)으로 나와 실제적인 삶의 적용의 방법까지 다루고 있습니다.

본문의 모든 내용은 책상에 앉아 연구한 산물이 아닙니다. 설교자에게 먼저 적용된 말씀입니다. '어떻게 전한대로 살 수 있을까?', '성도들은 삶에서 무엇을 고민하고 아파할까?'를 생각했습니다. 더 나아가 이 책을 통해 십계명에 관련된 많은 신학자와 목회자들을 소개하려는 목적도 있습니다.

사월교회 당회원들께서 성도의 양육과 가르침을 위해 함께 동역하며 애쓰고 있습니다. 함께 동역하는 교역자들도 열과 성을 다해 이 책의 교정과 편집에 수고하였습니다. 또한 성도들도 매주 공예배 복음 설교에 귀를 기울여 주시고 십계명의 삶을 살고자 노력하고 있습니다. 모두가 합력했기에 이 책이 나오게 되었습니다.

2020년은 사월교회가 122주년이 되는 뜻 깊은 해입니다. 하나님께 감사를 드리며, 이 책이 성삼위 하나님의 나라와 이름과 뜻을 위하여, 이 글을 읽는 독자들의 거룩한 성장을 위하여 미력하게나마 쓰일 수 있기를 진심으로 바랍니다.

저자 최영인 목사 올림

# 차례

잃어버린 보물, 십계명을 찾는 여정에

여러분을 초대합니다.

# I

# 십계명, 역사 속에 잃어버린 보물

예수께서 이르시되 네 마음을 다하고 목숨을 다하고 뜻을 다하여 주 너의 하나님을 사랑하라 하셨으니 이것이 크고 첫째 되는 계명이요 둘째도 그와 같으니 네 이웃을 네 자신 같이 사랑하라 하셨으니 이 두 계명이 온 율법과 선지자의 강령이니라

히4:14-16

# 1. 십계명, 역사 속에 잃어버린 보물

예수께서 이르시되 네 마음을 다하고 목숨을 다하고 뜻을 다하여
주 너의 하나님을 사랑하라 하셨으니 이것이 크고 첫째 되는 계명이요
둘째도 그와 같으니 네 이웃을 네 자신 같이 사랑하라 하셨으니
이 두 계명이 온 율법과 선지자의 강령이니라
히 4:14~16

## 신앙에도 계기판이 필요하다

오늘날 조국 교회의 모습은 세상에서 구별된 공동체(共同體)라기보다 세상 가치가 범람하는 세속화된 공장(工場)처럼 느껴집니다.[1)] 우리가 주일 공예배를 은혜롭게 마친 뒤 예배당 밖으로 한 걸음만 나가면 즉각 반기독교적 정서와 맞닥뜨립니다. '절대'나 '권위' 같은 단어들을 싫어하는 이들은 우리를 향해 "너 자신을 믿고, 남의 눈을 의식하지 말며, 네 감정에 충실하라"라고 외칩니다.

여러분, 비행착각(Vertigo)이라는 말을 아십니까? 비행착각이란 전투기 조종사가 비행 중 순간적으로 색깔이 비슷한 하늘과 바다를 착각하는 일종의 착시현상입니다. 조종사가 육안으로 볼 때 하늘인 줄 알고 비행하다가 바다로 추락하는 경우가 있기 때문에 조종사는 자신의 감정, 느낌, 기분, 눈을 믿으면 안됩니다. 고도로 훈련된 베테랑 조종사라 할지라도 계기판에서 눈을 떼면 언제든 비행착각에 빠질 수 있습니다.

아무리 오랫동안 신앙생활을 한 그리스도인이라도 신앙생활의 비행

착각에 빠지지 않으려면 어떻게 해야 할까요? 어떤 계기판을 보아야 바다에 빠지지 않고 푸른 하늘을 날 수 있을까요? 누군가 제게 묻는다면 저는 1초의 망설임도 없이 십계명이라고 답하겠습니다.

**Q** 불교, 유교, 천주교, 회교 등 다양한 종교들이 공존하는 포스트모던(Post Modern) 사회에서 "나 외에는 다른 신들을 섬기지 말라"는 계명은 과연 어떤 의미가 있습니까?

**Q** 현대에는 피조물 형상으로 신의 이미지를 만드는 사람을 찾기 어려운데, 하나님의 형상을 만들지 말라는 계명이 무슨 의미가 있을까요?

**Q** 여호와의 이름조차 잘 모르고 모호한데, 망령되게 부른다는 말은 무슨 의미입니까?

**Q** 요즘 시대는 주5일 근무제를 시행하는데, 안식일을 기억하여 거룩하게 지킬 필요가 있을까요?

**Q** "부모를 공경하라"는 계명은 가부장적 전통의 명령 같아요. 또한 섬길 부모가 없는 고아들은 어떻게 해야 할까요?

**Q** 간통죄가 폐지되고, 동성애 옹호의 목소리는 더 커집니다. 인간에게 성은 삶의 자연스러운 선물인데 "간음하지 말라"는 말씀을 성 윤리의 중심으로 삼을 수 있을까요?

**Q** 그리스도인이라면 사람을 살인까지 하는 경우가 있을까요? 또한 사형제도, 낙태, 자살 등을 어떻게 이해해야 하나요?

**Q** 세금을 요령껏 내고, 거짓말을 해서라도 출세하기를 바라며, 물질에 자유롭지 못하고, 목회자들이 오히려 교회를 세습하는 등의 문제가 일어나는데 우리가 이를 어떻게 생각해야 할까요?

우리가 이런 현실 문제들을 대할 때 정답을 말하기는 쉽지 않습니다. 또 그런 삶 속에 있는 성도들을 바라보는 목회자들의 심정도 정말 어렵습니다. 오늘날 교회가 신앙생활의 기본 방향이 무엇인지, 제자도의 삶은 무엇인지 시원한 답을 주지 못한 채 표류하고 있지는 않을까요? 이럴 때 그리스도인들이 세속의 시류에 밀려나지 않고, 오히려 단단히 버티게 해 줄 닻은 무엇일까요? 세속의 공격으로부터 우리를 지켜줄 안전한 울타리와 담장은 무엇일까요? 그리스도인으로서 세상을 거뜬히 이길 수 있는 전투교범은 무엇일까요? 바로 우리가 그동안 잃어버렸던 보물, 십계명입니다.

## 관심 밖의 십계명

십계명은 주일학교 여름성경학교 주제 정도로만 활용될 뿐 그리스도인들에게 그간 제대로 주목받지 못했습니다. 십계명이 이처럼 관심 밖이었던 이유가 무엇일까요?

첫째, 교회 외부의 문화적 영향입니다. 세상은 늘 도덕과 윤리, 그리고 종교적이며 영적인 문제에 무관심했습니다. 새로운 천년을 맞이하며 뉴에이지 운동, 신비주의, 이슬람의 급성장, 보편구원론의 정서가 만연했습니다.[2] 그리스도인들도 절대적이며 객관적인 삶의 법칙인 십계명보다는 찬양 집회, 내적치유, 은사 운동 등에 더 관심이 많았습니다. 교회 역시 하나님과 이웃과의 관계에서 객관적이며 윤리적인 문제보다 주관적이며 심리적인 문제에 더 큰 관심을 기울였습니다.[3]

둘째, 교회 내부의 신학적 문제입니다. 특히 많은 교회들이 율법과 은혜의 관계를 잘못 이해한 결과 십계명까지 오해했습니다. 구원은 오직 은혜로 받기 때문에 율법과는 아무 관계가 없다고 생각하는 '무율법주의' 혹은 '방탕주의'의 잘못된 성경 지식과 신학이 범람했습니다.[4] 그리고 교회마다 교인 숫자만 신경쓰다 보니 성경과 신학이 빈곤해졌습니다.

복을 받고 부자가 되는 길만 제시하는 뒤틀린 기복신앙의 영향으로 그리스도인들은 매일의 삶을 어떻게 살아가야 하는지에 대한 고민을 진지하게 하지 못했습니다.

셋째, 십계명 단어 자체가 불러일으키는 오해도 있습니다. 십계명이라는 말 자체에서 차가운 어감과 어두운 색채, 중압감을 느낍니다. 우리 시대와 동떨어진 오래된 율법의 조항들, 고리타분한 구시대의 유물들, 무엇이든 금지하는 가부장적 명령들이라고 오해하기 쉽습니다. 열 개의 명령 가운데 여덟 개가 금지의 명령이니 부정적이라서 싫다는 이들도 있습니다. 오늘의 설교자들은 '계명과 율법'보다 '은혜, 찬양, 용서, 사랑'이라는 단어를 더 좋아합니다. 그래서인지 '죄'라는 단어보다는 '상처'와 같은 복음적(?) 단어를 선호합니다. 십계명은 단순히 법 조항에 불과하며 "믿음과 삶은 크게 상관없다"[5]라고 생각합니다. 십계명 같은 율법 설교를 하면 교인들이 교회를 다 떠난다며 항변도 합니다.

이렇게 가치가 흔들리는 시대에 십계명이 정말 힘이 될 수 있을까요? 십계명 정신을 공부하고 되살리려는 이 책의 시도는 과연 적절할까요? 먼저 교회사 속에서 믿음의 선배들이 십계명을 어떻게 생각했는지 살펴봅시다.

## 교회사 속의 십계명

### 초대교회의 십계명

'사도신경, 주기도문, 십계명'에 대한 배움은 초대교회에서 세례를 받고 기독교인이 되기 위해 필수였습니다. 또한 이미 믿는 신자들도 요리문답을 통해 이 내용들을 평생 반복해서 배우고, 자녀들과 타인에게 가르쳐 주어야 했습니다.[6] 그러므로 사도신경, 주기도문, 십계명은 기독교의 핵심을 잘 요약한 신앙생활의 3대 지침서이며, 기독교인의 3대 보물입니다.

**기독교 신앙생활의 3대 보물**

| 사도신경 | 주기도문 | 십계명 |
|---|---|---|
| 기독교 신앙의 핵심(믿음) | 기독교 비전의 핵심(기도) | 기독교 윤리의 핵심(행동) |
| 믿음 | 소망 | 사랑 |

고린도전서 13장의 언어로 비유하자면, 사도신경은 "우리가 무엇을 믿는가?" 삼위 하나님에 관한 우리의 '믿음'을 핵심적으로 요약한 것이고, 주기도문은 "그렇게 믿고 그렇게 사는 우리는 어떻게 기도할 것인가?" 하나님 나라에 대한 우리의 '소망'을 기도의 언어로 요약한 것이며, 십계명은 "그것을 믿는 우리는 어떻게 살 것인가?"하는 삶의 문제를 다루며 하나님과 이웃을 우리가 어떻게 사랑해야 하는지를 핵심적으로 요약했습니다.[7]

## 종교개혁 시대 이후의 십계명

교회사를 살펴보면 십계명은 특히 종교개혁 이후에 교리교육의 핵심입니다. 교인들을 훈련시키려는 목적으로 마르틴 루터(Martin Luther, 1483-1546)는 대소요리문답[8]에, 장 칼뱅(John Calvin 1509-1564)은 [기독교강요 초판]에서 십계명을 다루었습니다. 이후 칼뱅은 제네바교회 요리문답(Catechismus Ecclesiae Genevensis)[9]에서 제131-232문답(총 373개 문답 중)을 십계명으로 다루었고, 사무엘 루터포드(Samuel Rutherford, 1600-1661)의 요리문답은 제461-563문답(총 563개 문답 중)을 십계명으로 다루었으며, 개혁교회 전통의 하이델베르크 요리문답(Heidelberg Catechism)은 제 92-115문답(총 129개 문답 중)을 다루었습니다. 장로회 전통의 웨스트민스터 대요리문답은 제91-149문답(총 196개 문답 중)에서, 웨스트민스터 소요리문답은 제39-82문답(총 107개 문답 중)에서 십계명을 다루었습니다.[10)]

## 예배 예전 속에서 십계명

기독교 역사에서 십계명은 예배와 관련해서도 중요하게 여겨졌습니다. 전통적으로 개혁교회와 장로교회는 공예배 중에 사도신경을 고백하는 것과 마찬가지로 십계명 낭독을 하거나 노래를 부르는 것을 예배의 한 순서로 정했습니다. 실제로 프랑스에서 망명을 온 칼뱅은 독일의 스트리스부르그에서 프랑스인들을 위해 목회할 때(1538-1541년) 만든 예배 모범인 『스트리스부르그 예식서』(1540년)에서 예배할 때에 십계명을 함께 노래하도록 했었습니다.[11)]

**역사적 예전들의 일반적 구성**
**- 말씀의 예전 중에 칼빈(약 1542년) -**

| |
|---|
| 성경 구절 (예: 시 121:2) |
| 죄의 고백(스트라스부르에서는 용시의 확증과 함께) |
| 시편 찬송 |
| 십계명(스트라스부르에서는 자비송과 함께 노래됨) |
| 성령의 조명을 위한 기도(주기도문과 함께) |
| 성경 봉독 |
| 설교 |

이렇게 칼뱅이 예배 때 십계명을 고백하고 회개하며, 노래로 불렀던 이유가 뭘까요? 종교개혁 당시 일부 열광파들이 신약은 은혜의 시대이

기 때문에 구약의 율법을 지킬 필요가 없다는 율법폐기론을 주장하자, 칼뱅은 구약의 율법은 유효하며 우리가 하나님의 계명을 지켜야 한다는 사실을 강조하기 위해 예배 중에 십계명을 늘 노래할 수 있도록 집어넣었습니다.[12] 하지만 우리는 어떻습니까? 칼뱅의 후예임을 자랑하는 장로교회조차 언젠가부터 예배의 순서 중에 십계명을 낭독하거나 노래를 부르는 순서가 완전히 사라졌습니다. 십계명은 우리를 억압하거나 부정적인 말을 전하는 것이 아닙니다. 오히려 십계명을 잘 배우고 다룰 때 역사 속에 다시 건강한 교회를 세울 수 있습니다.

## 십계명(Ten Commandment)인가 열 가지 말씀(데칼로그, Decalogue)인가?

출애굽기 20:1-17은 일반적으로 10개의 계명이라는 뜻으로 '십계명(十誡命)'(Ten Commandments)이라 부릅니다. 하지만 성경에는 '십계명'이란 직접적인 표현이 없습니다. 물론 한글성경 출애굽기 34:28과 신명기 4:13에 분명히 '십계명'이라는 말이 나오기는 합니다. 그러나 이 말들은 모두 의역입니다.

> 모세가 여호와와 함께 사십 일 사십 야를 거기 있으면서 떡도 먹지 아니하였고 물도 마시지 아니하였으며 여호와께서는 언약의 말씀 곧 십계명을 그 판들에 기록하셨더라(출 34:28)
> 여호와께서 그의 언약을 너희에게 반포하시고 너희에게 지키라 명령하셨으니 곧 십계명이며 두 돌판에 친히 쓰신 것이라(신 4:13)

출 34:28에서는 '열 가지 말씀들'(ten words)로, 신명기 4:13에는 '그가 이스라엘에게 명령하신 언약'(the covenant which he commanded

Israel)으로 표현합니다.[13] 그래서 십계명을 70인역으로 Decalogue라고도 하는데, deca는 헬라어로 '열(십)', logue는 헬라어 '말'이라는 의미로 합치면 10개의 말이라는 뜻입니다. 그동안 교회사에서는 이런 점을 깊이 인식하지 못하고 한글성경과 대부분의 영어성경에서 '십계명'(ten commandments)이라고 번역했는데 그 이유가 무엇일까요? 우선 '말씀들'(הדברים, 하 드바림)을 출 24:12; 마 19:17-19; 롬 13:9 등에서 '계명'이라고 부르고 있기 때문입니다.[14] 여러분은 '십계명'과 '언약의 10가지 말씀(들)' 중에 어떤 표현이 낫다고 생각하십니까? 사실 어느 명칭 하나만 옳다고는 할 수 없습니다. 하지만 십계명을 어떤 용어로 부르는 문제는 십계명에 대한 태도와 십계명의 성격을 규정하는 문제이기 때문에 중요합니다.

개혁자들은 주로 예배 순서에서 십계명을 낭독하는 순서를 '언약의 열 가지 말씀들'이라는 용어로 표현했습니다.[15] 사실 '십계명'이라는 전통적 용어는 일반인들에게는 매우 차갑게 느껴집니다. '계명'을 단지 '명령'으로 이해하면 지키지 못할 때 구원을 받지 못한다고 오해하기 쉽습니다.

사실 '십계명'이라는 단어는 '열 가지 말씀'이라는 용어만이 가질 수 있는 뉘앙스와 신학적 의미를 전달하기에 부족합니다. 하지만 사도신경을 "우리들의 신앙 고백"으로 주기도문을 "주님이 제자들에게 가르쳐 주신 기도"라는 이름으로 바꾸려고 해도 이미 수천 년 동안 익숙하던 단어를 바꾸는 일은 쉽지 않습니다. 우리가 '십계명'이라는 용어를 사용하더라도 십계명의 전문(前文, 출 20:1-2)을 잘 이해하기만 한다면, 얼마든지 열 마디 말씀의 언약적 개념과 풍성한 계시를 누릴 수 있습니다.

## 십계명의 두 돌판에는 무엇이 적혀 있을까?

여호와께서는 언약의 말씀 곧 십계명을 그 판들에 기록하셨더라(출 34:28)
모세가 그 증거의 두 판을 모세의 손에 들고 시내 산에서 내려오니(출 34:29)

하나님이 시내 산에서 모세에게 십계명을 주실 때, 왜 두 개의 돌판에 새겨 주셨을까요?(출 34:28-29) 어떤 사람들은 첫 번째 돌판에 1-4계명이, 다른 돌판에 5-10계명을 새겨, 각각 하나님 사랑과 이웃 사랑을 나타낸다고 주장합니다. 이스라엘 여행의 기념품 가게에서 두 돌판에 10계명이 위와 같이 나눠서 적힌 모형을 사신 분들도 있으리라 생각합니다. 하지만 이러한 이분법적 구조는 칼뱅의 기독교강요, 하이델베르크 요리문답, 웨스트민스터 대소요리문답 등에서 십계명을 두 내용으로 나누기에 생긴 선입견입니다.[16]

하이델베르크 요리문답

제 93문　이 계명들이 어떻게 나누어집니까?
답　이 계명들은 두 부분으로 나누어집니다.
첫 번째 부분에서는 우리가 하나님과 관계를 가지고 살아가는 방법을 우리에게 가르쳐 줍니다. 두 번째 부분에서는 우리가 우리의 이웃에게 가지는 의무가 무엇인가를 가르쳐 줍니다.

십계명의 돌판이 두 개인 이유를 이해하려면 고대법을 알아야 합니다.[17] 두 나라가 전쟁을 합니다. 이긴 국가는 주인 국가가 되고 진 국가는 봉신 국가가 됩니다. 이때 서로 조약문을 두 개 작성해서 서로 나눠 갖습니다. 당시 국제 조약의 관습을 고려할 때, 주권국과 봉신국에 각기 계약서를 한 부씩 보관하던 관례에 따라 같은 내용의 십계명을 두 개 작성했다고 보아야 합니다. 요즘으로 말하자면 계약 당사자들이 계약서 2부를 작성해 각각 한 부씩 보관하는 것과 같습니다. 십계명은 원리적인 측면에서 볼 때, 1-4계명, 5-10계명의 두 돌판이 아니라 갑과 을이 동일한 계약서를 한 개씩 가지고 있는 구조입니다.[18)] 즉 십계명의 두 돌판은 하나님과 우리 사이에 맺은 언약적 관계를 잘 설명하는 교보재입니다.

오늘날 많은 신학자들이 십계명을 시대를 초월한 보편타당성을 지닌 윤리서로 이해합니다. 물론 십계명을 포함한 신구약 성경이 윤리적 측면을 가지지만, 하나님이 이 약속을 친히 맺으시고 지키신다는 점에서 본질적으로 다릅니다. 윤리는 원칙적으로 요구와 의무만 있을 뿐 이에 상응하는 보상이 없고, 그것을 약속하는 이도 없고, 함께 구현하는 주체도 없습니다. 이와 달리 언약은 하나님이 그의 백성과 함께 하시며, 그들을 거룩한 백성이 되게 하신다는 분명한 약속이 들어있습니다.[19)]

## 사랑, 율법의 요약인 십계명의 핵심

창세기부터 신명기까지 유대인들은 율법을 613개로 정리합니다. 이 중 248개가 '~하라'는 소극적인 명령이고, 365개는 '~하지 말라'는 적극적인 명령입니다.[20)] 성경은 이를 십계명으로 축약했습니다. 신약에서 예수님은 십계명을 포함한 모든 율법 전체를 두 가지로 줄이셨습니다.[21)]

> 예수께서 이르시되 네 마음을 다하고 목숨을 다하고 뜻을 다하여 주 너의 하나님을 사랑하라 하셨으니 이것이 크고 첫째 되는 계명이요 둘째도 그와 같으니 네 이웃을 네 자신 같이 사랑하라 하셨으니 이 두 계명이 온 율법과 선지자의 강령이니라(마 22:37-40)

내 계명은 곧 내가 너희를 사랑한 것 같이 너희도 서로 사랑하라 하는 이것이니라(요 15:12)
온 율법은 네 이웃 사랑하기를 네 자신 같이 하라 하신 한 말씀에서 이루어졌나니(갈 5:14)

구약의 전체 율법과 모든 선지자의 글은 앞으로 오실 메시아를 가리키며 인간의 몸을 입고 영원한 제물이 되어 십자가에 돌아가시게 될 하나님의 어린 양에 관한 예언적 성격이 고스란히 담겨 있습니다.[22] 바울도 역시 율법을 '사랑'이라는 한 문장으로 정리합니다. 우리가 지켜야 할 가장 큰 계명은 하나님 사랑과 이웃 사랑입니다.[23]

아담이 무너뜨린 하나님의 율법을 둘째 아담이신 그리스도께서 완성하셨습니다.[24] 인간의 몸으로 오셔서 십자가에 달리셨다가 죽으시고 부활하신 예수님의 사랑이 우리가 십계명에서 회복해야 될 가장 중요한 정신이고 신앙이며 가치입니다.

## 십계명은 오늘날도 유효한 언약인가?

그러면 신약 시대를 살아가는 우리에게 십계명은 여전히 유효한 언약이 맞습니까? 예수님과 바울이 요약했으니 이제는 큰 의미가 없지 않을까요?

어떤 이들은 "도대체 삼천 년 전에 중동 지역의 한 산에서 모세라는 인물을 통해 특정한 민족 이스라엘을 위해 주어진 '열 가지 명령들'이 우리와 무슨 상관이 있는가? 십계명은 구약 이스라엘 백성들에게 주어진 것이지, 오늘날 교회와 그리스도인들에게는 용도 폐기되었다"며 폄훼합니다.[25] 이런 말들처럼 십계명은 이스라엘만을 위한 특수한 규범일까요? 그렇지 않습니다. 다음의 이유들을 살펴봅시다.

첫째, 십계명은 하나님이 친히 돌판에 기록해 주셨기 때문입니다.

하나님이 창세기부터 신명기까지 모세오경 속에 많은 율법을 모세를 통해 간접적으로 전달합니다. "내 백성에게 이르라"라고 말씀하시지, 직접 백성에게 말씀하시는 경우가 없습니다. 그런데 유일하게 십계명은 친히 돌판에 새겨 모세에게 주셨습니다.

> 여호와께서 모세에게 이르시되 너는 산에 올라 내게로 와서 거기 있으라 네가 그들을 가르치도록 내가 율법과 계명을 친히 기록한 돌판을 네게 주리라(출 24:12)
>
> 여호와께서 시내 산 위에서 모세에게 이르시기를 마치신 때에 증거판 둘을 모세에게 주시니 이는 돌판이요 하나님이 친히 쓰신 것이더라(출 31:18)
>
> 여호와께서 두 돌판을 내게 주셨나니 그 돌판의 글은 하나님이 손으로 기록하신 것이요 너희의 총회 날에 여호와께서 산상 불 가운데서 너희에게 이르신 모든 말씀이니라(신 9:10)

여기서 중요한 단어는 '친히'입니다. 십계명은 하나님의 말씀이 최초로 문자로 기록되어 정경화 된 사례입니다. 하나님이 친히 기록하신 십계명을 모세에게 주셨습니다. 그런데 하나님을 잊은 이스라엘 백성들이 금송아지를 만들어 우상숭배를 하는 모습을 본 모세가 그들을 향하여 돌판을 던져 깨어 버렸습니다. 그 후 하나님이 모세에게 "모세야, 내가 처음 너에게 써 주었던 내용 다 기억하지? 그러니 네 손으로 다시 쓰거라"라고 말씀하셨나요?[26] 그렇지 않습니다.

> 여호와께서 모세에게 이르시되 너는 돌판 둘을 처음 것과 같이 다듬어 만들라 네가 깨뜨린 처음 판에 있던 말을 내가 그 판에 쓰리니(출 34:1)
>
> 모세가 여호와와 함께 사십 일 사십 야를 거기 있으면서 떡도 먹지 아니하였

고 물도 마시지 아니하였으며 여호와께서는 언약의 말씀 곧 십계명을 그 판들에 기록하셨더라(출 34:28)

하나님은 두 번 다 직접 친히 써주셨습니다. 하나님은 천오백 년에 걸쳐 사십여 명의 사람을 동원해 성경을 기록하게 하셨습니다. 대부분 성경은 하나님의 말씀이지만 하나님의 부르심을 받은 사람들을 통해 기록했습니다. 그런데 십계명만 유일하게 하나님이 직접 쓰신 내용입니다. 하나님이 직접 쓰셨다면 이는 십계명이 시간과 공간을 초월하여 영원하고도 절대적인 하나님의 명령이기 때문입니다. 새 언약 백성에게 십계명은 단지 돌판이 아니라 마음에 새겨져 있습니다(고후 3:3; 히 8:10; 10:16). 단순히 명령이기 때문에 지키는 것이 아니라 마음에 새겨진 언약이기 때문에 십계명을 지킵니다.

둘째, 시내산 언약(출 20장)과 모압 언약(신 5장)이 영속성을 지닌 언약이기 때문입니다.

구약 성경에서 십계명이 기록된 곳이 어디입니까? 출애굽기 20:1-17(시내/호렙 산)과 신명기 5:6-21(세겜/모압 광야) 두 군데입니다.[27] 이 두 십계명의 내용은 같지만 기록 시점과 기록 목적의 차이로 인해 약간 다른 형태로 언급되어 있습니다.[28] 출애굽기 본문은 그들이 노예생활을 끝내고 시내 산에서 하나님이 이스라엘 백성에게 직접 들려주신 계시의 말씀이고, 신명기 본문은 그들이 광야 생활을 끝내고 약속의 땅 가나안으로 가는 목전에 했던 모세의 마지막 설교입니다.[29] 모세는 자녀들이 하나님이 약속하신 땅에 들어가서 어떻게 살아야 복된 삶인지, 하나님의 백성의 삶의 기준, 규칙, 원칙을 다시 새겨 주고 있습니다.

모세가 온 이스라엘을 불러 그들에게 이르되 이스라엘아 오늘 내가 너희의 귀에 말하는 규례와 법도를 듣고 그것을 배우며 지켜 행하라 우리 하나님 여호와께서 호렙 산에서 우리와 언약을 세우셨나니 이 언약은 여호와께서 우리 조상들과 세우신 것이 아니요 오늘 여기 살아 있는 우리 곧 우리와 세우신 것이라(신 5:1-3)

이스라엘 백성들이 십계명을 처음 받은 곳은 시내 산, 곧 호렙 산이었고, 지금은 세겜, 곧 모압 광야입니다. 십계명을 처음 받은 1세대는 지난 사십 년 동안 광야에서 다 죽었고, 지금 있는 사람들은 사십 년 전에 어린 아이였거나 태어나지도 않았던 사람들입니다. 이미 그들은 40년이 넘는 세월 동안 십계명을 듣고 지켰을 뿐만 아니라 가나안에 들어가서 살아야 이들에게도 유효한 하나님의 말씀입니다. 이스라엘 백성뿐만 아니라 현재를 살아가는 우리에게도 유효합니다. 하나님과 언약을 맺은 하나님의 백성이라면 누구나 하나님 앞에서 십계명의 내용을 지켜야 합니다.

십계명은 구약과 신약을 관통하는 핵심적인 기준이요, 잣대입니다. 신약에도 예수님은 십계명의 일부를 인용하면서 교훈을 주셨으며(마 19:16-19), 사도 바울(롬 13:8-9)도 십계명의 일부를 인용하였고, 야고보(약 2:10-11)도 십계명의 일부를 인용하였습니다. 따라서 십계명의 유효성에 대한 논란은 아무런 의미가 없습니다.[30)]

예수님

예수께서 이르시되 어찌하여 선한 일을 내게 묻느냐 선한 이는 오직 한 분이시니라 네가 생명에 들어 가려면 계명들을 지키라 이르되 어느 계명이오니이까 예수께서 이르시되 살인하지 말라, 간음하지 말라, 도둑질하지 말라, 거짓 증언 하지 말라, 네 부모를 공경하라, 네 이웃을 네 자신과 같이 사랑하라 하신 것이니라(마 19:17-19)

사도 바울

피차 사랑의 빚 외에는 아무에게든지 아무 빚도 지지 말라 남을 사랑하는 자는 율법을 다 이루었느니라 간음하지 말라, 살인하지 말라, 도둑질하지 말라, 탐내지 말라 한 것과 그 외에 다른 계명이 있을지라도 네 이웃을 네 자신과 같이 사랑하라 하신 그 말씀 가운데 다 들었느니라 사랑은 이웃에게 악을 행하지 아니하나니 그러므로 사랑은 율법의 완성이니라(롬 13:8-10)

야고보

누구든지 온 율법을 지키다가 그 하나를 범하면 모두 범한 자가 되나니 간음하지 말라 하신 이가 또한 살인하지 말라 하셨은즉 네가 비록 간음하지 아니하여도 살인하면 율법을 범한 자가 되느니라(약 2:10-11)

하나님의 진리는 시대를 막론하고 진리입니다. 세월이 바뀌면 또 다른 진리로 변형되는 진리는 진리가 아닙니다. 진리는 언제나 진리입니다. 문화와 민족과 역사를 통틀어 언제나, 어디서나, 누구에게나 진리가 됩니다. 하나님은 언제나 하나님이시고 하나님이 하신 말씀은 어제나 오늘이나 영원토록 동일합니다.

셋째, 성전(교회)는 언약궤 즉 두 돌판을 품고 있어야 하기 때문입니다.

제사장들이 여호와의 언약궤를 자기의 처소로 메어 들였으니 곧 성전의 내소인 지성소 그룹들의 날개 아래라(왕상8:6)
그 궤 안에는 두 돌판 외에 아무것도 없으니 이것은 이스라엘 자손이 애굽 땅에서 나온 후 여호와께서 저희와 언약을 맺으실 때에 모세가 호렙에서 그 안에 넣은 것이더라(왕상 8:9)

솔로몬 왕이 예루살렘 성전을 하나님께 봉헌하는 장면에서 하나님께서 손으로 직접 기록하신 십계명의 두 돌판이 있었습니다. 예루살렘 성전의 지성소에 하나님의 상징인 언약궤, 즉 법궤를 안치했는데 그 속에 들어 있는 것은 하나님의 말씀이었습니다. 하나님이 당신 자신과 당신이 직접 써주신 십계명의 말씀을 동일시하셨습니다. 이것은 사람의 발상이 아니라 하나님의 명령이었습니다.

> 너희는 너희가 하나님의 성전인 것과 하나님의 성령이 너희 안에 계시는 것을 알지 못하느냐(고전 3:16)

신약 성경은 우리를 성전이라 부릅니다. 따라서 예수 그리스도와 한 몸 된 교회와 성전이 되려면 언약궤를 품고 있어야 합니다. 그 언약궤에 들어 있는 말씀의 핵심은 두말할 것도 없이 십계명입니다. 아무리 세월이 지나도 십계명은 우리가 반드시 품고 살아야 할 하나님의 절대적인 명령입니다.

> 이에 하늘에 있는 하나님의 성전이 열리니 성전 안에 하나님의 언약궤가 보이며 또 번개와 음성들과 우레와 지진과 큰 우박이 있더라(계 11:19)

요한 사도가 보니 하나님 나라에 있는 하나님의 성전이 보이는데 그 성전 안에도 하나님의 언약궤가 있었습니다. 십계명이 들어있는 언약궤가 거기에도 있었습니다. '살인하지 말라', '간음하지 말라'와 같은 계명이 하나님 나라에서도 필요하다는 의미가 아닙니다. 우리가 하나님 나라에 이르기까지 십계명은 우리에게 반드시 있어야 할 하나님의 절대적인 명령이라는 뜻입니다. 따라서 십계명은 언제 어디서나 시간과 공간을 초월해 항상 유효합니다.

기독교인들이 흔히 암송하는 사도신경은 성경에 기록되어 있지 않습니다. 성경 전체의 교리를 '사람'이 요약한 것으로 그 자체로 영감을 받는 것은 아닙니다. 그래도 너무 그 내용이 중요하기에 반드시 암송하고 공부합니다. 하물며 성경에 기록되어 있을 뿐 아니라 성경 곳곳에 다루고 있는 십계명을 공부하는 것은 아주 당연한 일입니다.[31)]

## 다시 역사 속에 잃어버린 십계명으로

우리는 십계명이 정말 필요한 시대를 살고 있습니다. 난파당한 배 같은 세상, 치명적인 삶의 손상, 무너진 그리스도인들이 많은 시대에 하나님은 십계명을 통해 무너진 기준을 새롭게 세우기를 원하십니다. 십계명을 살피면서 우리는 느슨해진 기준을 새롭게 하고 무너진 기초를 다시 견고하게 할 수 있습니다.

한 번은 외부로 설교를 하러 갔습니다. 길을 잘 아는 교역자가 함께 동행하겠다고 했지만 사양을 했습니다. 내비게이션만 잘 따라가면 되니까요. 그런데 내비게이션이 계속 경로를 이탈하고, 유턴만 하라면서 같은 장소를 돌게 만듭니다. 제 이마와 등에 땀이 흘렀습니다. 그 때, '길을 잘 아는 교역자와 동행할걸!'하는 후회의 마음이 들었습니다.

십계명은 우리의 목적지인 하늘에 가는 길을 보여주는 지도입니다.[32)] 성도들이 살아야 할 거룩한 삶이 무엇인지 십계명이 가르쳐 줍니다. 십계명은 불행과 파멸이 뒤따르는 방종의 길을 가지 못하도록 막아주고, 행복이 뒤따르는 참된 자유의 문은 넓게 열어주는 고맙고 값진 하나님의 선물입니다. 성도의 삶은 이 값진 선물인 십계명을 배우고 묵상하고 실천하는 삶이요, 십계명이 주는 참된 자유를 누리는 삶입니다.

그런 의미로 십계명은 우리의 죄를 깨닫게 하는 '거울'이요, 우리의 삶을 인도하는 '등불'입니다. 인생의 길을 지날 때 초록색 신호등이 계속 켜지면 좋겠지만, 때로는 빨간색 신호등 앞에 설 수 있어야 사고가 나지 않습니다.

예배할 때 십계명을 낭독하고 이에 근거해 회개 기도를 하자고 하면 눈살을 찌푸립니다. 교회와 그리스도인들에게 십계명이 이런 대우를 받는데, 하물며 세상에서는 오죽하겠습니까? 그런데 이상하게도 현대 문화는 이 케케묵은 십계명을 늘 새롭게 해석하려고 할 뿐만 아니라, 심지어 계속해서 반역하려고 합니다. 이는 십계명이 과거의 유대인들에게만이 아니라 오늘날의 모든 인류에게도 여전히 유효한 말씀임을 은연중에 드러내고 있는 셈입니다.[33]

하나님을 사랑하는 것은 이것이니 우리가 그의 계명들을 지키는 것이라 그의 계명들은 무거운 것이 아니로다(요일 5:3)
그를 아노라 하고 그의 계명을 지키지 아니하는 자는 거짓말하는 자요 진리가 그 속에 있지 아니하되(요일 2:4)

구원받은 우리의 삶은 반드시 이 계명들을 따라 사는 삶으로 나타나야 합니다. 그것이 바로 '감사의 삶'입니다. 우리 모두는 십계명을 통해 무질서한 삶과 혼란하고 무너진 기초를 다시 쌓아 문제들도 해결할 수 있습니다. 개인의 삶뿐 아니라 내 주변의 모든 환경까지 다 바꾸는 은혜가 있습니다.

우리는 물론 십계명을 완전히 지킬 수 없습니다. 그러면 어떻게 하나님이 주신 선물, 역사 속에 잃어버렸던 보물, 십계명을 감사함으로 받아 그리스도인의 삶으로 누릴 수 있을까요?

찬송가 368장 5절
내 마음에 임하신 주의 성령 늘 계실 줄 믿습니다.

큰 은사를 나에게 부어주사 주 섬기게 하옵소서.
주 예수여 충만한 은혜 내 영혼에 부으소서.
주 예수만 나의 힘 되고 내 만족함 됩니다.

동역자 여러분, 신앙이 흔들리고 영적 침체에 빠졌습니까? 부부와 자녀, 직장과 사회 속에서 힘드십니까? 그렇다면 십계명을 다시 붙드십시오. 십계명을 통해 하나님께서 우리의 삶을 새롭게 하시고, 우리의 인생에 얼마나 귀중한 기준이 되는가를 다시 확인하시기를 바랍니다.

설교 시청 가이드

2019년 7월 28일(주일),
사월교회당의 공예배에서 강론된
"십계명, 역사 속에 잃어버린 보물"(마22:37-40)는
대한예수교장로회 사월교회 홈페이지(www.sawolch.com)와
오른쪽의 QR코드를 통해 언제든지 시청할 수 있습니다.

A Guide to Sermon Video

# 미주

1) 강영안, 『한국교회, 개혁의 길을 묻다: 새로운 한국교회를 위한 20가지 핵심과제』 (서울: 새물결플러스, 2013); 이광호, 『교회 변화인가 변질인가』 (서울: 세움북스, 2015)를 참조하면 교회의 세속화 문제와 해결책에 대한 도움을 얻을 수 있다.
2) Michael Scott Horton, *(The) law of perfect freedom* (Chicago: Moody, 2004), 윤석인 역, 『십계명의 렌즈를 통해서 보는 삶의 목적과 의미』 (서울: 부흥과개혁사, 2005), 15.
3) 백금산·김종두, 『(기독교 윤리의 핵심을 보여주는) 만화 십계명』 (서울: 부흥과개혁사, 2008), 31-33.
4) 김홍전, 『십계명 강해』 (서울: 성약출판사, 2008), 17; 손재익, 『십계명 언약의 10가지 말씀』 (서울: 디다스코, 2016), 49. "많은 사람이 구약은 율법, 신약은 복음으로 이해하는 이분법적 사고에 익숙한데, 이는 세대주의자들(dispensationalists)의 영향이다. 그들은 율법과 복음을 대립 개념으로 파악한다. 그래서 이전 세대에는 이스라엘이 율법 아래 있었으나, 현 세대의 교회는 복음 아래 있기 때문에 율법에서 자유롭다고 말한다."
5) 김창훈, 『하나님의 선물 율법 그 의미와 교훈』 (서울: 호밀리아, 2012), 12-13.
6) Martin Luther, *Deudsch Catechismus: Deutsch Deutscher Katechismus Große Katechismus*, 최주훈 역, 『마르틴 루터 대교리문답』 (서울: 복있는사람, 2017), 40. "젊은이들은 교리문답서나 어린이 설교에 나온 내용들을 부지런히 배우고 열심히 익혀서 행동으로 나타나게 해야 합니다. 또한 집안의 어른들은 최소 일주일에 한 번은 아이들과 식솔을 세워놓고 이것들을 잘 배우고 익혔는지 문답해 보시기 바랍니다. 만일 시원치 않다면, 아비들은 진지하게 권고할 책임이 있습니다."
7) 손재익, 『십계명 언약의 10가지 말씀(해설서)』, 23; 권율, 『올인원 십계명』 (서울: 세움북스, 2019), 22; 백금산·김종두, 『(기독교 윤리의 핵심을 보여주는) 만화 십계명』, 8-10; 송태근, 『쾌도난마 십계명』 (서울: 지혜의샘, 2015), 12-14.
8) Luther, 『마르틴 루터 대교리문답』, 차례. 루터는 자신의 대교리문답(1529)에서 십계명을 사도신경이나 주기도문보다 먼저 배치했다.
9) Jean Calvin, *Catechismus ecclesiae Genevensis*, 1545, 박위근·조영석 편역, 『요한네스 칼빈의 제네바 교회의 교리문답』 (서울: 한들출판사, 2010). 칼뱅은 사도신경, 십

계명, 주기도문 순서로 배열했다.

10) 김의환 편역, 『개혁주의 신앙고백』(대한예수교장로회총회, 2003), 172-209.

11) Bryan Chapell, *Christ-centered worship* (Grand Rapids: Baker, 2009), 윤석인 역, 『그리스도 중심적 예배』 (서울: 부흥과개혁사, 2013 4쇄), 26; 이정현, 『개혁주의 예배학』 (시흥: 지민, 2013 4쇄), 87-100에 로마 가톨릭교회, 루터, 칼뱅, 웨스터민스터회의 등의 예배 예전이 자세한 비교가 있으니 참조하라. 안재경, "십계명 교독은 왜 필요한가?" 『re』, vol, 06호 (여수: 그라티아, 2013), 59. "초대교회 때부터 예배 때 율법서를 포함한 성경 말씀 자체를 낭독하는 게 관례가 되어 왔다. 십계명을 따로 낭독하진 않았다. 종교개혁이 일어나면서 회개를 이끌기 위해 율법의 중요성을 간파한 루터의 생각과 예배 때 죄 고백과 사죄선언의 순서가 필요하다는 부처와 칼뱅의 해석으로 인해 십계명이 예배 안에 자리를 잡기 시작한다.

12) 김지찬, 『데칼로그: 십계명, 어떻게 이해할 것인가』 (서울: 생명의말씀사, 2016), 20.

13) 강영안, 『강영안 교수의 십계명 강의』, 42; 손재익, 『십계명 언약의 10가지 말씀(해설서)』, 32.

14) John H. Sailhamer, *The pentateuch as narrative: a biblical-theological commentary* (Grand Rapids: Zondervan, 1995), 김동진·정충하 공역, 『'서술'로서의 모세오경』 (서울: 크리스찬서적, 2006, 2쇄), 112; 김지찬, 『데칼로그: 십계명, 어떻게 이해할 것인가』, 34-44를 참조하면 왜 십계명 대신 십계명을 데칼로그(Decalogue)로 불러야 하는지 자세하게 알 수 있다. Decalogue는 Irenaeus 이래로 알려진 말이다. 최초로 십계명이라는 말은 BC 3세기에 알렉산드리아 해안도시에서 히브리어 성경을 헬라어로 번역70인역 번역에서 '열 마디 말씀들'은 '열 말씀들'로 번역했다. 이것을 헬라어를 후에 영어로 번역하는 가운데 후에 'Decalogue, 십계명'이라는 번역되게 된다. 하나님은 왜 토라를 613개에서 왜 10가지로 요약했을까? 움베르트 카스토(U. Cassuto)는 신학자가 사람의 손가락이 열 개라서 손을 보면서 매일 지켜야 하기 때문이라는 익살스러운 추측을 했다. 열 손가락을 바라 볼 때마다 열 마디의 말씀을 기억하고, 또 양손을 써서 일할 때마다 열 마디의 말씀을 지키도록 힘써야 한다. 우리는 십자가를 좋아하기 때문에 1-4계명은 위로, 5-6계명은 이웃으로 섬겨야 한다고 말한다. 구약에는 열 개로 정리되는 가르침이 많이 있다(신27:15 레위기 18:6-17; 시15:2-5; 겔18:5-9)

이런 의미에서 인간을 제한하거나 구속하기 위한 법이 아니라. 자유롭게 하기 위한 계시로서 신약의 성도들도 외워야 하지 않을까?

15) 안재경, "십계명 교독은 왜 필요한가?" 『re』, vol, 06호, 58-59.

16) John Calvin, *Institutes of the Christian religion*, 원광연 역, 『기독교 강요』 (파주: 크리스챤다이제스트, 2003), 462-463; 장수민, 『칼빈의 기독교강요 완전분석』 (서울: 세움북스, 2017), 372-373. 칼뱅이나 요리문답의 구조가 이와 같이 파악하고 있기 때문이다. 황원하, 『하이델베르크 요리문답 해설』, 412에서도 예수님과 율법사의 대화(마 22:34-40; 막 12:38-34; 눅 10:25-28)에 나오는 이야기를 들어 두 개의 강령으로 이해를 한다.

17) Edmund P. Clowney, *How Jesus transforms the ten commandments* (Phillipsburg: P&R Publishing, 2007), 신호섭 역, 『예수님은 십계명을 어떻게 해석하셨는가』 (서울: 크리스챤, 2009), 21-23에 하나님과 그의 백성 사이의 조약 문서에 관한 내용이 자세하게 나와 있다. 그리고 송태근. 『쾌도난마 십계명』 (서울: 지혜의샘, 2015), 14-15: 송제근, 『오경과 구약의 언약신학』 (서울: 두란노, 1998), 147~148; 송제근, 『시내산 언약과 모압 언약: 출애굽기 19-24장과 신명기 5-28장 연구』 (서울: 솔로몬, 2009, 16쇄)를 참조하라.

18) 이광호, 『출애굽기』 (평택: CNB, 2013), 211-212.

19) 김용규, 『데칼로그: 십계, 키에슬로프스키, 그리고 자유에 관한 성찰』 (서울: 바다출판사, 2002), 27-28.

20) '토라'(תורה)는 의미는? '도라'는 '야라'라는 단어 즉 '지시하다, 교훈하다, 가르치다'라는 말에서 왔다. 그래서 '법'이라는 말이 아니라 '교훈', '가르침', '말씀들'로 번역되는 것이 좋다. 토라가 너무 많으니 요약하면 먼저 613개로 요약된다. 유대인들이 토라가 613개라고 말해서 토라는 613개구나 오해하는데 요약한 숫자이다. 이것은 248(뼈마디의 개수)개와 365(1년이 365일)개 둘로 나누어진다. 248개는 인체의 뼈의 마디로 하루라도 움직이지 않으면 안 된다. 움직여야 하니까 '하라'는 248개가 된다. 반면 매일매일 하루에 한 번씩 즉 365개는 하루에 한 개라도 하지 말아야 하는 것이다. 즉 248개는 긍정적인 것 즉 해야 할 것, 365개는 부정적인 것 즉 하지 말아야 할 것이다. 이 613개의 원리를 요약한 것이 열 마디 말씀으로 신약에 와서 두 가지로 요약하는 것

이 선지자와 율법의 대 강령이고 황금률이다. 그 한 가지로 요약 되는 것이 사랑이다.

21) 송태근.『쾌도난마 십계명』, 23.

22) 이광호,『마태복음』(서울: 칼빈아카데미, 2012), 564.

23) 황원하,『마태복음』(서울: 고신총회출판국, 2014), 497-498.

24) Edmund P. Clowney,『예수님은 십계명을 어떻게 해석하셨는가』, 26-28.

25) 서철원,『복음과 율법과의 관계』(서울: 총신대학교출판부, 2000)의 책을 참조하라.

26) 이재철,『성숙자반: 장성한 신앙에 이르기까지』(서울: 홍성사, 2010), 221 222.

27) 첫째 출21~23장에 비하면 신12~26장에서 그 양이 엄청나게 늘어난다. 이것은 무엇을 의미하는가? 그러므로 구약 전체를 이해할 때 열 마디의 말씀과 그 세부법을 이해해야 하는 중요성이 있다. 둘째 출21~23장은 하나로 이어져 있다. 그런데 신명기는 6~11장까지 요상한 구절이 들어가 뻥 뚫려 있다. 모세의 권위와 그 권위에 따른 권면이 들어가 있다. 셋째, 신명기 5장은 하나님이 직접 주신 것을 이스라엘 백성이 받았다.

28) 우리는 어떤 십계명을 사용하는 게 좋을까? 찬송가 뒤에 나오는 십계명은 출애굽기이다. 계시의 발전에서 보면 출애굽기를 그 원리를 삼고 신명기를 가지고 인정하는 것이 신약성도로서 좀 더 발전된 계시를 받아들임으로 정당하다. 시작이 출애굽기라 인용을 한다. 꽃봉오리가 피기 시작하여 활짝 피는 신명기를 택하는 것이 정당하지 않을까? 이 모두를 하나님의 계시가 펼쳐지는 입장에서 바라보면 된다. 계시의 펼쳐짐 점진성에 따라 봐야 한다.

29) Raymond Brown, *The Message of Deuteronomy* (Westmont: IVP, 1993), 정옥배 역:『신명기 강해』(서울: 한국기독학생회출판부, 1997), 136-137; 권율,『올인원 십계명』, 22-23.

30) 황원하,『하이델베르크 요리문답 해설』, 405.

31) 손재익,『십계명 언약의 10가지 말씀(해설서)』, 21.

32) Cornelis Pronk, *Ten Commandments* (Calgary: Free Reformed Publications, 2009), 임정민 역,『하이델베르크 교리문답으로 보는 십계명』(수원: 그책의사람들, 2013), 16.

33) 안재경,『십계명, 문화를 입다』(서울: SFC출판부, 2016), 11-12.

나는 너를 애굽 땅,

종 되었던 집에서 인도하여 낸

네 하나님 여호와니라

אנכי יהוה אלהיך

אשר הוצאתיך

מארץ מצרים מבית עבדים

# II

# 십계명 전문(前文), 종에서 예배자로

모세가 백성에게 내려가서 그들에게 알리니라 하나님이 이 모든 말씀으로 말씀하여 이르시되 나는 너를 애굽 땅, 종 되었던 집에서 인도하여 낸 네 하나님 여호와니라

출19:25-20:2

# II. 십계명 전문(前文), 종에서 예배자로

모세가 백성에게 내려가서 그들에게 알리니라
하나님이 이 모든 말씀으로 말씀하여 이르시되
나는 너를 애굽 땅, 종 되었던 집에서 인도하여 낸
네 하나님 여호와니라
출19:25-20:2

## 자신이 누구인지 아시나요?

철학자 쇼펜하우어(Arthur Schopenhauer, 1788-1860)가 길을 걸으며 무엇인가 골똘히 생각하다가 마주 오던 사람과 부딪혔습니다. 부딪힌 사람이 버럭 소리를 지릅니다.

"대체 누구기에 당신은 앞도 안 보고 길을 다니는 거요?"

그러자 쇼펜하우어는 대답했습니다.

"나도 내가 누구인지 알기를 원하오."

제가 만약 여러분에게 같은 질문을 한다면 어떻게 대답을 하시겠습니까? 교회에서는 "나는 목사입니다", "나는 장로입니다", "나는 집사입니다", "나는 권사입니다"라고 대답할 수 있습니다. 나에 대해 질문했는데 이렇게 대답하는 까닭은 직분의 무거움과 사역의 중요성 때문입니다.[1] 이러한 근원적 질문과 답은 한 사람의 삶의 근거와 방향, 그리고 목적이 어디 있는지 잘 보여줍니다.

성경은 인간을 어떻게 정의할까요? 여러 가지 내용이 있지만 그중 가장 많이 강조하는 정체성은 '죄인'입니다.[2] 그래서 전도를 할 때도 "당신이 죄인인 것을 아십니까?"라고 묻습니다. 사람들은 일반적으로 이런 질문을 불쾌하게 여깁니다. '당신은 의인이고 나는 죄인이란 말인가?'라는 느낌을 줍니다. 이런 이유로 많은 이들이 설교나 전도에서 죄를 가볍게 다루어 타인에게 부담을 주지 않으려 합니다. 그래서 죄에 대해 바르게 지적하기보다 누구나 조금씩 다 나쁜 짓을 하지 않냐는 식으로 단순하게 묘사합니다. 하지만 성경은 죄와 죄의 결과로 인한 죽음을 분명히 말하고 있습니다.

우리가 좋은 대학을 가고, 훌륭한 직장을 얻고, 부자가 되고, 높은 자리에 올라서 행복하게 잘 살아도 아무 소망이 없습니다. 무엇을 성취하든지, 혹 세상을 다 가진다고 해도 허무한 결말을 맞이합니다. 그 이유는 바로 죽음 때문입니다.

성경은 사람이 죄인이라는 사실의 가장 확실한 증거로 '심판'과 '죽음'을 말합니다. 누군가 죄가 본질적으로 무엇인지 깊이 인식하고 이 때문에 절망하여 "그러면 어찌할꼬?"하며 반문(反問)하게 만드는 것, 그것이 모든 사람이 죄인이라는 말의 진정한 의도입니다.[3] 복음은 죄의 심각한 상태와 결과에 대해 진지하게 마주 보게 합니다. 그러므로 설교자나 전도자가 "당신은 죄인입니다"라고 말할 때 그 마음의 중심에는 "안타까움"과 "슬픔"이 있습니다. 지금부터 이런 본질적인 질문과 답을 들으며 은혜를 누렸던 한 사람, 모세를 만나러 말씀 속으로 들어갑시다.

## 십계명의 첫 시작과 10개의 계명[4]

십계명의 첫 시작은 어느 구절부터일까요? 이 질문에 상당히 많은 사람이 "너는 나 외에는 다른 신들을 네게 두지 말라."(출 20:3) 제1계명부터 라고 생각합니다. 하지만 성경이나 찬송가 뒷부분을 펼쳐 보시면 어떤 내용이 제일 먼저 나옵니까?

> 하나님이 이 모든 말씀으로 말씀하여 이르시되 나는 너를 애굽 땅, 종 되었던 집에서 인도하여 낸 네 하나님 여호와니라(출 20:1-2)

우리는 출 20:1-2의 말씀을 훌쩍 넘어 가 버리는 경향이 있습니다. 굳이 십계명 앞에 이 부분을 넣는 이유가 무엇인지 왜 이 부분부터 읽어야 하는지 그 해답을 찾아봅시다. 하지만 이에 앞서 먼저 10개의 계명을 구분해 볼까요?

출애굽기 20장이나 신명기 5장을 보면 성경에 장절의 구분은 있지만, 어떤 구절이 1계명이고, 2계명이고, 그리고 제10계명인지 구분이 되어 있습니까? 안 되어 있습니다. 그래서 구약성경을 경전(經典)으로 받아들이는 각 교파마다 10개의 계명을 나누는 방식이 조금씩 다릅니다. 교회 역사상 십계명의 분류는 크게 필로식, 탈무드식, 어거스틴식으로 세 개의 구분법이 있습니다.[5)]

첫 번째, '필로식 구분'(개혁교회, 그리스 정교회)은 예수님 당시 유대 역사가 요세푸스도 지지하는 구분법으로 가장 오래된 십계명 구분일 뿐 아니라, 루터파를 제외한 대부분의 개혁교회와 그리스 정교회(Greek Orthodox)가 일반적으로 받아들이는 구분입니다.

두 번째, '탈무드식 구분'(유대교)은 BC 3세기 유대인들이 주장하면서 생긴 구분법입니다. 가장 큰 특징은 우리의 서문에 해당하는 "나는 너를 애굽 땅 종 되었던 집에서 인도하여 낸 네 하나님 여호와니라"(출 20:2)을 제1계명으로 보고, 우리의 제1계명과 2계명을 합하여 제2계명으로 봅니다. 그러나 십계명을 언약문서로 보는 우리 입장에서는 서론을 하나의 명령으로 보는 탈무드식 구분은 무리가 있습니다.

세 번째, '어거스틴식 구분'(로마 가톨릭, 루터교)은 우리의 제1계명과 2계명을 합하여 제1계명으로 보고, 우리의 제10계명 '탐내지 말라'를 두 계명으로 "네 이웃의 집을 탐내지 말라"는 탐욕적 욕망을 9계명으로 삼고, "네 이웃의 아내를 탐하지 말라."는 성적 욕망을 10계명으로 봅니다. 하지만 출애굽기 20:17에 "~하지 말라"(You shall not~)는 말이 오직 한 번만 나오는 데 굳이 두 개로 나눌 필요가 있을까요?

> 간음하지 말라, 살인하지 말라, 도둑질하지 말라, 탐내지 말라 한 것과 그 외에 다른 계명이 있을지라도 네 이웃을 네 자신과 같이 사랑하라 하신 그 말씀 가운데 다 들었느니라(롬 13:9)

또 바울도 로마서 13:9에 제7, 6, 8계명을 언급하면서 제10계명 "탐내지 말라"를 하나의 계명으로 언급합니다. 그러니 로마 가톨릭이 제10계명을 둘로 나눈 것은 제1계명과 제2계명의 차이를 희미하게 하는 목적밖에 없습니다. 개혁교회와 그리스 정교회 분류가 타당합니다.[6)]

| 십계명 구분<br>(출 20:2-17)[7)] | 필로식 구분<br>(개혁교회;<br>그리스정교회) | 탈무드식 구분<br>(유대교) | 어거스틴식 구분<br>(로마 가톨릭;<br>루터교) |
|---|---|---|---|
| 나는 네 하나님 여호와니라(2절) | 서언 | 1계명 | 서언 |
| 너는 다른 신들을 네게 두지 말라(3절) | 1계명 | 2계명 | 1계명 |
| 우상을 만들지 말라(4-6절) | 2계명 | 2계명 | 1계명 |
| 여호와의 이름을 망령되게 부르지 말라(7절) | 3계명 | 3계명 | 2계명 |
| 안식일을 기억하여 거룩하게 지키라(8-11절) | 4계명 | 4계명 | 3계명 |

| 부모를 공경하라(12절) | 5계명 | 5계명 | 4계명 |
|---|---|---|---|
| 살인하지 말라(13절) | 6계명 | 6계명 | 5계명 |
| 간음하지 말라(14절) | 7계명 | 7계명 | 6계명 |
| 도둑질하지 말라(15절) | 8계명 | 8계명 | 7계명 |
| 거짓 증거하지 말라(16절) | 9계명 | 9계명 | 8계명 |
| 이웃의 집을 탐내지 말라(17상) | 10계명 | 10계명 | 9계명 |
| 이웃의 아내를 탐내지 말라(17하) | | | 10계명 |

하이델베르크 요리문답 제92문답도 십계명의 각 계명을 아래와 같이 분명히 구분합니다.

하이델베르크 요리문답

제 92문　여호와의 율법이 무엇입니까?

답　하나님이 이 모든 말씀으로 일러 가라사대, 나는 너를 애굽 땅, 종 되었던 집에서 인도하여 낸 너의 하나님 여호와로라.

1. 너는 나 외에는 다른 신들을 네게 있게 말지니라.
2. 너를 위하여 새긴 우상을 만들지 말고 또 위로 하늘에 있는 것이나 아래로 땅에 있는 것이나 땅 아래 물속에 있는 것의 아무 형상이든지 만들지 말며 그것들에게 절하지 말며 그것들을 섬기지 말라 나 여호와 너희 하나님은 질투하는 하나님인즉 나를 미워하는 자의 죄를 갚되 아비로부터 아들에게로 삼사 대까지 이르게 하거니와 나를 사랑하고 내 계명을 지키는 자에게는 천대까지 은혜를 베푸느니라
3. 너는 너의 하나님 여호와의 이름을 망령되이 일컫지 말라 나 여호와는 나의 이름을 망령되이 일컫는 자를 죄 없다 하지 아니하리라.
4. 안식일을 기억하여 거룩히 지키라 엿새 동안은 힘써 네 모든 일을 행할 것이나 제 칠일은 너의 하나님 여호와의 안식일인즉 너나 네 아들이나 네 딸이나 네 남종이나 네 여종이나 네 육축이나 네 문안에 유하는 객

이라도 아무 일도 하지 말라 이는 엿새 동안에 나 여호와가 하늘과 땅과 바다와 그 가운데 모든 것을 만들도 제 칠일에 쉬었음이라 그러므로 나 여호와가 안식일을 복되게 하여 그 날을 거룩하게 하였느니라.

5. 네 부모를 공경하라 그리하면 너의 하나님 나 여호와가 네게 준 땅에서 네 생명이 길리라.
6. 살인하지 말지니라.
7. 간음하지 말지니라.
8. 도적질하지 말지니라.
9. 네 이웃에 대하여 거짓 증거하지 말지니라.
10. 네 이웃의 집을 탐내지 말지니라. 네 이웃의 아내나 그의 남종이나 그의 여종이나 그의 소나 그의 나귀나 무릇 네 이웃의 소유를 탐내지 말지니라.

또한 웨스트민스터 대요리, 소요리문답 역시 십계명을 설명하면서 먼저 각 계명이 무엇인지를 다루고 있습니다.[8] 이제 본격적으로 십계명의 전문을 천천히 살펴보겠습니다.

## 십계명의 전문(前文)의 중요성: 출20:2과 신5:6의 비교

출애굽기 20:2은 히브리어로 총 아홉 단어에 불과한 짧은 문장이지만 십계명을 이해하는 데 가장 결정적인 단서가 담겨 있습니다. 십계명이 두 돌판에 새겨졌다는 것은 나라 간의 조약으로 '여호와 하나님과 이스라엘 백성 사이에 나누어 가지는 언약 관계의 문서'라는 의미입니다. 출애굽기 20:1-2은 마치 '하나님 나라의 헌법전문(憲法前文)'과 같습니다. 헌법전문이 '헌법 제정의 역사적 과정, 목적, 헌법 제정권자, 헌법 지도 이념이나 원리 등'을 규정하듯이 십계명 전문도 하나님 나라의 헌법의 수여자와 받는 자와 구원의 의미 등을 밝히는 등불과 같은 역할을 합니다.[9) ]우리가 아무리 율법의 조항을 달달 외우고 그것을 마음에 새겨도 먼저 여호와 되시는 하나님에 대한 바른 인식이 없다면 율법을 애써 준행하는 의미가 없습니다.[10)]

| 출 20:2 | 사역(私譯) | 신 5:6 | 사역(私譯) |
|---|---|---|---|
| אנכי יהוה אלהיך | 나는 너의 하나님 여호와 | אנכי יהוה אלהיך | 나는 너의 하나님 여호와 |
| אשר הוצאתיך | 너를 이끌어 낸 | אשר הוצאתיך | 너를 이끌어 낸 |
| מארץ מצרים<br>מבית עבדים | 애굽 땅에서,<br>종의 집에서 | מארץ מצרים<br>מבית עבדים | 애굽 땅에서,<br>종의 집에서 |

이처럼 십계명의 전문은 십계명 자체와 밀접한 연관이 있기 때문에, 십계명 말씀을 들을 준비를 하는 첫 디딤돌이자 하나님의 주권적 능력의 손길을 이루어 가는 그 절정에서 놓치지 말아야 할 안전고리가 됩니다. 그러므로 출 20:1-2의 말씀 십계명의 전문이 없이 계명으로 바로 들어가서 십계명을 지키라고 하면 '착한 일을 하고 살아라'고 하는 보편적 윤리나 딱딱한 율법으로 왜곡된 이해를 할 수밖에 없습니다. 우리가 율법주의에 빠지지 않고 구원의 위로를 누리려면 십계명에 들어가기 전에 반드시 전문을 잘 이해해야 합니다.

## 자기 소개: 나는 여호와라, 구원자 하나님

먼저 십계명을 수여하신 분이 "나는 여호와니라"(אנכי יהוה אלהיך)는 선언을 통해 '자기소개'를 하십니다. 하나님은 이스라엘 민족이 지켜야 할 계명들을 알려 주시기 전에, 먼저 자신이 어떤 분이신지 알려 주셔서 먼저 그들의 마음을 여십니다.[11] "나는 여호와니라"는 선언은 단순히 십계명을 하사하시는 분의 신분을 알려 주는 신분증 정도가 아닙니다. 율법이 언약이라는 맥락 속에서 주어졌다는 점을 인식할 때 십계명의 전문(the historical prologue, 출 20:2)에 '나는 여호와니라'는 율법의 전수자이신 분이 행하신 일들과 연결되면서, 하나님의 정체성이 무엇인지, 하나님의 의로우시며 은혜로우신 성품이 어떠한지, 하나님이 핵심 가치로 생각하는 게 무엇인지 보여주는 핵심 암호입니다.[12]

> 모세가 하나님께 아뢰되 내가 이스라엘 자손에게 가서 이르기를 너희의 조상의 하나님이 나를 너희에게 보내셨다 하면 그들이 내게 묻기를 그의 이름이 무엇이냐 하리니 내가 무엇이라고 그들에게 말하리이까 하나님이 모세에게 이르시되 나는 스스로 있는 자이니라 또 이르시되 너는 이스라엘 자손에게 이같이 이르기를 스스로 있는 자가 나를 너희에게 보내셨다 하라(출 3:13-14)

출애굽기 3장에 하나님은 모세를 부르시면서 '여호와'라는 이름을 먼저 알려 주셨습니다. 그리고 출애굽기 6장으로 건너가 하나님은 모세에게 말씀하시면서 '나는 여호와라'를 세 번씩이나 반복하면서 강조하십니다.

> 하나님이 모세에게 말씀하여 이르시되 나는 여호와이니라 내가 아브라함과 이삭과 야곱에게 전능의 하나님으로 나타났으나 나의 이름을 여호와로는 그들에게 알리지 아니하였고 가나안 땅 곧 그들이 거류하는 땅을 그들에게 주기로 그들과 언약하였더니 이제 애굽 사람이 종으로 삼은 이스라엘 자손의 신음 소리를 내가 듣고 나의 언약을 기억하노라 그러므로 이스라엘 자손에게 말하기를 나는 여호와라 내가 애굽 사람의 무거운 짐 밑에서 너희를 빼내며

그들의 노역에서 너희를 건지며 편 팔과 여러 큰 심판들로써 너희를 속량하여 너희를 내 백성으로 삼고 나는 너희의 하나님이 되리니 나는 애굽 사람의 무거운 짐 밑에서 너희를 빼낸 너희의 하나님 여호와인 줄 너희가 알지라 내가 아브라함과 이삭과 야곱에게 주기로 맹세한 땅으로 너희를 인도하고 그 땅을 너희에게 주어 기업을 삼게 하리라 나는 여호와라 하셨다 하라(출 6:2-8)

하나님은 족장들에게 땅을 주시겠다고 약속하실 때에는 여호와로 알리지 않고 단지 '전능한 하나님'(אל שדי)으로 나타나셨지만, 이제 그 약속을 지키기 위해 애굽에서 이스라엘을 구해 낼 것임을 강조하면서 '나는 여호와'라고 선언하십니다. '나는 여호와라'는 자기소개는 출애굽의 역사와 결합하면서 '나는 구원자'(I am Savior)라는 선포입니다.[13] 구원하신 하나님과 구원받은 백성 사이의 관계가 십계명 이해의 기초입니다.

## 자기 헌신: 너의 하나님, 소유주 하나님

이어 하나님은 우리에게 '너의 하나님'(אליהד, 엘로헤카)이라고 말씀하십니다. 하나님 편에서는 '여호와께서 자신을 이스라엘에게 주셨다'는 점을 강조하는 엄청난 '자기 헌신'의 표현입니다. 여호와께서 노예로 살던 이스라엘을 구원해 내시고 자유를 주신 것으로 그치지 않고, 자신을 내어 주셔서 친히 이스라엘의 구원자와 더불어 주가 되셨습니다. 여호와 하나님은 이스라엘의 구원자일 뿐 아니라 이스라엘을 소유하시는 주인이십니다.

출 3:12에 약속하신 대로 시내산에서 이스라엘과 언약을 맺은 결과, 이스라엘은 하나님의 백성이 되고 하나님은 이스라엘의 하나님이 되셨습니다. 이를 이해하지 못하면 출애굽기는 단순히 민중이 현실의 억압에서 해방 받은 역사를 기술한 책이라고 오해하게 됩니다. 한때 열풍을 일으킨 민중신학, 해방신학, 흑인신학이나 현대의 여성신학 등에서 이런 오해를 볼 수 있습니다. 그러나 "어디로부터의 해방"이 아니라 "누구를 향한 해방"이 더 중요한 주제입니다. 애굽에서의 해방보다 여호와 하나님을 향한 해방이라는 목적이 더 중요합니다.[14] 여호와로 일컫는 그분의 이름은 오늘 우리에게도 동일하게 적용됩니다. 왜냐하면 우리도 십계명을 받는 현장의 그들처럼 동일한 여호와 하나님을 믿고 있기 때문입니다.

> 네가 만일 네 입으로 예수를 주로 시인하며 또 하나님께서 그를 죽은 자 가운데서 살리신 것을 네 마음에 믿으면 구원을 받으리라(롬 10:9)
> 그런즉 이스라엘 온 집은 확실히 알지니 너희가 십자가에 못 박은 이 예수를 하나님이 주와 그리스도가 되게 하셨느니라 하니라(행 2:36)

초대교회 성도들은 구약의 '여호와'라는 호칭을 '주님'으로 대체해서 사용했는데, 공교롭게도 이 호칭을 예수님께도 똑같이 적용했습니다.[15] 여러분! 우리는 어떻습니까? 우리는 예수를 '구원자'로 그치지 않고 '주님'으로 섬기고 있습니까? 예수 그리스도를 단지 구원자로만 여기고 내 인생의 주인이 아니라면 반쪽짜리 구원이요, 십계명의 서문이 무엇인지, 율법을 왜 지켜야 하는지 모르는 것과 같습니다.

여호와께서 노예로 살던 이스라엘을 구원하시고 자유를 주실 뿐 아니라, 자신을 내어주심으로 친히 이스라엘의 주와 구원자가 되어 주셨다는 것을 믿으십니까? 이스라엘 백성에게 임재하셨던 하나님 여호와께서 오늘 저와 여러분에게도 똑같이 함께하신다는 사실을 믿으십니까? 우리가 어떤 상황에 처해 있어도 바로 그곳에서 여전히 나와 함께 하시는 언약의 하나님을 믿으십니까? 이 세상의 어떤 우상에도 의존하지 않고 스스로 완전하신 분으로서 나의 인생을 실제로 주관하고 계신다는 사실을 확신합니까?

"나는 여호와라(자기 소개: 구원자), 너의 하나님이라(자기 헌신: 주인)"는 선언에서 그분의 심정을 우리가 얼마나 헤아릴 수 있을까요? 400년 이상 애굽에서 바로 왕 밑에 종살이를 하며 비참한 인생을 무한 반복하며 살았던 그들을 하나님이 그냥 내버려 두시지 않고, 그들과 함께하셔서 바로의 손에서 하나님 손에 옮겨서 내 인생의 하나님으로 옮겨졌다는 진정한 위로의 메시지입니다.[16)]

여러분! 누가 십계명을 주었는가를 제대로 아는 것은 너무나 중요합니다. 지나가던 사람이 말하는 것과 나의 부모님이 말씀하시는 것과 나의 생사여탈권을 쥐고 계신 분이 말씀하시는 것은 전혀 다른 이야기입니다.[17)] 출애굽기를 읽으면서 '나는 너의 하나님 여호와다'라는 표현이 얼마나 많이 나오는지 한 번 세어보세요. 모든 것을 존재하고 만들어내고 가능하게 하는 무한한 능력을 가지신 이가 명사형태가 아니라 동사형태가 되었다는 사실에 얼마나 감사합니까? 그저 이름뿐인 게 아니라 우리의 삶에 구체적으로 역사하시고 권능의 손으로 어거(馭車)하시는 하나님이십니다.

## 십계명을 받는 자들: 애굽의 땅, 종 되었던 집

십계명을 받은 자들을 표현하는 "애굽 땅으로부터, 곧 속박의 집으로부터 너를 인도해 내었다"는 부분을 살펴봅시다. 사실 이 부분은 '여호와'라는 이름을 문장으로 풀어 쓴 것이나 다름없습니다. 또한 우리 구원의 출발점이 어디서부터인지를 정확하게 표현하는 말씀입니다. 이스라엘 백성들이 광야 시내산에 있기 전 원래 어디에 있었습니까? 애굽 땅 즉 원어로는 미쯔라임을 성경에서 추적해 볼 필요가 있습니다.

함의 아들은 구스와 미스라임과 붓과 가나안이요(창 10:6)

창세기 10장에 노아가 저주할 때 함의 아들 중 하나인 미스라임은 야벳, 셈의 종이 되어야 한다고 했습니다. 그래서 셈의 후손이 그들을 종으로 부려야 하는 게 마땅한데 오히려 그들에게 가서 종노릇 합니다. 하나님께서 이스라엘의 종으로 주신 바로 그 미쯔라임(애굽), 즉 자신의 종들에게 '종'으로 살았다는 사실이 바로 역설입니다.

자신들이 원래 어떤 상태에서 여호와 하나님의 구원을 경험했는가를 말씀하시면서 "종 되었던 집", 즉 노예의 집으로 표현했습니다. 이집트 땅은 노예들이 탈출할 수 없도록 감금되어 있는 상태였습니다. 이스라엘은 애굽 왕 바로의 지배 하에서 하루하루를 그저 비참한 노예로 살면서, 그들 스스로 구원할 수 없었습니다. 바로 이러한 상태에 있는 그들을 "애굽 땅, 종 되었던 집에서" 인도해 내신 일은 여호와 하나님의 전적인 은혜로 이루어진 구원사건입니다.[18] 하지만 광야 생활을 지내는 동안 이스라엘 백성은 자신들이 애굽에서 얼마나 비참하게 살았는지 곧 잊어버립니다. "애굽으로 돌아가자"고 말합니다. 하나님은 이런 반응에 다음과 같이 말씀하십니다.

너는 기억하라 네가 애굽 땅에서 종이 되었더니 네 하나님 여호와가 강한 손과 편 팔로 거기서 너를 인도하여 내었나니 그러므로 네 하나님 여호와가 네게 명령하여 안식일을 지키라 하느니라(신 5:15)

하나님은 십계명의 다른 본문 신명기 5:15에서 "너는 기억하라!" "네 하나님 여호와가 강한 손과 편 팔로 거기서 너를 인도하여 내었나니"라고 강조합니다. 우리는 십계명을 낭독할 때마다 이전에 자신들이 "애굽 땅, 종 되었던 집에서" 얼마나 비참한 인생을 살았는지 기억해야 합니다. "너 계속 종살이를 할래? 영원한 사망에서 너를 내가 살게 해 주었는데 너 정말 어디서 살래?" 과거 노예근성으로 인해 흙먼지를 뒤집어쓰고 절규하던 우리를 향해 묻고 있습니다. 십계명의 전문은 바로 여호와 하나님의 능력을 경험하기 전 너의 상태가 어떠했는가를 분명히 기억하고 십계명을 선물로 받으라는 의미입니다.

"우리는 옛적에 애굽에서 바로의 노예였다. 우리를 애굽에서 노예였던 집에서 인도해 내셨기 때문이다. 너희들은 자유인이다. 너희들은 나의 백성이다." 결국 죄의 문제를 해결하는 것에 그치지 않고, 이 문제를 해결하신 분이 누구신가 이제 내 인생의 주인이 누구인가를 깨달아 내 삶의 방향과 목적이 완전히 바뀌는 것을 의미합니다. 약 3천5백 년 전에 그들에게 주어진 십계명이 동일한 여호와 하나님을 믿는 오늘 우리에게도 적용될 수 있는 이유가 바로 여기에 있습니다. 십계명의 전문은 현대를 사는 저와 여러분에게도 반드시 적용되어야 하는 하나님의 말씀입니다. 우리는 공예배 때 십계명을 낭독하면서 늘 우리의 이전 상태를 떠올려야 합니다. "애굽 땅, 종되었던 집에서" 우리가 얼마나 비참한 일상을 살았는지 기억할 수 있어야 합니다. 진짜 하나님의 육성을 들을 때 나의 가슴과 인격에 파고들어 가만히 있을 수 없게 됩니다.

유월절 어린양의 피로 나의 삶의 문이 열렸네
저 어둠의 권세는 힘이 없네 주 보혈의 능력으로
원수가 날 정죄할 때에도 난 의롭게 설 수 있네

난 더 이상 정죄함 없네 난 주 보혈 아래 있네
난 주 보혈 아래 있네 그 피로 내 죄 사했네
하나님의 긍휼 날 거룩케 하시었네
난 주 보혈 아래 있네 난 원수의 어떠한 공격에도
더 이상 넘어지지 않네 난 주 보혈 아래 있네

죄의 속박에서 구원의 상태로 인도해 내신 하나님의 은혜를 확실히 기억하기 바랍니다. 유월절 어린 양의 피로 우리를 구원하신 은혜에 감격하여 우리 여호와 하나님을 뜨겁게 사랑할 수 있기를 바랍니다.

## 십계명은 구원 받기 위한 조건인가?

우리가 십계명을 지키는 까닭은 무엇입니까? 구원을 받기 위한 조건이기 때문인가요? 아니면 이미 구원받은 백성이 그 수준에 걸맞은 삶의 지침으로 삼는 것인가요? 출애굽기 20:2 말씀을 잘 보십시오.

나는 너를 애굽 땅, 종 되었던 집에서 인도하여 낸 네 하나님 여호와니라(출 20:1-2)

"인도하여 낼"입니까? "인도하여 낸"입니까? 그렇습니다. 이 율법을 주시던 때 이스라엘 백성은 어디에 있었습니까? 이미 바로의 손에 벗어나 출애굽 하여 홍해를 건너 광야 시내산에 있었습니다. 만약 그들이 매일매일 매 맞고 헐벗고, 굶주리는 노예살이를 하고 있었을 때, 매일 매일 신음이 터져 나왔던 때에 십계명을 주셨다면, 구원받기 위한 조건이 됩니다. 그런데 놀랍게도 하나님께서 십계명을 주신 곳은 애굽 땅이 아니라 이미 홍해를 건너 새 역사를 시작한 광야의 시내산입니다.[19]

여호와께서 애굽 사람들에게 재앙을 내리려고 지나가실 때에 문 인방과 좌우 문설주의 피를 보시면 여호와께서 그 문을 넘으시고 멸하는 자에게 너희 집에 들어가서 너희를 치지 못하게 하실 것임이니라(출 12:23)
모세에게 속하여 다 구름과 바다에서 세례를 받고(고전 10:2)

사도 바울은 <고린도전서>에서 홍해 건너는 사건을 세례 받는 것으로 해석합니다. 그런데 세례는 누구만 받을 수 있습니까? 어린양의 죽음으로 구원받은 백성만 그 인과 표로서 세례를 받습니다. 어린양의 죽음이 먼저입니까? 홍해를 건너는 게 먼저입니까? 율법과 십계명을 먼저 받았습니까? 구원을 먼저 받았습니까? 구약은 율법, 신약은 은혜라는 이분법이 아니라 구약도 은혜요, 신약도 은혜로 어린양의 피와 공로로 구원받습니다.

십계명은 이스라엘 백성이 구원받기 위해 지켜야 하는 것이 아니라 이미 은혜로 값없이 구원받은 하나님의 백성에게 내려주신 거룩한 삶의 지침입니다.[20] 우리는 구원을 받은 하나님의 백성이라는 사실을 항상 기억하면서 십계명을 대해야 합니다. 그렇지 않으면 율법주의적인 관점에서 율법을 보게 되어 율법의 노예가 되어 버립니다.[21] 하나님의 나타나심과 상응된 행동으로서의 백성의 나아감을 생각한다면, 십계명은 단순히 지키지 않으면 안되는 노예적인 법이 아니라 언약을 맺은 당사자 간의 언약의 조건입니다.[22]

십계명은 하나님의 칭의에 기초하여 사람의 성화를 이루기 위하여 주신 법입니다. 우리가 십계명을 지켜야 하는 이유는 구원을 받기 위해서가 아니라 이미 구원을 받았기 때문입니다. 우리는 약속의 땅에 들어가기 전에 광야를 지나면서 천국 백성으로 훈련을 받습니다. 이 시기에 우리는 십계명을 지켜 하늘로 가는 길을 안내받습니다.[23] 하나님은 이스라엘의 남편으로서 보호자요, 공급자요 인도자가 되어 주십니다. 이제 이스라엘 백성도 하나님의 신부로서 하나님께 대한 충성과 정절의 의무를 지는 것으로 십계명을 지킵니다.

황태자가 시골에 묻혀 사는 처녀를 아내로 데려올 때 이 처녀를 장차 자신의 왕후로 삼을 의무를 지니는 반면에, 그 시골처녀는 왕후가 되기 위하여 왕궁의 예법을 배우는 것과 유사합니다.

칼뱅의 제네바 교회의 교리문답[24)]

137. 이 말씀의 의미를 설명해 주십시오.

이 말씀을 전체율법의 서론처럼 사용하십니다. 왜냐하면 하나님께서 자신을 주로서 말씀하신다면, 그는 자신을 위하여 명령할 수 있는 권위를 필요로 하시기 때문입니다. 그는 율법을 통하여 우리에게 은총을 주시며, 그는 우리의 하나님이 되신다는 말씀을 추구하십니다. 이 말씀은 하나님께서 우리의 구원자가 되신다는 사실을 의미합니다. 이와 같이 하나님께서 우리에게 자신의 은총을 수령할 수 있는 자격을 부여하신다면, 우리는 하나님께 순종하는 백성으로 증명해야 할 것입니다.

## 내 소유, 제사장 나라, 거룩한 백성

하나님은 십계명을 다루기 전에 애굽의 종, 노예였던 이스라엘의 비참함을 먼저 깨닫게 하십니다. 그런데 내 인생의 주인 되시는 그분께서 십계명을 주시기 전에 그것을 받는 언약의 당사자로서 우리의 정체성을 어떻게 규정을 하나요?

세계가 다 내게 속하였나니 너희가 내 말을 잘 듣고 내 언약을 지키면 너희는 모든 민족 중에서 내 소유가 되겠고 너희가 내게 대하여 제사장 나라가 되며 거룩한 백성이 되리라 너는 이 말을 이스라엘 자손에게 전할지니라(출 19:5-6)

"내 소유"라는 표현이 독특합니다. 부동산이 아니라 동산의 개념으로 "물건 혹은 재산을 따로 떼어 두다"라는 의미입니다.[25] 마치 왕궁 안에 있는 보석 창고 안에서도 가장 소중하고 아끼는 보물로 떼어 놓았다는 표현입니다. 얼마나 놀라운 표현입니까?

여호와께서도 네게 말씀하신 대로 오늘 너를 그의 보배로운 백성이 되게 하시고 그의 모든 명령을 지키라 확언하셨느니라(신 26:18)
은 금과 왕들이 소유한 보배와 여러 지방의 보배를 나를 위하여 쌓고 또 노래하는 남녀들과 인생들이 기뻐하는 처첩들을 많이 두었노라(전 2:8)
만군의 여호와가 이르노라 나는 내가 정한 날에 그들을 나의 특별한 소유로 삼을 것이요 또 사람이 자기를 섬기는 아들을 아낌 같이 내가 그들을 아끼리니(말 3:17)

하나님의 백성 된 우리(이스라엘)는 특별한 하나님의 소유, 하나님의 아끼는 보배 또는 보화, 하나님께서 소유한 특별한 사유물입니다. 하나님이 이스라엘을 "보배로운 존재"로 삼으셨다는 것 자체가 이스라엘이 절대적인 권리를 누릴 뿐만 아니라, 종주권언약(從主權言約, suzerainty treaty)에서 약한 당사자가 우월한 당사자의 요구대로 행하여야 할 의무를 가지는 한편, 우월한 당사자는 약한 당사자에게 절대적인 보호와 의무를 지고 있는 사실과 유사합니다.[26] 그런데 더 놀라운 사실을 알려 드릴까요? 하나님께서는 광야의 시내산 이전에 이스라엘 백성들이 애굽의 종 되어 있을 때부터 이미 내 백성, 내 군대라 불렀습니다.

너희를 내 백성으로 삼고 나는 너희의 하나님이 되리니 나는 애굽 사람의 무거운 짐 밑에서 너희를 빼낸 너희의 하나님 여호와인 줄 너희가 알지라(출 6:7) 바로가 너희의 말을 듣지 아니할 터인즉 내가 내 손을 애굽에 뻗쳐 여러 큰 심판을 내리고 내 군대, 내 백성 이스라엘 자손을 그 땅에서 인도하여 낼지라(출 7:4)

하나님이 바로에게 내린 재앙의 목적은 단순한 보복이 아닙니다. 여호와 하나님은 실로 말씀하시는 분이시요, 경외의 대상이며 순종하여야 할 분임을 확증시키기 위해서였습니다.[27] 하나님은 십계명을 하사(下賜)하시면서 자신을 '율법을 수여하는 분'으로 먼저 제시하지 않습니다. 십계명에서 '여호와 하나님'은 이스라엘의 해방자요 구원자로서 소개하십니다. 더 놀라운 것은 이스라엘 하나님 여호와는 단순히 억압당하는 자들을 해방시키는 게 아닙니다. 애굽에서 "종노릇하는 노예들"을 구원해 내어 '자기 백성'으로 삼으시는 분이십니다.

이것은 당시 고대 근동에서는 상상 못할 혁명적 사건입니다. 일반적으로 짐짝, 물건으로 취급하던 자들을 택해서 하나님 아들, 하나님 백성을 삼는 일은 상상할 수 없습니다. 하나님은 우리와 언약을 체결하실 뿐이지 언약의 내용을 우리와 흥정하시지 않습니다. 이 언약에 구속적 성격을 부여하는 것은 "백성인 우리"나 "신자인 나"가 아니라 "구속자 하나님"이십니다. 언약에서는 우리가 하나님을 주님으로 만드는 것이 아니라 하나님이 우리를 자기 백성으로 만드십니다.

여호와여 주의 오른손이 권능으로 영광을 나타내시니이다 여호와여 주의 오른손이 원수를 부수시니이다 여호와여 신 중에 주와 같은 자가 누구니이까 주와 같이 거룩함으로 영광스러우며 찬송할 만한 위엄이 있으며 기이한 일을 행하는 자가 누구니이까(출 15:6, 11)

'하나님의 소유'라는 '특권'은 제사장 나라와 거룩한 백성이라는 '선교적 의무'와 연결되어 있습니다. '제사장 나라가 되며 거룩한 백성'이라는 것은 하나님과의 특별한 관계로부터 나타나는 그리고 나타나야 하는 결과들을 암시합니다. 이스라엘의 자아상과 세상 열국 가운데서 이스라엘의 역할에 대한 모델을 보여줍니다.

## 종교개혁자들이 생각하는 십계명: 감사

여러분! "나는 십계명을 내가 다 지켜서 구원에 이를 수 있어. 내가 나 자신을 구원할 수 있어"라고 말하는 게 아니라, 비록 내가 십계명을 지키기 위해 애를 쓰지만 그것은 구원받기 위함이 아니라 이미 구원하신 하나님께 감사함으로 하는 것임을 기억해야 합니다. 십계명을 지키는 이유는 구원받기 위함이 아니라 구원하여 주신 하나님께 대한 감사의 표현입니다.[28]

하이델베르크 요리문답

제 86문 우리가 우리 자신의 어떤 공로도 없이 그리스도를 통하여 오직 하나님의 은혜로 우리의 비참에서 구원받았다면, 우리는 왜 여전히 선을 행해야 합니까?

답 그리스도 때문입니다. 그리스도께서 당신의 피로 우리를 구속하시고, 당신의 성령으로 우리가 새롭게 되어 하나님의 형상이 되도록 하셨음으로, 우리는 우리의 전 생애에서, 당신의 은혜에 대해 하나님께 감사를 드리고, 우리를 통하여 하나님께서 찬양받으시게 하고, 또한, 믿음의 열매를 통하여 우리의 믿음을 증거하고, 우리의 경건한 생활을 통하여 우리의 이웃이 그리스도께로 돌아오도록 해야 합니다.

하이델베르크 요리문답은 3부로 구성되어 있는데, 1부는 인간의 비참(misery)을, 2부는 인간의 구원(deliverance)을, 3부는 인간의 감사(gratitude)를 중요 주제로 다룹니다. 놀랍게도 16세기 하이델베르크의 신학자들은 십계명에 관한 신앙문답 내용을 1부가 아닌 3부에 집어넣었습니다. '감사'라는 주제를 다루는 부분에서는 항상 십계명과 주기도문에 관한 해설을 다루었습니다. 이는 십계명과 주기도문을 감사의 표현이라고 보았기 때문입니다.[29]

## 십계명, 새로운 삶의 출발점

믿음의 동역자 여러분! 하나님이 어떤 분이시며 우리를 위하여 어떤 일을 하셨는가, 우리가 십계명을 받기 전 구원 받기 전의 인생의 자리는 어디였는가를 아는 것은 성도의 삶의 출발점입니다. 이스라엘 백성들 "애굽 땅, 종 되었던 집"에서 흙먼지 뒤집어쓰고 벽돌을 굽던 노예들이었던 것처럼 우리는 사단과 죄의 종노릇 하며 살던 자들이 아니었습니까? 바로의 손아귀에 붙잡혀 노예 살이를 벗어나지 못하던 존재들이었지만 하나님께서는 아브라함과 맺었던 언약을 지키시기 위해 때가 되어 찾아오셨습니다. 애굽으로부터 해방시켜 주시는 구원자로 끝내신 게 아니라, 하나님 자신을 내어주신 결과로 우리를 보배로운 소유물로 만드시고 제사장의 나라로 거룩한 백성으로 살아가는 삶을 누리도록 당신이 뜻이 담긴 십계명을 선물로 하사하셨습니다. 하나님이 죄와 허물로 죽은 우리를 먼저 사랑하시고 은혜로 구원하여 주셨기에 성도의 삶은 은혜에 대한 감사의 표현으로 나타납니다.

십계명의 전문은 이스라엘 백성이 먼저 하나님의 은혜로 구원받은 사실을 분명하게 가르칩니다. 그렇게 은혜로 구원을 얻은 백성에게 하나님의 거룩하심을 본받아 참된 생명으로 나아가는 길을 가르치기 위해 주신 선물이 바로 십계명입니다.[30)]

믿음 생활을 잘하고, 은혜받은 사람들의 특징은 무엇입니까? 하나님 말씀에 대해서 순종하고 싶은 마음이 일어납니다. 애굽의 종 되었던 곳에서 해방되었으니 이제는 여호와의 품꾼으로 구세주이신 나의 주인이신 여호와 하나님 말씀에 순종하며 살아야 합니다. 그러므로 십계명은 개인의 삶은 물론이고 세상을 바꾸어 놓는 가장 강력한 기독교의 잃어버린 보물입니다.

얼마 전 사경회 강사로 오셔서 큰 은혜를 끼쳤던 강사님과 식사 자리에서 나누었던 대화가 생각납니다. 그분은 이런 기도를 하셨다고 합니다.

"하나님 제가 목사가 될 테니 제 다리 좀 고쳐 주세요. 제 다리 좀 고쳐 주세요. 저 정말 잘하겠습니다. 좋은 목사가 되겠습니다."

4년을 그렇게 열심히 했는데 어느 날 다리를 고쳐 달라는 동기가 결국 자신을 강하게 만들어 달라는 기도였음을 깨달았습니다. "이 험한 세상에서 제가 좀 잘 살아 보고 싶습니다. 성공하고 싶습니다. 그러니 저를 강하게 해 주시옵소서."

주님은 그를 강하게 만들지 않겠다고 응답하셨답니다. "나는 너를 강하게 하지 않을 것이다. 그러나 내가 너의 강함이 되어 줄 것이다." 그때 그는 나의 강하고 약함이 중요한 게 아니라 나의 주님이 내 힘이 되어 주실 것인가, 과연 그 하나님께 나의 생애를 맡길 수 있을까가 중요하다는 사실을 깨달았습니다.

"공부를 잘하고, 실력도 있고, 여러 가지 많은 은사를 받아야 조금 더 큰 교회를 섬길 수 있지 않을까? 교회를 부흥시켜 큰 교회에서 사역하면 그것이 성공적인 목회가 되어서 사람들에게 인정받고 대접받으며 살 수 있지 않을까?"

목사님도 은연 중에 그런 생각을 자주 하셨다고 고백했습니다.

서두에 던졌던 질문을 다시 던집니다.

"당신이 죄인인 것을 아십니까?" "당신은 애굽 땅 종 되었던 집에서 노예였다는 것을 아십니까?" "당신은 종의 집에서 구원받았습니까? 그렇다면 내 인생의 주인이 나입니까? 아니면 예수 그리스도이십니까?"

"주님 내가 주인일 때 인생은 절망적입니다. 하나님이 내 인생의 주인이 되실 때 비로소 인간은 행복해 질 수 있습니다. 내가 그분의 특별한 소유가 될 때 그리스도를 통해 하나님이 내 인생의 주인이 되는 길이 열렸습니다."

이것이 십계명의 전문이며 복음입니다. 지금 여러분 자신을 돌아볼 때 가진 것 없고 아무 능력 없어 보여 너무 낙심되는 상황이라 할지라도 이렇게 하나님께 고백할 수 있다면 여러분은 애굽의 종이 아니라 하나님 백성이고 자유인이며, 종이 아니라 예배자로 사는 사람들입니다. 그런 점에서 십계명은 우리의 자유를 제한하는 법이 아니라, 참된 자유를 주고 온전케 하는 하나님의 선물이자 자유의 헌장입니다.

너무 많은 사람들이 예수 그리스도가 구원자가 되신다는 사실을 잘 아는데, 예수 그리스도가 우리 인생의 주인 되심을 놓치기 때문에 욕심을 따라 삽니다. 욕심에서 비롯된 성공과 성장을 마치 하나님의 것처럼 이야기하기도 합니다. 그래서 약한 것들 부족한 것들을 실패처럼 말하는데, 이것은 복음의 상실입니다. 십계명을 선물로 받은 자답게 살지 못하는 겁니다.

하나님 앞에서, 예수 그리스도가 구원자이시며 주인 되신다는 고백

앞에 우리가 잘났다고 자랑할 만한 게 뭐가 있을까요? 하나님의 거룩한 주인이 되시는데 우리가 부족하다고 약하다고 낙심하고 원망할 것들이 도대체 뭐가 있나요?

십계명 전문의 짧은 문장에 오롯이 담겨 있는 복음을 놓치지 말고 삽시다. 하나님은 우리의 구원자이시며 동시에 우리의 주인이십니다. 종에서 예배자로 주권교체를 이루어 생명의 주 예수 그리스도만이 나의 주인 되시는 삶, 자유의 헌장 십계명을 만끽하며 누리기를 바랍니다.

설교 시청 가이드

2019년 8월 4일(주일),
사월교회당의 공예배에서 강론된
"십계명 전문(前文), 종에서 예배자로"(출19:25-20:2)는
대한예수교장로회 사월교회 홈페이지(www.sawolch.com)와
오른쪽의 QR코드를 통해 언제든지 시청할 수 있습니다.

A Guide to Sermon Video

# 미주

1) John MacArthur, *Slave: The Hidden Truth About Your Identity in Christ* (Edinburgh: Thomas Nelson, 2012), 박주성 역, 『슬레이브』 (서울: 국제제자훈련원, 2012)를 참조하라.

2) "모든 사람이 죄를 범하였으매 하나님의 영광에 이르지 못한다."(롬 3:23)

3) 노진준, 『회복하라』 (경기: 넥서스, 2018), 17-22.

4) 손재익, 『십계명 언약의 10가지 말씀: 해설서』(서울: 디다스코, 2016), 70.

5) 김진흥, 『교리문답으로 배우는 장로교 신앙』(서울: 생명의 양식, 2017), 226-228.

6) 유해무. 『개혁교의학』(서울: 크리스챤다이제스트, 1998), 324; 김병훈, 『(소그룹 양육을 위한) 하이델베르크 요리문답 II』 (수원: 합신대학원출판부, 2012), 132-133.

7) 강사문, 『구약의 하나님』 (한국성서학연구소, 1999), 296; 한금석, 『현대크리스챤의 생활규범』 (서울: 성광문화사, 1997), 44; 김지찬, 『데칼로그: 십계명, 어떻게 이해할 것인가』(서울: 생명의말씀사, 2016), 55-64; 손재익, 『십계명 언약의 10가지 말씀: 해설서』, 70.

8) 손재익, 『십계명 언약의 10가지 말씀: 해설서』, 72.

9) Eugene H. Merrill, *Kingdom of priests: a history of Old Testament Israel* (Grand Rapids: Baker Book, 1997), 곽철호역, 『제사장의 나라』 (서울: 기독교문서선교회, 1997), 104; Michael Scott Horton, *(The) law of perfect freedom* (Chicago: Moody, 2004), 윤석인 역, 『십계명의 렌즈를 통해서 보는 삶의 목적과 의미』 (서울: 부흥과개혁사, 2005), 33: 성주진, 『사랑의 마그나카르타』 (수원: 합신대학원출판부, 2007 2쇄), 127; 한금석, 『현대크리스챤의 생활규범』 (서울: 성광문화사, 1997), 43; 김지찬, 『데칼로그: 십계명, 어떻게 이해할 것인가』, 65.

10) Paul R. House, *Old Testament Theology* (Downers Grove, Ill.: IVP, 1998), 장세훈 역, 『구약신학』 (서울: CLC, 2001), 145-146.

11) 박윤선, 『창세기·출애굽기 주석』 (서울: 영음사, 1976), 549.

12) Tremper Longman III and Raymond B. Dillard, *An Introduction to the Old Testament, 2nd ed* (Grand Rapids: Zondervan, 2006), 박철현 역, 『(최신)구약개론』, 제2판 (고양: 크리스챤다이제스트, 2009), 101; Arthur W. Pink, 『십계명』, 10; 김지찬,

『데칼로그: 십계명, 어떻게 이해할 것인가』, 69.

13) 김지찬, 『데칼로그: 십계명, 어떻게 이해할 것인가』 (서울: 생명의말씀사, 2016), 71.

14) 송제근, 『오경과 구약의 언약신학』 (서울: 두란노, 1998), 148.

15) 권율, 『올인원 십계명』(서울: 세움북스, 2019), 30.

16) 권율, 『올인원 십계명』(서울: 세움북스, 2019), 28-29.

17) 김헌수, 『하이델베르크 요리문답 강해 II : 높아지신 그리스도와 성신 하나님의 위로』 (서울: 성약출판사, 2010), 52.

18) 권율, 『올인원 십계명』(서울: 세움북스, 2019), 32.

19) 김홍전, 『십계명 강해』(서울: 성약출판사, 2008), 20-22에 이스라엘 백성들이 율법을 받은 시기에 관하여 잘 서술하고 있다.

20) 김진흥, 『교리문답으로 배우는 장로교 신앙』 (서울: 생명의양식, 2017), 221.

21) 황원하, 『하이델베르크 요리문답 해설』(평택: CNB, 2015), 407.

22) 송제근, 『오경과 구약의 언약신학』, 153-154.

23) 황원하, 『하이델베르크 요리문답 해설』, 411.

24) Jean Calvin, *Catechismus ecclesiae Genevensis*, 1545, 박위근·조영석 편역, 『요한네스 칼빈의 제네바 교회의 교리문답』(서울: 한들출판사, 2010), 109.

25) Walter C. Kaiser, *Toward an Old Testament theology* (Grand Rapids: Zondervan, 1978), 최종진 역, 『구약 성경신학』 (서울: 생명의말씀사, 1982), 146.

26) 송제근, 『오경과 구약의 언약신학』, 155.

27) Walter C. Kaiser, *Toward an Old Testament theology* (Grand Rapids: Zondervan, 1978), 최종진 역, 『구약 성경신학』 (서울: 생명의말씀사, 1982), 144.

28) 손재익, 『십계명 언약의 10가지 말씀』, 51; Kevin DeYoung, *Good news we almost forgot* (Chicago: Moody, 2010), 신지철 역, 『왜 우리는 하이델베르크 교리문답을 사랑하는가』 (서울: 부흥과개혁사, 2012) (서울: 부흥과개혁사, 2012), 295.

29) 안재경, 『십계명, 문화를 입다』(서울: SFC출판부, 2016), 11; 김진흥, 『교리문답으로 배우는 장로교 신앙』, 219-220에서는 하이델베르크 요리문답이 제1부(3, 4, 5문답)으로, 제3부(90-115문답)에서 두 번 소개를 한다는 점을 참조하라; Fred H. Klooster, *A Mighty Comfort*, 이승구역, 『하나님의 강력한 위로 :하이델베르크 요리문답에 나타난

기독교 신앙』(서울: 나눔과섬김, 2014 재개정 1쇄), 159.

30) 김진흥, 『교리문답으로 배우는 장로교 신앙』 (서울: 생명의양식, 2017), 215.

너는 나 외에는

다른 신들을 네게 두지 말라

לא יהיה־לך

אלהים אחרים על־פני

III

# 제1계명, 다른 신들 중에서 하나님으로

너는 나 외에는 다른 신들을 네게 두
지 말라

출20:3

# III. 제1계명, 다른 신들 중에서 하나님으로

너는 나 외에는
다른 신들을 네게 두지 말라
출20:3

## 적당히 사는 시대에 십계명의 의미

우리는 세상을 살면서 적당히 순수하고, 적당히 때도 묻어야 나름대로 인간미가 있다고 생각합니다. 문제는 신앙생활도 이런 방식으로 생각한다는 점입니다. 지금은 믿음이 없지만 나중에 믿음이 생길 수 있다고 합리화하며 돈 많고 유력한 성도에게 적당히 직분을 줍니다. 정작 직분을 얻었지만 합당한 헌신과 섬김을 못합니다. 하지만 다들 그러니 어쩔 수 없다고 생각하며 적당히 넘어갑니다. 누가 봐도 동기가 순수하지 않은데 100% 순수한 동기를 가지고 섬기는 사람들이 어디 있느냐며 적당히 눈감아 줍니다. 교회 안에서조차도 '적당히' 타협하는 모습을 보고 토저(A. W. Tozer)는 아픈 지적을 했습니다.[1)]

"많은 교회가 기독교의 진리에 물을 타버렸다. 그리하여 그것이 독이라 할지라도 그 누구도 죽일 수 없고, 그것이 약이라 할지라도 그 누구도 고칠 수 없게 되었다."

이렇듯 '적당히' 사는 세상에서 "너는 나 외에 다른 신들을 네게 두지 말라"는 제1계명을 접할 때 어떤 생각이 드십니까? 많은 그리스도인들이 이 계명을 나와는 상관이 없다고 생각합니다. 과연 성경과 하이델베르크 요리문답은 제1계명을 어떻게 적용하는지, 먼저 말씀의 숲 안으로 들어가 보실까요?

## 십계명 해석원리: 전체 성경에 근거한 해석과 계명의 통일성

우선 십계명을 어떻게 해석할 것인지가 아주 중요합니다. 개혁주의 성경해석의 핵심은 오직 성경(Sola Scriptura)과 전체 성경 (Tota Scriptura)입니다. 오직 성경에 최종 권위를 두고, 본문을 해석할 때는 전체 성경에서 말하는 바에 근거하여 해석합니다.[2] 십계명은 기본적으로 출애굽기 20:2-17과 신명기 5:6-21에 기록되어 있을 뿐 아니라, 성경 곳곳에 기록되어 있습니다. 그러므로 십계명은 전체 성경에 근거해서 해석해야 합니다.

십계명은 각각 짧은 문장이지만 그 문장 속에는 어마어마한 하나님의 의도가 담겨서 서로 긴밀하게 연결되어 있습니다.[3] 특히 십계명 가운데 제1계명은 여호와의 언약 관계에 들어가기를 원하는 사람들에게 요구되는 가장 근본적인 조건이며, 뒤에 나오는 나머지 아홉 계명의 뿌리이며 십계명이 보증해 주는 관계이며, 십계명 전체의 요약입니다.[4] 제1계명은 나머지 계명의 기초가 되는 아주 중요한 계명이기 때문에, 제1계명을 어긴다면 다른 모든 계명을 어긴 것입니다.[5] 그리고 십계명의 하나님 사랑과 이웃 사랑도 두 부분으로 딱 잘라 구분할 수 없습니다. 이 둘도 아주 긴밀하게 연결되어 있기 때문에 하나님과의 바른 관계는 반드시 사람과

의 바른 관계로 이어집니다. 그리고 십계명의 내용상의 우선순위도 아주 중요합니다.

| 출애굽기 | 신명기 | 십계명의 내용 | 우선 순위 | 3구조 |
|---|---|---|---|---|
| 20:1~2 | 5:6 | 전문 | 전문 | 전문 |
| 20:3~11 | 5:7~15 | 1계명 : 너는 나 외에 다른 신을 두지 말라<br>2계명 : 우상을 만들지 말라<br>3계명 : 여호와의 이름을 망령되이 일컫지 말라<br>4계명 : 안식일을 거룩히 지키라 | 하나님 | 하나님 |
| 20:12~17 | 5:16~21 | 5계명 : 네 부모를 공경하라 | 공동체 | 인간 |
| | | 6계명 : 살인하지 말라 | 생명 | |
| | | 7계명 : 간음하지 말라 | 성(性) | |
| | | 8계명 : 도적질하지 말라 | 재산 | |

## 십계명의 내용상의 우선순위

오늘날 기독교인들에게 십계명을 순서대로 암기해 보라고 하면 제대로 암송하는 사람이 얼마나 될까요? 십계명을 순서대로 다 외우고 있는 사람은 아주 드뭅니다.[6] 하지만 십계명을 순서대로 외우는 일은 정말 중요합니다. 하나님에 대한 지식이 선행되지 않으면, 사람에게 어떻게 행동해야 하는지를 제대로 알 수 없기 때문입니다.

| | | 출애굽기 | 신명기 |
|---|---|---|---|
| | 전문(前文) | 출애굽기 20:1~2 | 신명기 5:6 |
| 첫 번째 | 하나님 | 출애굽기 20:3~11 | 신명기 5:7~15 |
| 두 번째 | 인간 | 출애굽기 20:12~17 | 신명기 5:16~21 |

전통적으로 십계명은 예수님의 '사랑의 이중계명'에 근거해서 위와 같이 두 부분으로 나눕니다. 전문(서문)은 출애굽기 20:1~2과 신명기 5:6로 십계명을 수여하신 분과 받는 사람이 누구인지 알려줍니다. 그리고 첫 번째 부분인 출애굽기 20:3~11과 신명기 5:7~15은 하나님의 백성들이 하나님과의 관계에서 지켜야 할 예배와 섬김이 무엇인지, 두 번째 부분인 출애굽기 20:12~17과 신명기 5:16~21은, 하나님 백성들이 지켜야 할 의무들과 삶을 통한 예배에 관하여 나눕니다.[7)]

하이델베르크 요리문답의 저자 중 한 사람인 우루시누스(Zacharias Ursinus) 역시 '하나님에 대한 우리의 태도'를 가르치는 첫 부분과 '이웃에 대한 우리의 의무'를 가르치는 둘째 부분으로 십계명의 구성을 설명합니다.[8)] 하나님과 이웃에 대해 '내적, 외적'으로 좀 더 세분화하여 설명했다는 게 특징입니다.

**우루시누스(Zacharias Ursinus)의 분류[9)]**

<table>
<tr><th>계명</th><th>하나님을 예배하는 태도</th><th colspan="2">신자의 내적 외적인 태도</th></tr>
<tr><td>1계명</td><td rowspan="4">직접-하나님께</td><td>내적</td><td>하나님을 예배</td></tr>
<tr><td>2계명</td><td rowspan="3">외적</td><td>하나님이 원사시는 방식</td></tr>
<tr><td>3계명</td><td>하나님을 인정 고백</td></tr>
<tr><td>4계명</td><td>공적인 예배를 안식일에 드림</td></tr>
<tr><td>5계명</td><td rowspan="6">간접 이웃을 향하여</td><td rowspan="5">외적</td><td rowspan="5">외적으로 행해야 할 지침</td></tr>
<tr><td>6계명</td></tr>
<tr><td>7계명</td></tr>
<tr><td>8계명</td></tr>
<tr><td>9계명</td></tr>
<tr><td>10계명</td><td>내적</td><td>어떤 마음의 동기를 가져야 하는 지침</td></tr>
</table>

이번에는 웨스트민스터 표준문서들에 관한 해설서들을 집필하여 우

리에게도 잘 알려진 윌리엄슨 목사의 도표입니다.[10] 세계의 동심원으로 표현하여 하나님 사랑, 이웃 사랑으로 표현되는 전통적인 두 구성을 '예배와 봉사'라는 두 개념에 맞게 하나님을 중심으로 두고 일관된 관점으로 설명한 점이 돋보입니다.

**윌리엄슨의 분류**

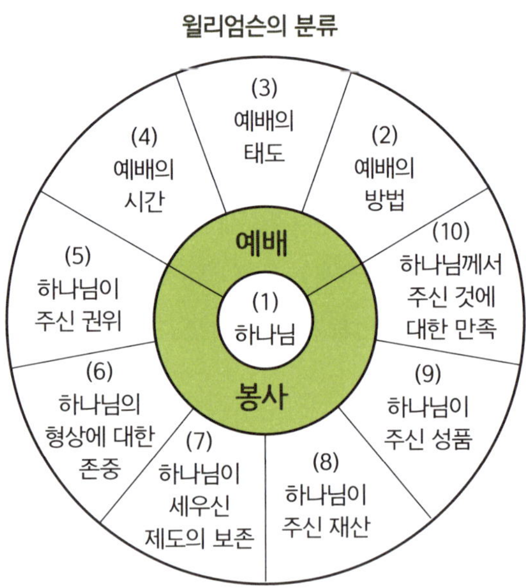


마지막으로 구약학자 월터 카이저는 "하나님, 예배, 사회"로 세 가지 구분을 합니다. 하나님에 대한 인간의 관계와 사회에서 인간 대 인간의 관계의 중심에 "예배에 대한 인간의 관계"를 두고 있는 게 특징입니다.

**월터 카이저의 세 가지 구분[11]**

| 계명 | 주제 |
|---|---|
| 제1계명~제3계명 | 1. 하나님에 대한 인간의 관계(출 20:2-7) |
| 제4계명 | 2. 예배에 대한 인간의 관계(출 29: 8-11) |
| 제5계명~제10계명 | 3. 사회에 대한 인간의 관계(출 20:12-17) |

대부분의 개혁주의 목회자는 내용의 분류에 있어서는 약간의 차이를 두지만 십계명을 율법이 아니라 "예배"라는 동일한 주제로 본다는 것을 알 수 있습니다.

## 하지 말라: 십계명에서 8개의 부정 vs 2개의 긍정

본문 속으로 한걸음 더 들어가 봅시다. 먼저 아래 표를 참조하면 출애굽기와 신명기에 나오는 제1계명에 대한 본문이 동일하다는 사실을 발견할 수 있습니다.

| 출 20:3 | 사역(私譯) | 신 5:7 | 사역(私譯) |
|---|---|---|---|
| לא יהיה־לך | 네게 있게 하지 말라 | לא יהיה־לך | 네게 있게 하지 말라 |
| אלהים אחרים | 다른 신들을 | אלהים אחרים | 다른 신들을 |
| על־פני | 내 앞에서 | על־פני | 내 앞에서 |

먼저, 단호하고 강경한 법적 금지를 나타내는 '~하지 말라'(לא)는[12] 절대부정의 명령은 십계명 중에 제4계명, 제5계명의 '~하라'는 두 개의 긍정의 명령을 제외하고는 여덟 개나 됩니다. 이렇듯 십계명에 긍정적인 명령보다 부정적인 명령이 많은 이유가 무엇일까요? 시대적 상황에서 십계명은 이스라엘 백성들을 새롭게 구원하는 것이 아니라 이스라엘 백성들이 가나안 땅에서도 하나님의 언약백성으로 살 수 있도록 보호하고 지키기 위한 목적을 가지고 있기 때문입니다.

수능입시가 얼마 남지 않은 고3 수험생에게 엄마가 '너 컴퓨터 게임하지 마'라고 하는 말의 의미가 무엇입니까? '수능이 얼마 남지 않았으니 좀 더 적극적으로 공부를 해야 하지 않겠니?'라는 의미입니다.

길을 지나는 아저씨, 아주머니라면 내 자녀들에게 그런 잔소리를 하겠습니까? 하나님이 우리 아버지이시고 우리는 그분의 자녀라는 신분과 명예 때문에 받는 명령입니다. 그런 차원에서 십계명의 '~하지 말라'는 명령은 하나님이 그의 자녀들을 아끼시는 증거로 보고 감사해야 합니다.

## 대상이 너인가, 너희인가?

성경은 십계명 받는 대상을 '너희'가 아니라 '너'로 표현했습니다. 십계명 전문을 포함하여 출애굽기 20장뿐만 아니라 신명기 5장에도 모두가 2인칭 단수인 '너'라고 표현했습니다. 십계명은 개인에게 주는 명령이요, 율법일까요? 하지만 여기 사용된 단수는 '너'라는 한 개체가 아니라 광야교회라고 하는 '공동체적 통일성'을 전제로 한 이스라엘 백성 전체를 표현하는 말입니다.[13)]

한 개인은 이스라엘이라는 신앙공동체 안에서 이웃 사람들과 연관을 맺고 살아갑니다. 즉, 십계명이 이스라엘 백성 전체에 주어진 동시에, 개개인 모두가 언약의 말씀(십계명)을 받고 지켜야 합니다. 십계명은 '나'만이 아니라 '하나 된 우리'가 하나님 앞에서 행합니다. 개인 행동이지만 결국 다른 사람에게 영향을 줍니다. 결국 십계명은 한 개인이 공동체의 질서와 유익과 목표를 위하여 마땅히 실천해야 되는 행동지침입니다.

## 다른 신들(אלהים אחרים, 엘로힘 아헤림) : 하나님의 존재와 속성

'다른 신들'에서 쓰인 '엘로힘'이라는 단어는 '여호와 하나님'과 구별되는 표현으로, 단수로 쓰이면 하나님이고, 복수로 쓰이면 다른 신들로 번역

됩니다. 제1계명에서 복수 형태로 '다른 신들'로 번역했습니다.[14] 하나님 외에 다른 신이 없는데 왜 '다른 신들'이라는 표현을 썼을까요?

'다른 신들'은 이스라엘 백성들이 430년간 머물렀던 애굽의 다신주의 종교와 그들이 앞으로 들어가 살 가나안 땅 원주민들의 종교를 염두에 둔 표현입니다. 고대 근동의 풍습은 태양, 달, 별 등 자연을 섬기든지, 지형지물을 가지고 새기고 깍고 만들어서 신을 삼는 것이 유행이었습니다. 그것은 실제적인 신적 존재인 '신들'(gods)을 지칭하는 게 아닙니다. 사람들은 실제로 하나님 외에 다른 신이 없지만, 원래 신이 아닌 것을 만들어 냅니다. 그 신을 섬기는 게 우리의 본성이요, 우리라는 존재입니다.

> 여호와께서 홀로 그를 인도하셨고 그와 함께 한 다른 신이 없었도다(신 32:12)
> 그들은 하나님께 제사하지 아니하고 귀신들에게 하였으니 곧 그들이 알지 못하던 신들, 근래에 들어온 새로운 신들 너희의 조상들이 두려워하지 아니하던 것들이로다(신 32:17)

'다른 신들'은 한 분이신 이스라엘의 하나님 외에 다른 신적 존재들의 실체적인 존재를 상징하는 게 아닙니다.[15] 출애굽기 20:3의 '두다'라는 말에 하나님은 의도적으로 히브리어 동사 '하야'(היה)를 사용하셔서, 스스로 계신 하나님만이 참 신이고 그 외에 다른 신들은 존재하지도 않으니, 그 신들을 존재하게 하지 말라, 하나님은 한 분이시며, 다른 하나님은 없다는 사실을 가르쳐 줍니다.[16] 그러므로 참된 기독교는 단일신론(henotheism)이 아니라 유일신론(monotheism)을 따릅니다. 이스라엘의 하나님이 신 중의 신, 곧 최고의 유일신이란 의미입니다.[17]

오늘날 종교 다원주의 사회 속에서 기독교의 유일신론은 배타적이고 편협하며 교만해 보입니다. 하나님을 믿는 일이 여러 가능성 중 하나를 선택하는 일로 여겨집니다. 제1계명은 하나님을 믿는 길 하나만을 제시해 놓고 다른 모든 길을 다 막아 머린 뒤에, "봐라, 네가 갈 길은 이 길 하나밖에 없지 않느냐"고 말하지 않습니다. 그런 운명적으로 그 길을 가야 한다면 인간은 자유와 책임을 지닌 존재가 아니라 본능에 따라 움직이는 동물이 되든지, 아니면 로봇과 같은 존재가 되고 맙니다. 그런 관계에서는 인격적인 만남도 인격적인 사랑도 이루어질 수 없습니다.[18] 이렇듯 기독교는 삼위일체 하나님을 믿는 신앙은 폐쇄성과 배타성, 비실재적인 온갖 마법과 미신을 극복할 수 있는 유일한 길입니다.[19]

## 나 외에는(עַל־פָּנָי, 알 파나이): 나의 얼굴 앞에(내 면전에서, 내 생전에는, 나의 얼굴 가까이)

대개 "다른 신들을 네게 두지 말라"라는 부분에 제1계명의 강조점을 둡니다. 하지만 하나님 편에서 볼 때 중요한 지점은 '너와 나 사이'입니다.[20] "하나님은 왜 그렇게 이기적이신가? 왜 그렇게 자기만 사랑하라고 하시는가?"하는 의문이 듭니다.

'나 외에는'라는 말은 풍성한 번역이 가능합니다.[21] 우선 '나 외에'를 '하나님 옆에 나란히' 혹은 '나와 대립시켜, 나보다 우선하여'[22]라는 뜻으로 번역한다면, "하나님은 하나님 한 분 이외에는 어떤 다른 존재도 하나님 자신과 동등한 위치에 두지 말도록 엄격한 명령을 하셨다. 하나님은 우리가 다른 어떤 신을 두는 것을 매우 노여워하시고 그 죄를 엄격하게 다루신다."[23]는 의미입니다. 그러므로 제1계명은 하나님 외에 다른 신을 섬기면 안 된다는 말이면서, 동시에 다른 신을 두는 것을 금하는 말씀입니다.

라틴어 번역본인 벌게이트역(Vulgate)에서는 '나 외에'를 Coram Deo(하나님 앞에서)라고 번역하였습니다. '내 앞에' 또는 '내 얼굴 앞에'[24] 라는 표현은 "너는 나 사이에, 그러니까 내 얼굴 앞에 어떤 것도 개입이 되거나 끼어들어서는 안 된다. 내 면전에서 네가 다른 신들을 섬긴다는 것은 도저히 '너'와 '나' 사이에는 있을 수 없는 일이다."는 의미입니다. 지금 하나님은 시내산에서 이스라엘과 언약을 맺는 중이시기 때문에, 하나님 옆에 있다는 것보다 하나님 얼굴 앞에 있다는 표현이 자연스럽습니다. 언약은 당사자끼리 아주 특별한 관계를 맺기 때문에 당사자 외에는 절대 다른 대상이 끼어들 수 없는 배타적이고 독점적인 관계입니다. 특히나 결혼이라는 언약 관계는 세상의 어떤 관계성보다도 더욱 친밀하고 은밀하며 가장 깊은 차원의 인격적인 관계입니다. 하나의 예를 들어 볼까요? '남편'이신 여호와 하나님을 버려두고 영적인 외도를 일삼을 때 어떠한 마음이실까요?[25]

수상안전요원이 바닷가에서 어떤 여자를 목숨을 걸고 구해 주었습니다. 그리고 이 둘 사이에 사랑이 싹이 터서 결혼을 했습니다. 아내가 길을 가다가 멋진 남자가 지나가는 것을 계속 쳐다봅니다. 남편이 "어디다 눈길을 줘요? 나만 사랑해야지! 아내로서 의무를 지켜야지."한다고 해서 "남자가 왜 그렇게 속이 좁아요! 왜 남편만 사랑하라고 하는 거야!"하지 않습니다. 왜 그렇습니까? 바로 물에서 건져준 것만 아니라 결혼이라는 언약 관계를 맺었기 때문입니다. 좀 더 나가서 너무 멋져 보이는 남자가 있어 집에 데려왔습니다. "나는 본 남편도 사랑하고 이 남자도 같이 사랑하면서 풍성한 결혼생활을 할거에요." 그럴 때 남편이 수긍할 수 있나요? 사랑은 커녕 이 가정은 불화가 끊이지 않고 감당하기 어려운 정신적 고통을 받게 될 것입니다.

사랑하는 사람들 사이에 다른 어떤 존재도 끼어들 수 없는 것처럼 하나님도 우리에게 온전하고 독점적인 사랑을 기대하시며, 하나님 이외의 다른 우상들에게 아예 마음을 두지 말 것을 요구하십니다. 얼굴과 얼굴이 맞닿아 있는 하나님의 면전에서는 은밀한 곳이 없습니다. 모든 것을 동시에 바라보시는 하나님을 인정한다면 두렵고 떨리는 마음으로 걸음걸이 하나하나가 조심스럽지 않을까요? 목사가 설교를 할 때에도, 찬양대가 찬양을 드릴 때에도, 가정과 직장의 모든 삶에서도 '하나님 면전'에서 산다는 것을 인식하고 있습니까? 정말 하나님이 살아계심을 믿고 인정하십니까? 그렇다면 하나님의 얼굴을 환하게 해 드리는 자가 되어야 하지 않겠습니까?

"나 외에 다른 신들을 네게 두지 말라"는 계명은 협박이나 겁박이 아니라 하나님 사랑의 표현입니다. 십계명 하나하나가 사실은 하나님의 사랑 표현이 아닌 것이 없습니다. 하나님 한 분 외에는 다른 신이 없다는 사실을 제1계명을 통해 알려 주셔서 우리가 존재하지도 않는 다른 신을 따라가는 것을 원천적으로 막으십니다. 우리가 인생을 걸을 때 헛걸음질 하지 않고, 거짓에 속지 않게 하시는 하나님의 배려와 사랑이 담겨 있는 계명입니다.[26] 무시무시한 세속의 물결 가운데 갈등과 아픔들이 여전히 나를 치고, 약함이 나에게 있지만, 더 이상 세상의 어떤 것을 붙들고 의지하고 사랑하지 않습니다. '나 외에'라는 말씀을 통해, 창조자요 전능자께서 우리를 향해 가지시는 관심과 사랑을 발견합니다.

## 소극적 명령에서 적극적, 포괄적 명령으로, 칼뱅의 해석지침

예전에는 '~하지 말라'는 부정어를 소극적인 명령으로만 해석하여 계명의 참 뜻을 제대로 발견하지 못했습니다. 하지만 종교개혁의 신학은 율법을 부정적인 측면보다 긍정적인 측면으로 더 많이 해석합니다.[27]

칼뱅은 『기독교강요』에서 십계명을 설명하면서 계명을 준수하는 것이 무엇인지 말하기 위해 "성경에 표현된 명령과 금지에는 말로 표현된 것 이상이 항상 포함되어 있다."고 말합니다.[28] 예를 들어 "네 부모를 공경하라" 명령했을 때 부모의 범위가 육신의 부모뿐만 아니라, 세상 질서에 따라 상위에 있는 사람들 모두를 포함합니다. "살인하지 말라"는 명령도 사람을 죽이지 않는 정도가 아니라 마음으로 미워하지 않고 도리어 원수까지 사랑하는 명령입니다. 그러면 제1계명이 "하나님 외에 다른 신을 두지 않는 것"으로 만족하지 말고 어떤 적극적인 명령을 담고 있는지 하이델베르크 요리문답을 확인해 봅시다.

## 제1계명의 소극적인 해석과 적극적인 해석



제 94문 여호와께서 제 1계명에서 요구하시는 것은 무엇인가?

답 (부정) 내가 나의 구원의 유익을 위하여 모든 우상숭배, 마술, 미신적 습관, 성인들이나 다른 피조물에게 기도하는 것을 피하는 것입니다.[29]

(긍정) 또한, 내가 마땅히 유일하신 참 하나님을 알아야 하고, 오직 그 하나님만을 신뢰하고, 겸손과 인내로, 그 하나님께 복종하고, 오직 그 하나님으로부터 오는 모든 선을 기대하고, 그 하나님을 전심으로 사랑하고, 두려워하고, 영광을 돌리는 것입니다. 간단히 말해서, 내가 조금이라도 그 하나님의 뜻을 거스르기보다는 차라리 모든 피조물을 버리라는 것입니다.

하이델베르크 요리문답은 제1계명을 부정적인 측면과 긍정적인 측면으로 나누어 설명합니다. 어떤 내용이 더 많습니까? 부정적인 측면은 "하나님 외에 다른 것을 의지하는 온갖 우상숭배, 마술과 점치는 일과 미신, 성인숭배까지 피해야합니다"라고 짧게 서술하고, 오히려 긍정적인 측면은 여덟 가지 덕목으로 확대 해석합니다. "❶ 내가 마땅히 유일하신 참 하나님을 알아야 하고, ❷ 오직 그 하나님만을 신뢰하고, ❸ 겸손과 ❹ 인내로, 그 하나님께 복종하고, ❺ 오직 그 하나님으로부터 오는 모든 선을 기대하고, ❻ 그 하나님을 전심으로 사랑하고, ❼ 두려워하고, ❽ 영광을 돌리는 것"[30] '~하지 말라를 ~하라', 얼마나 적극적이며 풍성한 명령으로 누리도록 하는지 저는 깜짝 놀랐습니다. 결국 제1계명은 하나님을 아는 것으로부터 하나님을 섬기고, 하나님께 영광을 돌리는 예배의 대상을 정확하게 말씀합니다.

## 적극적 명령1 : 삼위 하나님을 힘써 알라

그러나 애굽 땅에 있을 때부터 나는 네 하나님 여호와라 나 밖에 네가 다른 신을 알지 말 것이라 나 외에는 구원자가 없느니라(호 13:4)

그러므로 우리가 여호와를 알자 힘써 여호와를 알자(호 6:3)

나는 인애를 원하고 제사를 원하지 아니하며 번제보다 하나님을 아는 것을 원하노라(호 6:6)

위의 말씀들을 기반으로 출애굽기 20:3의 "있게 하지 말라"는 소극적인 명령은 "하나님을 힘써 알라"는 적극적 명령으로 해석합니다. 제1계명을 지키는 데 가장 중요한 기초는 '다른 신들'이 무엇인가 알고 없애는 데 힘쓰는 것보다, 하나님이 나를 어떻게 사랑하셨는지, 얼마나 사랑하시는지를 확고하게 아는 것입니다. 따라서 신앙생활에서 가장 중요한 내용 중 하나는 그의 말씀을 "듣는 것", 성경을 읽으며, 묵상을 하는 등 하나님을 알기 위한 모든 노력이 제1계명을 지키는 첫걸음입니다.[31] 하나님을 자신의 소견과 상상이 아니라 하나님의 말씀에 따라 알아가겠다는 자세를 갖는 게 바로 자기 부인의 첫걸음이고, 미묘한 우상숭배를 멀리하는 길입니다.[32]

여러분은 얼마나 하나님의 본질, 속성, 사역, 그분과 택한 백성인 우리와의 관계를 아십니까? 우리가 정말 하나님의 사랑을 안다면, 그분이 어떤 분인가를 정확히 인식한다면 다른 곳에 눈 돌릴 겨를이 있을까요? 우리가 한눈팔고 곁눈질하는 가장 큰 이유는 충분히 사랑 받아야 될 대상에게 사랑받지 못한다고 여길 때입니다.[33]

C. S 루이스는 말합니다. "현대 성도들이 갖고 있는 문제는 너무 많은 것을 사랑하기 때문이 아니다. 하나님의 사랑을 충분히 알지 못하고 사랑받지 못했기 때문이다."

여러분, 하나님의 사랑이 얼마나 배타적이고 독점적인지 아십니까? 오죽했으면 제1계명에 "너와 나 사이에 어떤 것도 개입이 되어서는 안 된다."고 하셨을까요? 그런데 하나님과 나 사이에 뭐가 끼어듭니까? 돈, 술, 마약같은 세상의 중독과 욕망이 끼어듭니다. 우리는 이런 현대판 우상들을 지니고 있지만 제1계명이라는 검색대를 통과하기 쉽지 않습니다. 자꾸 다른 곳에 기웃거리게 되는 것을 성경에 간음, 음행이라고 합니다.

> 너는 조심하여 너를 애굽 땅 종 되었던 집에서 인도하여 내신 여호와를 잊지 말고(신 6:12)
> 네 하나님 여호와를 경외하며 그를 섬기며 그의 이름으로 맹세할 것이니라 너희는 다른 신들 곧 네 사면에 있는 백성의 신들을 따르지 말라(신 6:13-14)

과연 누가 이 기준에 이를 수 있으며, 누가 능히 이 모든 일을 행할 수 있나요? 아무도 없습니다. 단 한 사람도 그렇게 할 수 없습니다! 오직 한 분만 예외이시니, 곧 예수 그리스도만 "참되신 하나님을 사랑했고, 하나님만을 믿었습니다." 그리스도께서는 털끝만큼도 하나님 외에 다른 것을 사랑하신 적이 없습니다.[34)]

## 적극적 명령2 : 마음과 목숨과 뜻을 다해 하나님만을 섬기라

이스라엘아 들으라 우리 하나님 여호와는 오직 유일한 여호와이시니 너는 마음을 다하고 뜻을 다하고 힘을 다하여 네 하나님 여호와를 사랑하라(신 6:4-5)
예수께서 이르시되 네 마음을 다하고 목숨을 다하고 뜻을 다하여 주 너의 하나님을 사랑하라 하셨으니 이것이 크고 첫째 되는 계명이요 둘째도 그와 같으니 네 이웃을 네 자신 같이 사랑하라 하셨으니 이 두 계명이 온 율법과 선지자의 강령이니라(마 22:37-40)

'쉐마'는 기독교 역사상 가장 오랜된 신앙 고백입니다.[35)] 예수님이 마태복음 22:34-40에서 한 율법사의 질문에 신명기 6:5의 말씀을 '하나님을 마음과 뜻과 힘을 다하여 사랑하라'는 '신뢰와 순종'이라는 두 핵심 개념으로 적극적이고 긍정적인 계명으로 확대해석하셨습니다.[36)] '유일하신 참 하나님을 바르게 알고, 그분만을 신뢰할 것' 그리고 '모든 겸손과 인내로 그분에게만 순종할 것', 이렇듯 예수 그리스도께서는 십계명의 의미를 더 깊고 넓게, 적극적인 해석을 하셨습니다.

불신자들이나 종교 다원주의자들은 제1계명에 하나님의 독선이 담겨 있다고 생각합니다. 하나님을 이기적인 분으로 오해합니다. 그러나 오히려 제1계명에는 믿는 백성을 향한 하나님의 배려와 사랑이 담겨 있습니다. 하나님이 십계명을 주신 본래 의도는 우리에게 최종적으로 안식과 복을 주기 위함이지, 결코 두려움으로 억압하려는 게 아닙니다.

## 적극적 명령3 : 삼위 하나님께만 경배(예배)하라

이르되 만일 내게 엎드려 경배하면 이 모든 것을 네게 주리라 이에 예수께서 말씀하시되 사탄아 물러가라 기록되었으되 주 너의 하나님께 경배하고 다만 그를 섬기라 하였느니라(마 4:9-10)

예수님은 광야에서 마귀에게 시험을 받을 때 다른 신들을 두지 말라는 제1계명을 "너의 하나님께만 존재를 다해 열렬히 경외하며 경배하고 섬기라"며 긍정적인 명령으로 해석합니다.

믿음의 동역자 여러분! 그리스도인이십니까? 하나님을 최고의 유일한 예배자로 예배하십니까? 하나님께만 예배하는 것이 제1계명을 지키는 일입니다. 예수 그리스도의 가장 고상한 지식을 발견하고, 밭에서 가장 귀한 보물을 발견한 자처럼 하이델베르크 요리문답은 "내가 조금이라도 그 하나님의 뜻을 거스르기보다는 차라리 모든 피조물을 버리라"고 합니다. 하나님의 부요를 아는 자답게 멋진 결론을 내리며 '우상숭배'란 무엇인가 묻습니다.

## 21세기를 살아가는 현대 그리스도인들에게 우상숭배는 무언인가?

하이델베르크 요리문답

제 95문 우상숭배란 무엇인가?

답 우상숭배란 말씀을 통하여 당신 자신을 계시하신 유일하신 참 하나님 대신에, 혹은 추가해서, 우리의 신뢰를 두는 어떤 것을 가지거나 만들어 내는 것입니다.

"말씀을 통하여 당신 자신을 계시하신 유일하신 참 하나님 대신"이란 표현이 아주 중요합니다. 하나님을 섬기노라 하면서, 사실은 성경의 하나님을 왜곡한 거짓 예배와 다른 신들에 빠져드는 일이 성경과 교회의 역사에 무수하게 나타나기 때문입니다.[37] 우리는 유대주의자들과 로마 가톨릭의 예를 통해 잘 압니다. 그리고 추가해서, 우리의 신뢰를 두는 어떤 것을 가지거나 만들어서 하나님과 나란히, 하나님과 더불어, 하나님과 같은 자리에 올려놓고 그것에 절대적인 가치를 부여하면 우상입니다.[38] 심지어 하나님에게 직접 나왔던 산물인 성경도, 강대상, 예배당이 우상화될 수 있습니다. 이스라엘 백성들이 하나님을 섬기던 그 제단이 하나님을 배신한 우상을 섬기는 제단이 되기도 했습니다. 때로는 우리가 설교와 목회를 하도 잘하니까 목사님을 예수님처럼 여기는 것도 우상입니다.

우리 시대의 우상은 무엇입니까? 소위 지성인이라고 하는 사람들은 개인주의, 물질주의, 인간주의, 공산주의, 사회주의, 민족주의 등이 심각한 우상입니다. 진보냐 보수냐 하는 가치가 우상이 될 때 교회는 생채기를 앓습니다. 지성인이 아닐지라도 소위 개똥철학이라는 게 저마다 있습니다. 그리고 중독증(addiction) 역시 우상숭배를 더 완곡하게 표현한 새로운 현대적 용어라 말할 수 있습니다. 돈 중독, 권력 중독, 알코올 중독, 스포츠 중독, 도박 중독 등입니다.[39]

오늘날 물질, 즉 맘몬 신에 얼마나 많은 그리스도인들이 넘어 갑니까? 우리가 "하나님 면전 앞에" 있다면 "나 외에" 사랑을 갈구하는 하나님 아버지의 심정을 정말 안다면 어떻게 정직하게 십일조를 하는 것을 아까워할 수 있을까요? 오직 우리가 하나님을 사랑할 때 비로소 돈은 맘몬 신이 아니라 하나님과 이웃을 섬기는 '수단'이 됩니다.[40]

우리가 예배에 왔다고 다 하나님을 섬기는 것이 아닙니다. 예배를 드린다 하더라도 "마음과 뜻과 힘을 다하여" 드리지 않는다면 제1계명을 어기는 겁니다. 예배 시간에 습관적인 지각을 하는 것, 찬송을 마음을 다해 올려 드리지 않는 것, 말씀을 힘써 듣지 않는 것도 하나님을 사랑하지 않는 것이고, 제1계명을 어기는 겁니다.

예배 때마다 설교자가 하는 말랑말랑한 메시지에 위로 받는 것이 목적이 된다면 나라는 우상을 섬기는 자리가 됩니다. 인간의 행복과 체험을 숭배하며 자아를 만족시키는 프로그램이 우상이 될 수 있습니다. 교회가 구제하고, 사회사업도 하고, 전도와 선교도 해야 하지만, 그것보다 우선 하나님을 사랑하는 것을 첫 자리에 올려놓아야 합니다. 휴대폰이 하루의 시작과 마지막이라면 그것이 다른 신들이 아닐까요?

이스라엘 백성들의 출애굽에는 노예 생활에서 풀려난 것보다 더 중요한 게 있습니다. 노예에서 벗어났다고 새로운 삶이 시작되는 게 아니라 새로운 주인을 맞이해야 합니다. 결국 예배는 우리의 주인이 누구인지를 결정합니다. 여러분, 하나님을 첫 자리에 올려놓으십시오. 최고의 하나님께 최상의 예우를 드릴 수 있기를 바랍니다.

## 온 마음을 다해 하나님을 사랑하라

여러분! 위기의 시대에 '적당히'라는 생각으로 진리에 물을 탄 채 종교꾼으로 전락하고 있지는 않습니까? 사람은 누구를 섬기느냐에 따라 그가 누구인지 결정됩니다. 곤충을 섬기면 곤충을 닮아가고, 소를 섬기면 소가 기준이 됩니다. 돈을 섬기면 돈이 기준이 됩니다.[41] "나 외에 다른 신을 두지 말라"는 것은 'only'입니다. 여러분은 하나님을 뜨겁게 사랑하고 섬기는 일에서 다른 어떤 것에도 밀리지 않기를 바랍니다.

오늘 우리의 삶에 모든 엉클어지고 깨어지고 무너진 것이 있다면 돌이키고 회복시키는 일은 딱 하나입니다. 제1계명 하나만 정확하게 붙잡아도 하나님은 우리 모든 삶에 다함이 없는 기가 막힌 은혜를 부어주실 줄 믿습니다.

왜 하나님은 이렇게 그분만 바라보고 사랑하라고 하시는 걸까요? 하나님은 아무 것도 해주지 않은 채 자신을 사랑하라고 요구하지 않으십니다. '사랑하라'는 명령은 이미 다른 편에 '너는 사랑받았다'는 사실이 전제되어 있습니다.[42)]

"나만 바라봐"라는 계명 속에 담겨 있는 하나님의 마음이 느껴지십니까? "내가 뭐라고 하나님께서는 나를 그렇게 사랑하실까?, 내가 뭐라고 그토록 나와 관계 맺기 원하실까?" 우리는 원수 되었던 자요, 배반했던 자요, 허물과 죄로 죽었던 존재인데요. 사랑이 깨지면 서로 안 보고 등과 등을 맞대는 갈등과 함께 다른 것들을 찾습니다. 그러나 누군가를 사랑한다면 눈과 눈을 바라보며 마주 봅니다. 우리는 하나님과 어떤 관계를 맺어야 할까요?

사랑받는 사람들은 표가 납니다. 얼굴이 환하고 예쁩니다. 어때요. 화면으로 보는 얼굴이 좀 환한 것 같으세요? 거울 속에 비친 여러분의 모습은 어떻습니까? 큰 사랑을 받는 사람의 얼굴입니까? 하나님께서 나를 사랑하신다고 믿고 사는 사람의 표정입니까? 사랑에 조금도 부족함이 없으신 하나님이 여러분의 사랑을 목말라하고 그리워하십니다. 원하고 계십니다. 하나님은 당신 마음, 당신 생활 속에서 으뜸 되는 자리를 차지하고 싶어 하십니다. 아니, 당신의 전부를 소유하고 싶어 하십니다. 하나님은 관심의 나누어짐이 없는 순전한 당신의 전부를 요구하십니다. 이런 하나님의 요구 앞에 충분히 반응할 수 있는, 넉넉하고 부유한 그리스도인이 되기를 소망합니다.

"나 외에 다른 신을 네게 두지 말라!" 오직 하나님만을 섬기며 살겠습니다. 이 고백과 선포가 하나님의 놀라운 은혜를 개인뿐만 아니라 우리의 가정과 우리의 전 영역에서 하나님의 회복을 경험할 수 있기를 바랍니다.

설교 시청 가이드

2019년 8월 11일(주일),
사월교회당의 공예배에서 강론된
"제1계명, 다른 신들 중에서 하나님으로"(출20:3)는
대한예수교장로회 사월교회 홈페이지(www.sawolch.com)와
오른쪽의 QR코드를 통해 언제든지 시청할 수 있습니다.

A Guide to Sermon Video

# 미주

1) A. W. Tozer, *Tozer on Worship and Entertainment: Selected Excerpts*, 이용복 역, 『예배인가, 쇼인가』(서울: 규장, 2004), 머리말.
2) 황희상, "십계명을 십계명답게" 『re』, vol, 36호 (여수: 그라티아, 2013), 52-63; "십계명을 다루는 철저한 방식" 『re』, vol, 37호 (여수: 그라티아, 2013), 47-60. 십계명의 해석원리는 웨스트민스터 대교리문답 99문을 참조하라. 구약의 율법을 어떻게 해석할지는 김창훈, 『하나님의 선물 율법 그 의미와 교훈』 (서울: 호밀리아, 2012)를 참조하라.
3) 황원하, 『하이델베르크 요리문답 해설』(평택: CNB, 2015), 461; 이승구, 『하이델베르크 요리문답 강해시리즈 3: 위로 받은 성도의 삶』(서울: 나눔과섬김, 2015), 68-70; Michael Scott Horton, *(The) law of perfect freedom*, 윤석인 역, 『십계명의 렌즈를 통해서 보는 삶의 목적과 의미』(서울: 부흥과개혁사, 2005), 204.
4) John Durham, *Word biblical commentary Exodus*, 손석태, 채천석 역, 『출애굽기』(서울: 솔로몬, 2000), 472; 송영찬, 『시내산 언약과 십계명: 출애굽기의 메시지』(서울: 깔뱅, 2006), 197; 황원하, 『하이델베르크 요리문답 해설』, 413; 김홍만, 『52주 스터디 하이델베르크 요리문답』(서울: 생명의말씀사, 2013), 267.
5) 송태근, 『쾌도난마 십계명』(서울: 지혜의샘, 2015), 27; 백금산·김종두, 『(기독교 윤리의 핵심을 보여주는) 만화 십계명』(서울: 부흥과개혁사, 2008), 37; Cornelis Pronk, *Ten Commandments*, 임정민 역, 『하이델베르크 교리문답으로 보는 십계명』(수원: 그책의사람들, 2013), 30.
6) 백금산, 김종두. 『(기독교 윤리의 핵심을 보여주는) 만화 십계명』, 28-29.
7) 이상원, 『21세기 십계명 여행』 (서울: 토기장이, 2006), 20-21; 김진흥, 『교리문답으로 배우는 장로교 신앙』(서울: 생명의 양식, 2017), 226. "아마도 이런 전통적인 분류에서 십계명의 두 돌판 중 첫째 돌판에는 제1~4계명이, 그리도 두 번째 돌판에는 제5~10계명이 기록되었다는 '상식'이 생겨난 것 같다."
8) Zacharias Ursinus, *Commentary on the Heidelberg catechism*, 원광연 역, 『하이델베르크 요리문답해설』(경기: 크리스챤다이제스트, 2006), 790-791; 황원하, 『하이델베르크 요리문답 해설』, 412-413. "하나님을 예배하는 일은 하나님께 직접 도덕적인 행위를 함으로써 하나님께 직접적으로 이루어지기도 하지만, 하나님을 위하여 이웃

들에게 도덕적인 행위를 함으로써 하나님께 간접적으로 이루어기도 한다."

9) 하이델베르크 교리문답의 주요 저자로 알려져 있는 우르시누스가 제시한 분류 역시 '예배'라는 키워드가 특징적이다. 제1~4계명들은 하나님만을 향한 직접적인 예배를 가르치고, 제5~10계명은 간접적인 예배 혹은 '하나님을 생각하여' 이웃들에게 행하는 일들을 가르치는 내용들로 분류한다.

10) 김진흥, 『교리문답으로 배우는 장로교 신앙』, 227.

11) Walter C. Kaiser, *Toward an Old Testament theology*, 최종진 역, 『구약 성경신학』 (서울: 생명의말씀사, 1982), 159.

12) John Durham, 『출애굽기』, 472. "일반적으로 편애, 방향, 근접, 배제, 반대 등으로 다양하게 번역된다."

13) Thomas Watson, *The Ten commandmants*, 이기양 역, 『십계명 해설』, 89.

14) '다른'이라는 형용사가 복수로 쓰였기에 명사인 엘로힘은 성과 수가 맞아야 하므로 복수로 쓰였다. 그런데 동사가 단수인데, 그렇다면 다른 것들 혹은 다른 나라의 신으로 해석하는 것이 좀 더 낫지 않을까?

15) Zacharias Ursinus, 『하이델베르크 요리문답해설』, 801. 자카리우스는 '다른 신들'을 "어떤 사물이나 존재가 참되신 하나님께 속한 본성들이나 역사하심들이 그 본질과 어긋나는데도 사람들이 하나님으로 인정하여 그런 것들을 소유하는 것으로 볼 수 있는 모든 사물이나 존재를 지칭한다."고 정의한다.

16) 손재익, 『십계명 언약의 10가지 말씀: 해설서』(서울: 디다스코, 2016), 92.

17) 강영안, 『강영안 교수의 십계명 강의: 십계명이 열어 보인 삶의 길, 자유의 길』(서울: IVP, 2009), 73.

18) 이상원, 『21세기 십계명 여행』(서울: 토기장이, 2006), 48-49.

19) 안재경, 『십계명, 문화를 입다』(서울: SFC출판부, 2016), 40; Albert Mohler, *Words From The Fire:Hearing the Voice of God in the 10 Commandments*, 김병하 역, 『십계명: 불 가운데서 말씀하신 하나님』 (서울: 부흥과개혁사, 2011), 54-55.

20) 황대우, 『삶, 나 아닌 남을 위하여: 마르틴 부써의 기독교 윤리』 (서울: SFC, 2007)의 책을 참조하면 마르틴 부써의 '너와 나'의 관계성을 알 수 있다.

21) 김지찬, 『데칼로그: 십계명, 어떻게 이해할 것인가』,94-97. "전통적인 번역인 나 외에

(beside me)는 '나를 제외하고'(except me)를 함축하고 있어서 좋은 번역은 아니다. 제1계명은 나를 '빼놓고' 다른 신을 섬기라는 의미가 아니기 때문이다. 실제로 성경 역사와 교회사를 살펴보면 하나님의 백성들이 하나님을 아예 버리고 다른 신을 섬기는 경우는 거의 없다. 구약을 보면 이스라엘 백성들 대부분 여호와의 다른 신을 '동시에' 섬기는 모습을 볼 수 있다."

22) 박윤선, 『창세기·출애굽기 주석』(서울: 영음사, 1976), 550.

23) 강영안, 『강영안 교수의 십계명 강의』, 71; 이상원, 『21세기 십계명 여행』, 37.

24) John Durham, 『출애굽기』, 448-449; Brevard S. Childs, *Exodus*(Louisville, Kentucky: Westminster John Knox Press, 1995), 402.

25) Kevin DeYoung, *Good news we almost forgot*, 신지철 역, 『왜 우리는 하이델베르크 교리문답을 사랑하는가』, 298; Cornelis Pronk, 『하이델베르크 교리문답으로 보는 십계명』, 31: 권율, 『올인원 십계명』(서울: 세움북스, 2019), 44; 백금산, 김종두, 『(기독교 윤리의 핵심을 보여주는) 만화 십계명』, 44.

26) 손재익, 『십계명 언약의 10가지 말씀(해설서)』, 99.

27) 이성호, 『특강 하이델베르크 요리문답(하)』(서울: 흑곰북스, 2013), 53; Albert Mohler, 『십계명: 불 가운데서 말씀하신 하나님』, 56.

28) John Calvin, *Institutes of the Christian religion*, 원광연 역, 『기독교 강요』(파주: 크리스챤다이제스트, 2003), II, 8, 8-9. "8. 율법의 올바른 해석을 위한 지침과 9. 명령과 금지의 바른 의미"를 참조하라.

29) Zacharias Ursinus, 『하이델베르크 요리문답해설』, 802에 우르시누스는 이 부분을 해설하면서 구체적으로 일곱 가지로 정리를 하였다.

30) 김홍만, 『52주 스터디 하이델베르크 요리문답』, 267-268; Zacharias Ursinus, 『하이델베르크 요리문답해설』, 807-813; 김진흥, 『교리문답으로 배우는 장로교 신앙』, 234에 8가지 덕목에 대한 자세한 해설을 참조하라.

31) Edmund P. Clowney, *How Jesus transforms the ten commandments*, 신호섭 역, 『예수님은 십계명을 어떻게 해석하셨는가』(서울: 크리스챤, 2009), 45.

32) 정요석, 『하이델베르크 교리문답, 삶을 읽다(하)』(서울: 새물결플러스, 2018), 244.

33) 송태근, 『쾌도난마 십계명』, 33.

34) Cornelis Pronk, 『하이델베르크 교리문답으로 보는 십계명』, 35.

35) Michael Scott Horton, 『십계명의 렌즈를 통해서 보는 삶의 목적과 의미』, 46.

36) 박윤선, 『창세기·출애굽기 주석』, 550.

37) 김진흥, 『교리문답으로 배우는 장로교 신앙』, 235.

38) Michael Scott Horton, 『십계명의 렌즈를 통해서 보는 삶의 목적과 의미』, 58-79에 대표적인 현대의 우상 숭배에 관해 교회 안에서 ① 믿음을 믿는 믿음 ② 체험을 믿는 믿음 ③ 사랑을 믿는 믿음 ④ 자아를 믿는 믿음 ⑤ 행복을 믿는 믿음 ⑥ 보편구원론 등"으로 간과할 수 있는 우상들에 대해 날카롭게 적용을 한다.

39) Michael Scott Horton, 『십계명의 렌즈를 통해서 보는 삶의 목적과 의미』, 52; 김진흥, 『교리문답으로 배우는 장로교 신앙』, 237; 백금산, 김종두, 『(기독교 윤리의 핵심을 보여주는) 만화 십계명』, 41.

40) 김지찬, 『데칼로그: 십계명, 어떻게 이해할 것인가』, 123; 김형익, 『은혜와 돈: 돈, 영혼 파괴자인가 은혜 건설자인가』(서울: 복있는사람, 2019)에는 돈을 은혜의 황금 사슬로 표현하며, 그리스도인의 은혜의 선순환에 대한 방법론까지 잘 제시하고 있다.

41) 강영안, 『강영안 교수의 십계명 강의』, 82.

42) 김지찬, 『데칼로그: 십계명, 어떻게 이해할 것인가』, 104.

너를 위하여 새긴 우상을

만들지 말고

לא תעשה־לך פסל

# IV
# 제2계명, 우상숭배에서 경배로

너를 위하여 새긴 우상을 만들지 말고 또 위로 하늘에 있는 것이나 아래로 땅에 있는 것이나 땅 아래 물 속에 있는 것의 어떤 형상도 만들지 말며 그것들에게 절하지 말며 그것들을 섬기지 말라 나 네 하나님 여호와는 질투하는 하나님인즉 나를 미워하는 자의 죄를 갚되 아버지로부터 아들에게로 삼사 대까지 이르게 하거니와 나를 사랑하고 내 계명을 지키는 자에게는 천 대까지 은혜를 베푸느니라라

출 20:4-6

# IV. 제2계명, 우상숭배에서 경배로

너를 위하여 새긴 우상을 만들지 말고
또 위로 하늘에 있는 것이나 아래로 땅에 있는 것이나
땅 아래 물 속에 있는 것의 어떤 형상도 만들지 말며
그것들에게 절하지 말며 그것들을 섬기지 말라
나 네 하나님 여호와는 질투하는 하나님인즉
나를 미워하는 자의 죄를 갚되
아버지로부터 아들에게로 삼사 대까지 이르게 하거니와
나를 사랑하고 내 계명을 지키는 자에게는
천 대까지 은혜를 베푸느니라
출 20:4-6

## 우상이 가득한 세상

BTS가 무엇인지 아십니까? 손을 자신 있게 들면 십대, 어정쩡하게 들면 이삼십대, 겸손하게 들면 사오십대, 잘 모르겠다 싶으면 어르신들입니다. BTS는 방탄소년단이라는 그룹입니다. 한국인 최초 빌보트 차트 1위, 이들의 자산 가치가 1조원이라고 합니다. 이렇게 떼로 나와서 춤도 추고 랩도 하고 노래를 하는 그룹을 무엇이라고 부릅니까? 아이돌(idol)입니다.

아이돌 그룹의 노래를 알아들으시는 분 많으신가요? 듣기가 쉽지는 않습니다. 그런데 여러분의 자녀나 손자는 성경암송은 못해도 이들의 노래는 줄줄 다 외웁니다. 심지어 전 세계 청소년들이 떼창으로 부릅니다. 왜 그렇습니까? BTS가 바로 이들의 우상이기 때문입니다.

우상(偶像)이란, 우는 짝이나 배필, 허수아비라는 뜻입니다. 아무리 귀중하고 뛰어나 보여도 허수아비나 허상에 불과합니다. 하지만 우상을 하나님처럼 여기는 이들이 많습니다.

"인간의 마음이 성공이나 사랑 돈 가정같이 좋은 것을 궁극적인 것으로 만들면서 그게 우상이 된다. 핵심적인 게 좋은 것 필요한 게 우상이 된다."[1)]

우상은 나쁘지만 나쁜 것이 우상이 되지는 않습니다. 오히려 우리가 원하고 좋아하는 것들이 우상이 됩니다. 하나님은 영어로 God입니다. 거꾸로 하면 Dog, 즉 개입니다. 근래 반려견을 사랑하다 보니 하나님께 드리는 헌금보다 개에게 비용이 더 들어갑니다. 개를 유치원에도 보내고, 까페도 가고, 스케일링도 해주고, 백내장 수술도 해줍니다. 개님이 돌아가시면 장례식도 치러줍니다. 부모님 장례도 그렇게 슬프지 않았는데 개가 죽었을 때 너무 슬퍼서 우울증까지 생깁니다. 펫 로스 증후군(Pet loss syndrome)입니다. 다양한 우상숭배 문화에서 살아가는 현대 그리스도인들, 그들에게 우상숭배와 관련된 제2계명은 어떤 의미를 가질까요?

## 제1계명과 제2계명의 유사점과 차이점

| 출 20:4-6 | 사역(私譯) | 신 5:8-10 | 사역(私譯) |
|---|---|---|---|
| לא עשה־לך פסל | 너를 위해 우상을 만들지 말라 | לא־עשה־לך פסל | 너를 위해 우상을 만들지 말라 |
| וכל־תמונה | 그리고 모든 형상을 | וכל־תמונה | 그리고 모든 형상을 |
| אשר בשמים ׀ ממעל | 하늘에 있는 / 신뢰할 수 없는, | אשר בשמים ׀ ממעל | 하늘에 있는 / 신뢰할 수 없는, |
| ואשר בארץ מתחת | 땅에 있는 / 아래에 있는, | ואשר בארץ מתחת | 땅에 있는 / 아래에 있는, |
| ואשר במים ׀ מתחת לארץ | 물에 있는 / 땅 아래의 | ואשר במים ׀ מתחת לארץ | 물에 있는 / 땅 아래의 |
| לא־תשתחוה להם | 절하지 말라 / 그것들에게 | לא־תשתחוה להם | 절하지 말라 / 그것들에게 |
| ולא תעבדם | 그리고 섬기지 말라 | ולא תעבדם | 그리고 섬기지 말라 |

| כי אנכי יהוה אלהיך אל קנא | 왜냐하면 나 여호와 너의 하나님은 질투하는 하나님 | כי אנכי יהוה אלהיך אל קנא | 왜냐하면 나 여호와 너의 하나님은 질투하는 하나님 |
|---|---|---|---|
| פקד עון | 벌(or 재앙)이 찾아간다 | פקד עון | 벌(or 재앙)이 찾아간다 |
| אבת על-בנים | 선조들에서 후손들로 | אבת על-בנים | 선조들에서 후손들로 |
| על-שלשים ועל-רבעים | 3대로, 4대로 | ועל-שלשים ועל-רבעים | 3대로, 4대로 |
| לשנא | 나를 미워하는 자들의 | לשנאי | 나를 미워하는 자들의 |
| ועשה חסד לאלפים | 또 내가 베푼다 / 좋은 것을/천대까지 | ועשה חסד לאלפים | 또 내가 베푼다 / 좋은 것을/천대까지 |
| לאהבי ולשמרי מצותי | 내가 사랑하는 자들, 내 계명을 지키는 자들에게 | לאהבי ולשמרי מצותו | 내가 사랑하는 자들, 내 계명을 지키는 자들에게 |

출애굽기와 신명기 본문은 접속사가 붙어 있느냐 없느냐의 작은 차이만 있을 뿐 동일합니다. 특히 제2계명은 십계명의 조항들 가운데 가장 길고 상세하게 서술되어 있습니다. 우상과 형상을 만들지 말라는 전반부와 왜 이 명령을 지켜야 하는지, 이 계명을 지키는 자들에게는 복을 주시고, 지키지 않는 자들에게는 벌을 주신다는 약속이 있는 후반부로 구성되어 있습니다.[2] 제1계명과 제2계명은 언뜻 볼 때 비슷하지 않습니까? 제1계명은 '다른 신을 섬겨서는 안 된다'는 것, 제2계명은 '우상을 만들어 섬기지 말라', 즉 '다른 신'과 '우상' 비슷한 의미 같습니다. 우리가 지난 시간에 봤듯이 유대교와 로마 가톨릭, 루터교 같은 경우에 우리가 나누는 제1계명과 제2계명을 하나로 봅니다.

언약과 예배라는 주제로 보자면 제1계명은 "예배의 바른 대상, 누구를 섬길 것인가?"(Who)이고 제2계명은 "예배의 바른 방식, 하나님을 어떻게 섬길 것인가?"(How)의 문제입니다.[3] 우리는 예배를 드리기 전에 우리의 예배의 대상이 누구이신지를 정확하게 알아야 합니다. 그리고 그 하나님을 어떻게 예배드릴 것인지를 그분이 원하는 방법으로 해야 합니다. 사랑은, 상대방의 방식대로 해야지, 내 방식을 강요하는 것이 아닙니다. 그렇게 하면 오히려 상대방을 화나게 할 뿐입니다. 그러면 제2계명이 말씀하는 잘못된 예배의 방식들이 무엇인지 구체적으로 알아볼까요?

## 새긴 우상(פסל, 페셀)과 어떤 형상(תמונה, 테무나)

'새긴 우상'(偶像)[4] 또는 '빚은 형상'(刑象)을 만들거나 절하거나 섬기지 말라는 제2계명은 당시 이스라엘 백성들에게는 충격적이었습니다. 당시 이스라엘 주변에 있던 신들은 대개 '형상'을 특징으로 하는 신들이었기 때문입니다. 그런 이들에게 신상이 없는 종교란 상상할 수도 없었습니다. 구약 성경에 이스라엘과 그 주변 나라에서는 끊임없이 돌이나 나무 또는 금, 은으로 각종 동물이나 사람의 형상을 만들고 그것에 기원하며 숭배했습니다.[5] 이런 주변 문화 속에서 이스라엘 백성들이 하나님도 다른 신들처럼 형상이 있는 분으로 오해할 가능성이 있기 때문에, 하나님은 제2계명을 통해 하나님을 형상화하는 것을 금하셨습니다.[6]

이스라엘 백성이 노예 살이 하던 애굽은 온갖 잡신을 섬기는 나라였습니다. 개구리, 뱀, 송아지도 신이었습니다. 무엇인가 이상한 능력이 있어 보이는 것은 다 신으로 만들었습니다. 하나님이 바로에게 내린 10가지 재앙에서 우상과 형상을 만드는 출처는 '하늘, 땅, 땅 아래 물'이었습니다. 그러니 10가지 재앙은 단순한 심판이 아니라 다신론(多神論)에 물들어 있던 애굽인과 이스라엘 백성들과 같이 무지한 인간을 배려한 시청

각 계시였습니다. "너희들이 믿고 섬겼던 것들은 모두 신이 아니다. 물과 땅과 하늘에 있는 어떤 것도 하나님과 비길 수 없고 나와 닮았다 할 수 없다. 이 세상을 창조하고 온 우주를 주관하시고 인류의 역사를 섭리하는 분은 오직 유일하신 하나님 한 분밖에 없다."는 하나님의 선포였습니다.[7]

**하나님께서 바로에게 내리셨던 10가지 재앙**

| 생명의 주관자는 누구인가? 참 신은 누구인가? | | | | | | | |
|---|---|---|---|---|---|---|---|
| | 물의 신 (생명과 다산) | | 땅의 신 (질병과 치료의 신) | | 하늘의 신 (엡2:2) | | 국신 (호로스) |
| 경고 | ❶ 피 | 생명 하피(Hapi): 나일강의 신 | ❹ 파리 | 사단의 별명은 파리들의 주관자, 땅에 질병을 가져다주는 신 | ❼ 우박 | 누트(Nut): 하늘의 여신 이시스(Isis): 생명의 여신 셋(Seth): 곡물의 수호신 | 태양신 바로위에 국신이 있는데 성육신한 국신이 바로 바로다. 바로의 장자의 죽음은 국신을 죽임 |
| 경고 | ❷ 개구리 | 다산 헤크트(Heqt): 개구리 형상, 부활의 신 | ❺ 악질 | 아피스(Apis): 프타신의 황소 | ❽ 메뚜기 | 세라피스: 메뚜기로부터 구원하는 신 | |
| 경고 없음 | ❸ 이 (모기) | 하돌: 공중의 여신 | ❻ 독종 | 세크맥: 온역을 진압하는 신, 임호텝(Imhotep): 의술의 신 | ❾ 흑암 | 르(Re) 또는 라아: 태양신 | |
| | 지팡이 사용 | | 지팡이 사용 않음 | | 지팡이 사용 | | |

여호와께서 호렙 산 불길 중에서 너희에게 말씀하시던 날에 너희가 어떤 형상도 보지 못하였은즉 너희는 깊이 삼가라 그리하여 스스로 부패하여 자기를 위해 어떤 형상대로든지 우상을 새겨 만들지 말라 남자의 형상이든지, 여자의 형상이든지, 땅 위에 있는 어떤 짐승의 형상이든지, 하늘을 나는 날개

> 가진 어떤 새의 형상이든지, 땅 위에 기는 어떤 곤충의 형상이든지, 땅 아래 물 속에 있는 어떤 어족의 형상이든지 만들지 말라 또 그리하여 네가 하늘을 향하여 눈을 들어 해와 달과 별들, 하늘 위의 모든 천체 곧 너희의 하나님 여호와께서 천하 만민을 위하여 배정하신 것을 보고 미혹하여 그것에 경배하며 섬기지 말라(신 4:15-19)

하나님은 시내산 언약 체결 약 40년 뒤에 모압에서 언약을 갱신하며 제2계명에 대한 내용을 더 자세하게 풀어 주셔서 앞으로 약속의 땅 가나안에서 어떻게 제2계명을 잘 지킬 수 있는지 가르쳐 주셨습니다.

이스라엘보다 문화 수준이 높았던 가나안 땅 나라들의 팽배했던 우상문화는 피할 수 없는 유혹이었습니다. 이방인들은 거짓 신령들을 만들어 놓고 종교적인 열성을 다해 섬기면서 화려한 의식을 치렀습니다.[8] 이스라엘 백성들은 왜 이런 유혹에 넘어가 우상을 만들어 섬겼을까요?

> 네 하나님 여호와께서 네 조상 아브라함과 이삭과 야곱을 향하여 네게 주리라 맹세하신 땅으로 너를 들어가게 하시고 네가 건축하지 아니한 크고 아름다운 성읍을 얻게 하시며 네가 채우지 아니한 아름다운 물건이 가득한 집을 얻게 하시며 네가 파지 아니한 우물을 차지하게 하시며 네가 심지 아니한 포도원과 감람나무를 차지하게 하사 네게 배불리 먹게 하실 때에(신 6:10-11)

사실 하나님은 자기 백성에게 약속의 땅에서 온갖 좋은 것을 주신다는 약속을 하셨습니다. 하지만 광야를 지나며 목축업을 하던 이스라엘 백성들이 이제 가나안에 들어가서 정착 생활을 하고 농사를 짓게 되었습니다. "우리 하나님도 좋지만 농사도 잘 짓고 옆 나라처럼 힘이 세지려면 저들의 신도 함께 믿으면 좋겠구나!" 하나님은 이스라엘 백성들의 이런 경향을 잘 알고 계시기에 계명을 통해 우리를 비추십니다.

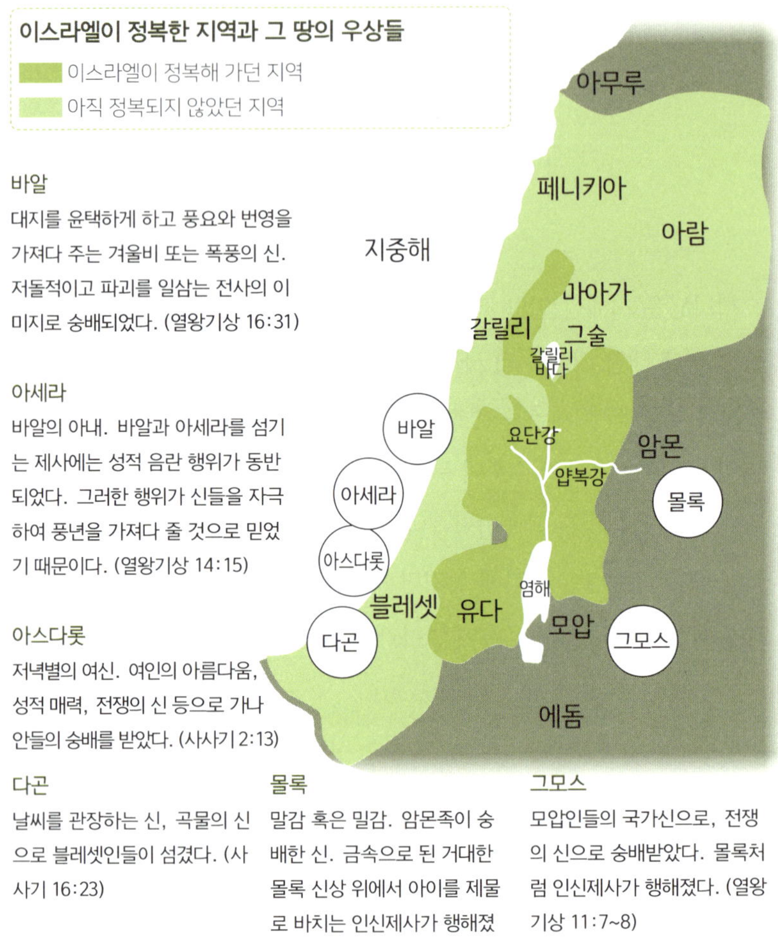


**바알**
대지를 윤택하게 하고 풍요와 번영을 가져다 주는 겨울비 또는 폭풍의 신. 저돌적이고 파괴를 일삼는 전사의 이미지로 숭배되었다. (열왕기상 16:31)

**아세라**
바알의 아내. 바알과 아세라를 섬기는 제사에는 성적 음란 행위가 동반되었다. 그러한 행위가 신들을 자극하여 풍년을 가져다 줄 것으로 믿었기 때문이다. (열왕기상 14:15)

**아스다롯**
저녁별의 여신. 여인의 아름다움, 성적 매력, 전쟁의 신 등으로 가나안들의 숭배를 받았다. (사사기 2:13)

**다곤**
날씨를 관장하는 신, 곡물의 신으로 블레셋인들이 섬겼다. (사사기 16:23)

**몰록**
말감 혹은 밀감. 암몬족이 숭배한 신. 금속으로 된 거대한 몰록 신상 위에서 아이를 제물로 바치는 인신제사가 행해졌다. (열왕기상 11:7, 33)

**그모스**
모압인들의 국가신으로, 전쟁의 신으로 숭배받았다. 몰록처럼 인신제사가 행해졌다. (열왕기상 11:7~8)

## 너를 위하여 : 우상과 형상을 만드는 이유

우상을 만들어 그 앞에 절하는 자들은 자신들이 섬기는 신이 아닌 "너를 위하여", 즉 자신들의 행복과 번영을 위해서 그렇게 합니다. '하나님 중심'의 신앙이 아니라 '자기중심'의 신앙입니다.[9] 구약에 하나님의 신상을 만든 이들은 자신이 만든 방식과 형식과 규칙과 지침을 하나님이 기뻐하실 것이라고 자부합니다. 자신의 현명한 수단과 방식이 성과를 거둘 것이라 확신합니다.[10] 이처럼 우상 숭배는 항상 '나를 위하여' 만듭니다. 우상이 좋아서, 우상이라는 존재를 위해, 우상을 만드는 법은 없습니다. 다 자기들을 위해서 만듭니다.[11] 성경에서 그 예를 찾아볼까요?

> 백성이 모세가 산에서 내려옴이 더딤을 보고 모여 백성이 아론에게 이르러 말하되 일어나라 우리를 위하여 우리를 인도할 신을 만들라 이 모세 곧 우리를 애굽 땅에서 인도하여 낸 사람은 어찌 되었는지 알지 못함이니라(출 32:1)
> 아론이 그들의 손에서 금 고리를 받아 부어서 조각칼로 새겨 송아지 형상을 만드니 그들이 말하되 이스라엘아 이는 너희를 애굽 땅에서 인도하여 낸 너희의 신이로다 하는지라(출 32:4)

백성들이 아론에게 "우리를 위하여 우리를 인도할 신을 만들라"고 요구합니다. 그들은 금송아지를 가리켜 다른 신이라 말하지 않고, "너희를 애굽 땅에서 인도하여 낸 너희의 신이로다."라고 말합니다. 그들은 "이제 우리가 하나님 말고 이 금송아지 신을 섬기자"라고 말하지 않습니다. 오히려 금송아지를 향해서 말하기를 "이 금송아지가 바로 하나님이다."라고 말합니다.[12] 이렇게 금송아지를 가리켜 '하나님'이라고 하는 것은 '하나님'을 오해하게 만들었습니다. 그들은 지금 금송아지 우상에게 절하는 게 아니라 하나님께 절하는 것이라고 자기합리화를 했습니다.[13]

금송아지 숭배는 북 이스라엘의 여로보암에 의해 세워집니다. 금송아지 둘을 만들어 단과 벧엘에 세우고 이렇게 선포합니다. "너희가 다시 예루살렘에 올라갈 필요가 없다. 보라, 이것들은 너희를 애굽 땅에서 인도하여 낸 너희의 하나님이니라." 아론이나 여로보암은 이스라엘 백성에게 하나님을 믿지 말고 다른 신을 섬기라고 선동한 게 아닙니다. 믿더라도 자신의 방식대로, 즉 자신에게 유익이 될 거라 믿는 방식으로 섬기도록 하였습니다.

> 너희는 나를 비겨서 은으로나 금으로나 너희를 위하여 신상을 만들지 말고(출 20:23)
> 너희는 자기를 위하여 우상을 만들지 말지니 조각한 것이나 주상을 세우지 말며 너희 땅에 조각한 석상을 세우고 그에게 경배하지 말라 나는 너희의 하나님 여호와임이니라(레 26:1)

사람들은 하나님을 위한다고 말하지만 정작 내면에는 자기를 위해 하나님을 형상화합니다. 그래서 사람은 눈에 보이지 않는 하나님으로 만족하지 못하고, 눈앞에 보여야만 존재한다고 생각하고, 하나님을 형상화하려고 합니다. 형상을 만들고 바라보아야 안심이 됩니다. 이처럼 인간의 타락한 본성은 종교에 관하여 뭔가 보고 만지는 것을 더 좋아하고 추구하게 만듭니다.[14] 결국 신을 섬기는 이유가 자신과 자신의 이익 때문입니다. 신상을 만드는 행위는 신을 조종하고 통제하기 위해서입니다.[15]

## 나 네 여호와 하나님은 질투하는 하나님(אל קנא, 엘 칸나)

이런 인간의 행태를 보시던 하나님이 질투를 하시며 마음을 드러내십니다. 일반적으로 인간과 인간 사이의 '질투'는 부정적인 느낌입니다. 하나님은 "나는 전능한 하나님이다. 나는 복수하는 하나님이다."라고 직접 말씀하셔도 됩니다. 그런데 왜 굳이 하나님께서는 사람이 이해할 수 있도록 신인동형론적인 표현을 사용하셔서 그분의 불쾌한 감정을 드러내시며, '질투하는 분'이라는 표현을 썼을까요?[16]

하나님의 질투란 어떤 속성과 연결됩니까? 불의한 질투가 아닙니다. '질투'는 사랑하기 때문에 생기는 자연스런 감정입니다. 자기의 가장 사랑하는 것이 남에게 빼앗길 때 일어나는 심리입니다. 그의 택한 백성을 극히 뜨겁게 사랑하시기 때문에 그 백성을 우상에게 빼앗길 때 질투하십니다.[17]

아내가 다른 남자를 좋아할 때 질투하지 않는 남편은 없습니다. 남편이 다른 여자를 좋아할 때 질투하지 않는 아내는 없습니다. 마찬가지로 하나님은 당신의 백성이 자기 외에 다른 신을 섬길 때 질투하십니다. 질투는 자기 백성에 대한 하나님의 사랑입니다.[18]

하나님과 이스라엘의 관계는 단지 명령하는 자와 순종하는 자의 관계도 아니요, 십계명은 그저 입 다물고 무조건 순종해야 하는 차가운 명령도 아니기 때문입니다. 하나님과 이스라엘의 관계는 '사랑하고' '사랑받는' 관계이고, 십계명의 모든 명령은 하나도 빼놓지 않고 모두 '사랑의 요구'이기 때문입니다.[19] 하나님은 이스라엘을 사랑하고 애굽 땅 종 되었던 집에서 불러내 아들로 삼을 정도로 사랑했습니다. 이스라엘 역시 온 마음을 다해 하나님만을 사랑해야 하는 자들이어야 하는데 다른 신들을 섬기고 있으니 어찌 가만히 계실 수 있겠습니까? 하나님은 이런 상황에서 질투하지 않을 수 없으십니다.[20] 이제 하나님이 우리를 향해 그 질투를 표현하십니다. 하나님과 이스라엘의 관계는 "나를 미워하는 자", "나를 사랑하고 내 계명을 지키는 자" 즉, '미움의 관계' 아니면 '사랑의 관계'로 나뉩니다.

## 나를 미워하는 자(삼사 대까지) vs 나를 사랑하고 내 계명을 지키는 자(천대까지)

나를 미워하는 자의 죄를 갚되 아버지로부터 아들에게로 삼사 대까지 이르게 하거니와 나를 사랑하고 내 계명을 지키는 자에게는 천 대까지 은혜를 베푸느니라(출 20:5-6)

그런데 "나를 미워하는 자는 삼사 대가 벌을 받고", "나를 사랑하고 계명을 지키는 자는 천대의 은혜를 받는다"는 의미가 뭘까요? 우리는 하나님의 경고와 약속을 문자적으로 해석해서는 안 됩니다. 소위 "가계의 저주를 끊으라"는 '가계 저주론'이나 "은혜는 자동으로 전수가 된다"는 '은혜 자동 전수론'이 아닙니다. 십계명이 언약의 말씀이기 때문에, 이 말씀을 받고 지키는 자들에게 주어지는 '언약적 복'과 그렇지 않은 자들에게 주어지는 '언약적 저주'를 말합니다.[21)]

그들의 자녀들은 죽이지 아니하였으니 이는 모세의 율법책에 기록된 대로 함이라 곧 여호와께서 명령하여 이르시기를 자녀로 말미암아 아버지를 죽이지 말 것이요 아버지로 말미암아 자녀를 죽이지 말 것이라 오직 각 사람은 자기의 죄로 말미암아 죽을 것이니라 하셨더라(대하 25:4)

'삼사 대'라는 표현은 고대에 최소한의 가족 단위입니다. 삼사 대는 시간적으로 걸치는 의미보다 현재적인 삶을 사는 가족 단위입니다. 그래서 삼사 대 안에 있는 사람들이 결코 하나님의 백성이 될 수 없다는 의미라기보다는, 하나님께 대한 범죄가 얼마나 무서운 것이며 심각한 것인지를 말해 줍니다.[22)] 이 말씀은 저주가 아니라 가족 공동체가 같이 책임을 지고, 부모의 신앙이 자녀들에게 영향을 미친다는 듯입니다. 부모들이 바른 신앙의 삶을 살 때 자녀들이 그들을 닮습니다. 반면에 부모들의 패역은 자녀들의 패역으로 이어집니다. 따라서 부모들이 자녀들에게 바른 신앙의 모범을 보이는 것은 매우 중요합니다.[23)]

하나님을 사랑하는 자는 천 대까지 은혜를 베푼다는 것은 특별히 하나님 앞에서 무한대까지 사랑한다는 의미입니다. 그러니 이 계명을 읽을 때 사람들의 마음속에 부정적인 것에 대한 두려움을 주기 위한 것이었을까요? 긍정적인 마음과 격려를 하기 위해서였을까요?

오히려 이런 대조를 통해 우리에게 복을 주시려는 당신의 마음이 훨씬 크다는 사실을 깨닫게 하십니다. 어느 누구라도 자기 죄에서 돌이켜서 하나님을 제대로 된 '방식'으로 예배하고 사랑한다면, 언제든지 언약적 복이 그의 가정과 후손에게 임할 수 있음을 믿어야 합니다.[24)]

지금부터는 하이델베르크 요리문답을 통해 제2계명을 해석을 살펴봅시다.

## 말씀하신 외의 다른 방식으로 하나님을 예배하지 말라

하이델베르크 요리문답

제 96문 하나님께서 제 2계명에서 무엇을 요구하십니까?

답 우리가 어떠한 방식으로도 하나님의 형상을 만들어서는 안 되고, 하나님께서 당신의 말씀을 통하여 명령하신 것 이외에 어떤 다른 방식으로 하나님을 예배해서도 안 된다는 것입니다.

하이델베르크 요리문답 제96문 "우리가 어떠한 방식으로도 하나님의 형상을 만들어서는 안 된다"는 답을 할 때, 성부 하나님을 할아버지의 모습으로, 성자 예수님을 흰 옷 입고 수염 난 인자한 아저씨의 모습으로, 성령 하나님을 불꽃이나 비둘기로, 그렇게 배운 '형상'들이 순식간에 떠오

릅니다.[25)]

우리가 하나님을 미워하는 대표적인 방법이 무엇일까요? 하이델베르크 요리문답 제96문이 강조하듯이 "하나님의 말씀이 명하신 방법이 아닌, 다른 방식으로" 드리는 예배입니다. 예배의 방식이 중요하기 때문에 레위기에 제사법을 자세하게 설명해 놓았습니다. 하나님은 비록 아론의 아들이라 할지라도 하나님이 원하시는 예배를 드리지 않으면 그냥 두지 않으셨습니다.[26)]

우리가 선물을 할 때 가장 신경 쓰는 것이 무엇입니까? "받는 사람이 이것을 정말로 좋아할까, 아니면 싫어할까?"를 고민하지 않습니까? 만약에 자녀들이 아버지의 기호를 모르고 그렇게 했다면, 그것은 평소에 그들이 아버지에게 관심이 없거나 아버지를 아예 무시했다는 뜻입니다.

한때 '열린 예배'와 같이 사람들의 즐거움을 지향하고 사람들의 취향을 중요하게 여기는 예배 방식이 유행했습니다. 세상의 문화 패턴을 무작정 수용하여 공예배 방식을 혼란스럽게 하는 것은 위험한 일입니다. '땅 밟기, 영적 전쟁'이라는 이름의 신비주의 운동도 그렇습니다. 이들은 극단적인 이원론과 신비주의적, 혼합주의를 배경으로 하는 매우 위험한 사상을 가지고 있습니다. 또한 '성지순례'라는 용어를 분별없이 사용하는데, 이교도들이나 로마 가톨릭에서 사용하는 용어입니다. 성경 문화 탐방이나 성경 지리탐방으로 바꾸면 어떨까요?[27)] 또한 '관상기도'의 경우는 정교한 형상 예배에 해당됩니다. 자신의 상상력을 동원해서 그것을 영적인 현상으로 만들어내기 때문입니다.[28)]

시대에 따라 예배의 방식이 조금씩 차이가 납니다. 루터의 경우, 성경이 금한 것이 아니라면 모든 것이 허락되었다고 믿었기에 성경이 명백히 금한 것 외에는 무엇이든 예배의 요소가 될 수 있다는 입장이었습니다.

이런 루터파의 원리를 가리켜 '허용적 원리' 혹은 '규범적 원리' 혹은 '표준적 원리'(Normative Principle) 라고 불렀습니다. 반면, 칼뱅은 하나님께서 말씀에서 명령하신 방식으로만 예배해야 하며 어떤 것도 더하거나 빼서는 안 된다는 '규정적 원리'(Regulative Principle)에 늘 충실해 왔습니다.[29] 성경에 분명하게 있는 예배의 규정적 원리인 예배의 요소는 아무렇게나 고안해내서는 안 됩니다. 하지만 성경에 일일이 나오지 않는 예배의 순서는 성경의 규정적 원리와 웨스트민스터 예배모범과 교단의 헌법 등을 잘 참조하여 담임목사 당회와 대화의 원리로 고민해야 합니다.

## 하나님은 눈에 보이는 어떠한 방식으로 묘사될 수 없다

하이델베르크 요리문답

제 97문 그렇다면 우리가 절대로 어떤 형상도 만들어서는 안 됩니까?

답 하나님께서는 눈에 보이는 어떤 방식으로 묘사될 수 없고, 또 묘사되지도 않습니다. 피조물은 묘사될 수 있으나, 하나님께서는 우리에게 이 피조물을 예배하거나 혹은 이 피조물을 통하여 당신을 섬기기 위해서 피조물의 어떤 형상을 만들거나 가지는 것을 금지하셨습니다.

왜 하나님은 눈에 보이는 어떤 방식으로 묘사될 수 없는 걸까요? 하나님의 형상을 만든다는 것은 그 자체로 이미 신성모독의 죄입니다. 하나님은 만물을 창조하신 하나님이시며 또한 거룩한 영이시기 때문에 피조물로 격하시키는 것이며, 다른 한편으로는 그렇게 만들어진 형상을 신격화하는 일이 됩니다.[30]

지혜와 능력과 거룩과 의와 사랑이 영원하고 무한하며 불변하시는 하나님을 어떤 모양, 어떤 그림으로 표현한다는 것은 불가능합니다. 이는 필연적으로 하나님의 영광을 가리는 것이 되며, 하나님을 왜곡할 수밖에 없습니다.[31] 피조물(creatures)이 어떻게 창조자(Creator)를 담아낼 수 있습니까? 피조물의 형상으로 창조자를 표현하면 창조자의 어떤 한 단면을 표현할 수 있지만 동시에 더 큰 면을 왜곡합니다. 유한은 무한을 받지 못합니다.[32]

## 피조물은 묘사 될 수 있으나 : 교회 안에 기독교 예술 작품으로 장식할 수 있을까?

그렇다면 교회당 안에는 아무 형상도 허용되어서는 안 되는 걸까요? 우리가 기독교 미술과 조각 등을 어떻게 해야 합니까? 꽃꽂이, 드럼, 오르간 등은 형상 아닐까요? 사실 교회당 안팎의 아름다운 창문, 멋진 세례반, 훌륭한 오르간 그리고 미학적으로 잘 구상된 상징들은 '우리의 생각을 하나님께로 이끌어 올려 주는 역할'을 할 수 있습니다.

하이델베르크 요리문답 97문답에 따르면 "피조물은 묘사될 수 있으나"의 표현을 봅시다. 제2계명은 어떤 형상도 만들어서 안 된다는 말이 아닙니다. 우리는 오히려 기독교 미술의 발전을 추구해야 합니다.[33] 성경을 보면, 구약 시대의 브살렐과 오홀리압 등은 성령과 지혜의 총명과 지식으로 충만한 장인(匠人)들이었습니다. 이것은 예배를 드리는 장소를 장식하는 것과 마찬가지로, 또한 생활 속에서도 장신구나 장식품을 만드는 것은 전혀 문제가 되지 않습니다.[34] 하나님께서 명하신 양식대로 지은 성전에는 그룹들과 종려나무들과 그 꽃들의 형상들이 아로새겨져 있었으며(왕상 6:23~36) 솔로몬의 보좌 팔걸이 좌우에는 사자의 형상이, 그리고 보좌에 있는 여섯 층계에는 좌우에 사자상이 각각 여섯 개씩 서 있었습니다(왕상 10:19~20). 이런 장식과 형상을 숭배하지 않는 이상 우상숭배의

죄를 범한다고 하지 않습니다.[35]

제2계명은 피조물의 형상을 만드는 행위 자체를 금하지 않습니다. 다만 좋은 미술 작품을 만들어 놓고 예배당 안에 부착하여 그 앞에 경배하거나 또는 그것을 통해 하나님을 섬기려 해서는 안 됩니다.[36]

십자가 상, 성경 구절, 교회 건물 등이 어떤 신비한 효력이 있지 않습니다. 그러므로 성경책을 베고 자면 기분이 더 좋아진다든지, 성경 구절이 적혀 있는 액자를 집에 걸어두면 기운이 집안에 퍼져서 힘을 발휘한다든지, 강대상을 열심히 청소했더니 자녀를 낳게 해주었다든지, 목사나 설교자가 아닌 사람이 강대상에 올라가면 큰일이 난다고 생각해서는 안 됩니다.

## 형상이 아닌 하나님의 말씀의 설교로 가르침을 받는다

하이델베르크 요리문답

제 98문 그러면 그 형상들이 "성도들을 가르치는 책"으로 교회 안에서 받아들여져서도 안 됩니까?

답 그렇습니다. 왜냐하면 우리가 하나님보다 더 지혜롭게 되려고 해서는 안 되기 때문입니다. 하나님께서는 당신의 백성들이 말 못하는 형상으로가 아니라, 당신의 살아있는 말씀의 설교에 의해서 가르침을 받기 원하십니다.

형상들은 성경을 대신해 교육의 용도로 사용할 수 없습니다. "왜냐하면 우리가 하나님보다 더 지혜롭게 되려고 해서는 안 되기 때문입니다." 하이델베르크 요리문답은 '성도들을 가르치는 책'이라는 구실로 우상 숭배를 조장했던 로마 가톨릭의 잘못을 정확하게 지적합니다.

과거 로마 가톨릭은 일반 성도들이 성경을 읽는 일을 허용하지 않았습니다. 설령 허용한다 하더라도 라틴어로 된 성경을 일반인들이 읽을 수 없었습니다. 그래서 성경 대신 그림이나 조각상 등을 가지고 성도들을 가르치려 했습니다. 예를 들어 예배당 유리의 스테인드 글리스(stained glass)를 통하여 햇빛이 비칠 때, 어떤 신비적인 형상들이 나타나면 그것을 하나님의 임재가 나타난 것처럼 여겼습니다. 수많은 성화와 성인들의 조각상들이 즐비합니다. 심지어 성인들의 무덤까지도 함께 예배당 안에 있습니다. 사람들은 그것을 바라보면서 신비적인 체험을 구하였습니다. 이러한 것은 자연적인 현상이지 영적인 현상이 아닙니다.[37)]

종교개혁은 이런 잘못된 교회의 전통을 거부하고 예배를 순결하게 만들었습니다. 이런 도구들은 하나님에 대한 온전한 지식을 가질 수 없습니다. 성경을 충분히 가르치는 가운데 성경의 내용을 쉽게 이해하기 위한 보조교재로 그림들과 형상들을 사용할 수는 있지만 하나님을 형상화해서는 안 됩니다.

종교개혁은 조각상이나 이콘 대신 하나님의 말씀, 즉 설교에 집중했습니다. 말씀으로 우상을 근원적으로 차단하려고 했습니다. '보는 예배'를 '듣는 예배'로 바꾸었습니다.[38)] 하나님이 자신에게 접근할 수 있는 길은 '우상의 형상'으로서가 아니라 오직 '말씀을 통해서'라는 점을 신명기 4장이 확실하게 보여줍니다.

> 여호와께서 불길 중에서 너희에게 말씀하시되 음성뿐이므로 너희가 그 말소리만 듣고 형상은 보지 못하였느니라 여호와께서 너를 교훈하시려고 하늘에서부터 그의 음성을 네게 듣게 하시며 땅에서는 그의 큰 불을 네게 보이시고 네가 불 가운데서 나오는 그의 말씀을 듣게 하셨느니라(신 4:12, 36)

하나님이 호렙산에서 자신을 보여주실 때 아무런 형상도 보여주시지 않았습니다. 하나님은 단지 불길 가운데서 말씀을 주셨습니다. 하나님과 그 백성 사이의 만남의 방식은 오직 '음성'과 '말씀'을 통해서이기에, 언약궤 안에 십계명이 기록된 돌판이 들어가 있습니다.[39] 신약으로 오면 그 말씀이 하나님의 참된 형상으로 나타납니다.

> 말씀이 육신이 되어 우리 가운데 거하시매 우리가 그의 영광을 보니 아버지의 독생자의 영광이요 은혜와 진리가 충만하더라(요 1:14)

기독교가 가진, 다른 어느 종교도 갖고 있지 않은 위대한 교리가 바로 성육신 교리입니다.[40] 이 형상(예수 그리스도)은 이제 하늘에 계셔서 우리 눈으로 더 이상 보지 못하지만 예배 시간마다 선포되는 살아 있는 설교를 통하여 하나님과 교제하게 됩니다. 따라서 설교자는 예배 시간에 유일하신 하나님의 형상, 예수 그리스도를 전파해야 하며, 성도들은 그 말씀 속에서 구원의 확신을 얻어야 합니다. 이것이 주께서 정하신 예배 방식이며, 우리에게 은혜를 베푸시는 가장 지혜로운 방식입니다.[41] 예수 그리스도께서 공생애를 시작하기 전에 사단으로부터 우상에 대한 시험이 왔을 때 어떻게 해결하십니까?

> 예수께서 대답하여 이르시되 기록되었으되 사람이 떡으로만 살 것이 아니요 하나님의 입으로부터 나오는 모든 말씀으로 살 것이라 하였느니라 하시니 – 마 4:4
> 이에 예수께서 말씀하시되 사탄아 물러가라 기록되었으되 주 너의 하나님께 경배하고 다만 그를 섬기라 하였느니라(마 4:10)

"말 못하는 보이는 형상을 만드는 것"보다 더 중요한 것은 살아 있는 말씀의 설교입니다.

> 그러므로 믿음은 들음에서 나며 들음은 그리스도의 말씀으로 말미암았느니라(롬 10:17)

성경에서 믿음은 그리스도에 대한 복음, 나아가 하나님의 말씀을 듣고 배우는 것으로부터 생겨난다고 가르칩니다. 따라서 예배를 통한 우리의 목표는 단순히 사람들을 정서적으로 즐겁게 하거나 감정적으로 감동시키는 일이 아닙니다.[42]

하나님은 자신의 백성을 하나님의 말씀의 설교를 통해 가르치기로 작정하셨고, 또한 실제 그렇게 하십니다. 교회에서 가르침 이외에 다른 수단은 없습니다. 설교가 무시되고 외면될 때, 사람들은 형상들과 의식에 빠집니다. 설교가 무시되면서 눈에 보이는 화려한 것이나 시각적 효과를 강조한 수단들이 예배에 들어옵니다. 우리의 느낌을 중심으로 예배를 드리게 되면 예배를 통해 경배 받으셔야 하는 삼위 하나님은 우선순위에 밀려나고 맙니다.[43]

## 하나님의 형상인 우리가 하나님의 형상으로 사는 것이 더 중요

지금까지 우리는 하나님을 형상으로 만들어 섬겨서는 안 된다는 부정적 의미를 살펴보았습니다. 칼뱅은 제2계명에는 두 측면이 있다고 보았습니다. 첫 번째 측면은 이스라엘이 여호와의 형상을 만들어서는 안 된다는 것이며, 두 번째 측면은 이스라엘이 이 세상 안에 하나님의 형상이 되어야 한다는 것입니다.[44] 하나님은 자신을 형상화하지 말라고 명하시면서, 동시에 친히 당신의 형상으로 만든 유일한 존재가 있음을 알려줍니다.

> 하나님이 이르시되 우리의 형상을 따라 우리의 모양대로 우리가 사람을 만들고 그들로 바다의 물고기와 하늘의 새와 가축과 온 땅과 땅에 기는 모든 것을 다스리게 하자 하시고 하나님이 자기 형상 곧 하나님의 형상대로 사람

을 창조하시되 남자와 여자를 창조하시고(창 1:26-27)

우리는 하나님의 형상을 따라, 지성과 감정과 의지를 가진 인격적인 존재로 지음을 받았습니다. 우리가 하나님의 형상이라는 것은 이 땅 위에 하나님의 임재를 가능케 하는 대표자요 대리자로서 가시적인 형상입니다.[45] 우리가 가시적인 하나님의 형상이라면, 우리를 통해 사람들은 하나님을 만날 수 있어야 합니다. 우리가 하나님의 형상이라면 우리를 통해 사람들은 하나님의 말씀을 들을 수 있어야 합니다. 우리가 하나님의 형상이라면 우리를 통해 사람들은 하나님의 사랑을 경험할 수 있어야 합니다. 사람이 하나님의 형상으로 지어졌기에 더이상 하나님의 형상을 닮은 어떤 우상도 만들 필요가 없음을 알려야 합니다.

이 세상에서 하나님의 형상으로서의 역할을 적극적으로 감당하고 있습니까? 따라서 십계명의 둘째 계명은 우리가 무엇을 하지 않느냐(ommission)보다 우리가 무엇을 하느냐(commission)가 더 중요합니다. 우리가 가시적인 형상으로 우상을 만들어 죄를 범하기보다는 하나님의 형상으로 살아야 합니다.

## 예수님만 유일한 하나님의 형상 : 예수 그리스도로 우상화의 길을 극복할 수 있다

그렇다면 형상을 만들지 말고 절하지 말고 섬기지 않고 우상화를 극복할 수 있는 길은 무엇일까요? 하나님이 만드신 완전한 하나님의 형상, 하나님의 유일한 형상을 닮아갈 때 가능한 일입니다. 하지만 인간의 힘으로 불가능한 일을 하나님 편에서 그 길을 열어주셨습니다. 성육신입니다. 그분이 말씀으로 성육신하신 예수 그리스도입니다.[46]

예수께서 이르시되 빌립아 내가 이렇게 오래 너희와 함께 있으되 네가 나를 알지 못하느냐 나를 본 자는 아버지를 보았거늘 어찌하여 아버지를 보이라 하느냐(요 14:9)
그는 보이지 아니하는 하나님의 형상이시요 모든 피조물보다 먼저 나신 이시니(골 1:15)
그 중에 이 세상의 신이 믿지 아니하는 자들의 마음을 혼미하게 하여 그리스도의 영광의 복음의 광채가 비치지 못하게 함이니 그리스도는 하나님의 형상이니라(고후 4:4)

예수님이 '하나님의 형상'이라는 말은 사람이신 예수님의 외모(appearance)를 말하는 게 아닙니다. 예수 그리스도의 인격, 사역이 곧 하나님의 형상입니다. 만약 예수님의 외모가 하나님의 형상이라면, 성경은 예수님의 키가 어느 정도인지, 몸무게는 얼마인지, 얼굴 생김새는 어떠했는지, 외모에 어떤 특징이 있었는지를 가르쳐 주어야 합니다. 그리고 과학기술을 발달시켜 디지털 카메라로 사진과 동영상을 남겨 두었겠지요.[47]

하지만 사복음서는 예수님의 외모가 아니라 예수님의 생애를 자세하게 묘사했습니다. 그가 하셨던 행동들과 그가 선포하신 말씀들이 곧 하나님을 보여주었고, 무엇보다 그가 달린 십자가에서 하나님이 누구신지를 가장 잘 보여주었습니다. 바로 이런 점에서 예수님이 하나님의 형상입니다.

예수 그리스도만이 하나님의 형상이시기 때문에, 우리가 그 어떤 피조물로도 하나님의 형상을 담아낼 수 없습니다. 사람들은 눈에 보이는 거짓 형상을 통해 하나님을 예배하고 싶어 하지만, 하나님은 눈에 보이는 참 형상 예수님을 통해 당신을 예배하시기를 원하십니다.[48] 예수님은 완전한 하나님, 완전한 인간으로서 우리에게 하나님이 누구신지를 완벽하게 알려줄 수 있는 유일한 하나님의 형상입니다. 하나님은 예수님을 통해 우리에게 자신을 알리시고, 우리는 예수님을 통해 하나님께 바르게 예배할 수 있습니다. 우리는 그 형상을 통해 우상 숭배에서 경배로 하나님께 온전히 나아갈 수 있습니다.

어떻게 살아야 우리가 하나님의 형상으로 살 수 있을까요? 교회는 예수 그리스도로 인하여 하나님의 형상을 회복하고 우상 숭배의 길을 피할 수 있는 길이 열렸다는 사실을 강하게 선포해야 합니다. 교회가 믿고 고백하는 복음의 핵심 메시지가 무엇입니까? 인간으로서는 결코 피할 수 없는 길, 우상화의 길이 예수 그리스도로 말미암아 극복될 수 있고, 또 실제로 극복되었다는 게 바로 복음의 메시지입니다.[49)]

> 우리가 다 하나님의 아들을 믿는 것과 아는 일에 하나가 되어 온전한 사람을 이루어 그리스도의 장성한 분량이 충만한 데까지 이르리니(엡 4:13)

오직 복음의 바른 말씀, 바른 성례의 시행, 경건한 헌신과 섬김, 말씀에 합당한 예배와 기도, 성도의 교통을 이루어 진정한 교회의 표지를 나타내며 하나님을 합당하게 예배해야 합니다.[50)] 우상에서 경배로, 유일한 하나님의 형상인 예수 그리스도를 통해 하나님의 형상을 구현하며 살 수 있기를 바랍니다.

설교 시청 가이드

2019년 8월 18일(주일),
사월교회당의 공예배에서 강론된
"제2계명, 우상숭배에서 경배로"(출20:3)는
대한예수교장로회 사월교회 홈페이지(www.sawolch.com)와
오른쪽의 QR코드를 통해 언제든지 시청할 수 있습니다.

A Guide to Sermon Video

# 미주

1) Timothy J. Keller, *Counterfeit Gods: The Empty Promises of Money, Sex, and Power, and the Only Hope that Matters*, 윤종석 역, 『내가 만든 신』 (서울: 두란노, 2017)를 참조하면 우상에 관한 통찰력을 얻을 수 있다.
2) 김지찬, 『데칼로그: 십계명, 어떻게 이해할 것인가』(서울: 생명의말씀사, 2016), 133; 황원하, 『하이델베르크 요리문답 해설』(평택: CNB, 2015), 418; 김용규, 『데칼로그: 십계, 키에슬로프스키, 그리고 자유에 관한 성찰』(서울: 바다출판사, 2002), 176.
3) Cornelis Pronk, *Ten Commandments*, 임정민 역, 『하이델베르크 교리문답으로 보는 십계명』(수원: 그책의사람들, 2013), 42; 이성호, 『특강 하이델베르크 요리문답(하)』(서울: 흑곰북스, 2013), 61; 김병훈, 『(소그룹 양육을 위한) 하이델베르크 요리문답 II』(수원: 합신대학원출판부, 2012), 37-38; 백금산·김종두, 『(기독교 윤리의 핵심을 보여주는) 만화 십계명』(서울: 부흥과개혁사, 2008), 55; 김진흥, 『교리문답으로 배우는 장로교 신앙』(서울: 생명의 양식, 2017), 244.
4) 김지찬, 『데칼로그: 십계명, 어떻게 이해할 것인가』, 137, 히브리어 원문에는 '새긴'이라는 단어가 없다. 고대 근동 아시아의 우상들은 대부분 '나무와 돌을 깍아' 만든 조각품이었기에 번역자들이 이해를 돕기 위해 첨가한 것으로 보인다.
5) 김용규, 『데칼로그: 십계, 키에슬로프스키, 그리고 자유에 관한 성찰』, 167.
6) 손재익, 『십계명 언약의 10가지 말씀: 해설서』(서울: 디다스코, 2016), 103.
7) 이재철. 『성숙자반: 장성한 신앙에 이르기까지』(서울: 홍성사, 2010), 231.
8) 이광호, 『출애굽기』 (평택: 교회와성경, 2013), 213.
9) 황원하, 『하이델베르크 요리문답 해설』, 422-423.
10) Michael Scott Horton, *(The) law of perfect freedom*, 윤석인 역, 『십계명의 렌즈를 통해서 보는 삶의 목적과 의미』(서울: 부흥과개혁사, 2005), 97.
11) 송태근, 『쾌도난마 십계명』(서울: 지혜의샘, 2015), 40.
12) 손재익, 『십계명 언약의 10가지 말씀(해설서)』, 109; John White, *The golden cow: Materialism in the twentieth-century church*, 이용복 역, 『금송아지 예배자』 (서울: 규장, 2005)을 참조하면 현대판 황금송아지 우상이 무엇인지를 잘 알 수 있다. 성경에 기록된 제2계명에 관한 대표적인 구약의 예를 살펴보면, 출애굽기 32장; 열왕기상

12:27-30; 레위기 10장; 민수기 21:6; 사사기 17:1-6; 사무엘상 13:8-14:2; 사무엘하 6:6-7; 열왕기상 12:32-33; 15:30; 역대기하 26:16-23; 28:3; 예레미야 7:31등이 있다.

13) 이성호,『특강 하이델베르크 요리문답(하)』(서울: 흑곰북스, 2013), 67-68.

14) 이성호,『특강 하이델베르크 요리문답 (하)』, 66.

15) 백금산, 김종두,『(기독교 윤리의 핵심을 보여주는) 만화 십계명』, 59.

16) Walter Brueggemann, *Theology of the Old Testament: Testimony, Dispute, Advocacy*, 황원하,『하이델베르크 요리문답 해설』, 423; 류호준·류호영역,『구약신학 : 증언, 논쟁, 옹호 』(서울: 기독교문서선교회, 2003), 479-483; J. I. Packer, Knowing God, 정옥배 역,『하나님을 아는 지식』(서울: 한국기독학생회출판부, 2008), 245-257; J. I. Packer, *Knowing God*, 정옥배 역,『하나님을 아는 지식』(서울: 한국기독학생회출판부, 2008), 57을 참조.

17) 박윤선,『창세기·출애굽기 주석』(서울: 영음사, 1976), 551.

18) 강영안,『강영안 교수의 십계명 강의: 십계명이 열어 보인 삶의 길, 자유의 길』(서울: IVP, 2009), 130.

19) 김지찬,『데칼로그: 십계명, 어떻게 이해할 것인가』, 155; Zacharias Ursinus, *Commentary on the Heidelberg catechism*, 원광연 역,『하이델베르크 요리문답해설』(경기: 크리스챤다이제스트, 2006), 839-842. "제2계명에 덧붙여진 교훈" ① 우리의 하나님: 우리의 창조자, 보존자 되셔서 모든 선한 것들을 베푸신 분이니, 그에게 순종하지 않는 것이 얼마나 악한지를 가르친다. ② 능력의 하나님- 그는 악인을 벌하고 순종하는 자에게 상을 베푸실 수 있는 분임을 가르쳐, 그를 두려워하고 예배해야 함을 가르친다. ③ 질투하는 하나님- 그가 자신의 것들을 얼마나 열정적으로 사랑하시는지를 가르친다. ④ 죄를 갚으시는 하나님- 죄에 대한 그의 진노와 형벌이 얼마나 심각한지를 나타내어, 죄를 모방하거나 인정하지 못하도록 한다. ⑤ 은혜를 베푸시는 하나님- 그의 긍휼하심이 얼마나 큰가에 대한 생각을 불러일으킨다.

20) 김지찬,『데칼로그: 십계명, 어떻게 이해할 것인가』, 155.

21) 권율,『올인원 십계명』(서울: 세움북스, 2019), 52.

22) 이승구,『하이델베르크 요리문답 강해시리즈 3: 위로 받은 성도의 삶』(서울: 나눔과섬

김, 2015), 90.

23) 황원하, 『하이델베르크 요리문답 해설』, 424.

24) 권율, 『올인원 십계명』, 54

25) 황희상, 『특강 소요리문답(하)』(안산: 흑곰북스, 2012), 71.

26) 아론의 아들 나답과 아비후는 각기 향로를 가져다가 하나님이 명령하지 아니하신 다른 불을 담아 분향했습다. 그러자 불이 하나님 앞에서 나와 그들을 삼켜버렸다. 다른 불로 분향을 한다고 해서 무슨 차이가 있겠느냐 안이하게 생각했다가 죽임을 당했다(레 10:1-2).

27) Trevin Wax, *Holy Subversion: Allegiance to Christ in an Age of Rivals*, 김수미 역, 『우리 시대의 6가지 우상』(서울: 부흥과개혁사, 2011)은 ① 나 자신 ② 성공 ③ 돈 ④ 레저 ⑤ 성 ⑥ 권력 이렇게 여섯 가지를 대표적인 우상으로 꼽는다.

28) 김홍만, 『52주 스터디 하이델베르크 요리문답』(서울: 생명의말씀사, 2013), 379.

29) 손재익, 『특강 예배모범』(서울: 흑곰북스, 2018)을 참조하라.

30) 김병훈, 『(소그룹 양육을 위한) 하이델베르크 요리문답 II』, 143.

31) 백금산, 김종두, 『(기독교 윤리의 핵심을 보여주는) 만화 십계명』, 61.

32) 정요석, 『하이델베르크 교리문답, 삶을 읽다(하)』(서울: 새물결플러스, 2018), 253.

33) 황원하, 『하이델베르크 요리문답 해설』, 424.

34) Kevin DeYoung, 『왜 우리는 하이델베르크 교리문답을 사랑하는가』, 301.

35) 김용규, 『데칼로그: 십계, 키에슬로프스키, 그리고 자유에 관한 성찰』, 146-166에 성화상 파괴운동(iconoclasm)에 관한 역사가 흥미롭게 기술되어 있으니 참조하라.

36) Zacharias Ursinus, 『하이델베르크 요리문답해설』, 826-839. ① 이 계명이 과연 교회 내에서 형상들을 금하는가, 또한 금한다면 어디까지나 금하는가? ② 형상 숭배를 변호할 수 있는가? ③ 왜 형상들을 기독교 교회에서 제거해야 하는가? ④ 형상들을 어떻게 제거하며 누가 제거해야 하는가에 대해 16세기의 개혁신학의 눈으로 볼 수 있다; 이성호, 『특강 하이델베르크 요리문답 (하)』, 66.

37) 김홍만, 『52주 스터디 하이델베르크 요리문답』, 278: 김진흥, 『교리문답으로 배우는 장로교 신앙』, 252. "칼뱅과 하이델베르크 요리문답은 예술 작품으로 성경의 인물들을 표현하는 것을 긍정적으로 받아들였다. 반면 웨스트민스터 대요리문답이나 청교도들

은 성육신 하신 예수 그리스도를 그림으로 표현하는 것도 긍정적으로 보지 않았다."

38) 안재경, 『십계명, 문화를 입다』(서울: SFC출판부, 2016), 53.

39) 김지찬, 『데칼로그: 십계명, 어떻게 이해할 것인가』, 147.

40) 윤석준, 『하이델베르크 요리문답 설교 3』, 78.

41) 이성호, 『특강 하이델베르크 요리문답 (하)』, 70-71.

42) Kevin DeYoung, *Good news we almost forgot*, 신지철 역, 『왜 우리는 하이델베르크 교리문답을 사랑하는가』(서울: 부흥과개혁사, 2012), 306.

43) 김홍만, 『52주 스터디 하이델베르크 요리문답』, 278.

44) 김지찬, 『데칼로그: 십계명, 어떻게 이해할 것인가』, 165.

45) 김지찬, 『데칼로그: 십계명, 어떻게 이해할 것인가』, 163. '하나님의 형상을 따라'라고 번역해 놓아 하나님의 형상이 따로 있고, 우리는 그 형상을 따라 지음을 받았다고 이해해 왔다. 그러나 엄밀히 이야기하면, 하나님은 영이시기에 형상이 없으시다. 따라서 하나님의 형상이 따로 있고, 그 형상을 따라 우리가 지음을 받았다고 이야기하는 것은 어려움이 많다. 하나님은 영이시기에 눈에 보이지 않고 몸이 없으시다. 따라서 하나님께서는 인간을 자신의 형상으로 하나님의 가시적이고 신체적인 대표로 만드셨다.

46) Edmund P. Clowney, *How Jesus transforms the ten commandments*, 신호섭 역, 『예수님은 십계명을 어떻게 해석하셨는가』(서울: 크리스챤, 2009), 55; 안재경, 『십계명, 문화를 입다』, 54.

47) 손재익, 『십계명 언약의 10가지 말씀(해설서)』, 122.

48) 백금산, 김종두, 『(기독교 윤리의 핵심을 보여주는) 만화 십계명』, 23.

49) 김지찬, 『데칼로그: 십계명, 어떻게 이해할 것인가』, 168.

50) 김병훈, 『(소그룹 양육을 위한) 하이델베르크 요리문답 II』, 150-151; 안재경, 『십계명, 문화를 입다』, 54. "성찬이야말로 모든 우상문화를 대항하는 하나님의 이콘이자 형상의 문화라 할 수 있다. 성찬은 하나님의 형상으로 회복되는 잔치상이요. 하나님과 하나가 되는 성례이다."

너는 네 하나님 여호와의 이름을 망령되게 부르지 말라
여호와는 그의 이름을 망령되게 부르는 자를
죄 없다 하지 아니하리라

לא תשא את־שם־יהוה אלהיך לשוא
כי לא ינקה יהוה את אשר־ישא את־שמו לשוא

# V

# 제3계명,
# 신성 모독에서
# 경외로

너는 네 하나님 여호와의 이름을 망령되게 부르지 말라 여호와는 그의 이름을 망령되게 부르는 자를 죄 없다 하지 아니하리라

출 20:7

## 아버지의 이름이 무엇이냐

제가 어렸을 때 명절에 있었던 일입니다. 친척 어른께서 갑자기 "네 아버지의 이름이 어떻게 되느냐?" 질문을 하셨습니다. "네! 아버지 성함은 최영인입니다." 자신 있게 대답을 했더니 단박에, "이런 버릇없는 녀석를 봤나! 다음부터 누가 어른의 이름을 물어보거든 "최(崔), 영(永)자 인(仁)자입니다. 나누어서 말해야 한다"고 알려 주셨습니다. 왜 유교 문화권에서 어른들의 이름을 함부로 부르지 못하도록 했을까요? 특히 왕의 이름자, 심지어 음이 같은 글자도 함부로 쓰지 못하도록 하는 피휘(避諱)법이 있었습니다.[1] 이를 지키지 않을 경우, 대역죄, 불경죄로 관직에 나아가지 못함은 물론이고 때로 목숨까지 왔다 갔다 했습니다. 우리가 죄를 지어 감옥에 가면 이름이 없어지고 무엇을 받죠? 수인번호를 받습니다. 군대에 유격훈련을 할 때도 '~번 올빼미'하고 번호가 주어집니다. 비단 지체 높은 사람뿐만 아니라 사람이라면 누구나 자신의 이름을 소중히 여깁니다. 자기 이름이 더럽혀지는 것을 원하는 사람은 없습니다. 그래서 누군가 자신의 이름을 더럽히면, 명예훼손죄로 또 누군가 나의 이름을 이용하여 범죄를 저지르면 명의도용죄로 고발을 합니다.[2] 이 세상에는 반드시 그 이름의 명예가 훼손되어서도 안 되고, 도용되어서도 안 되는 이름이 있습니다. 말씀의 숲 안으로 함께 들어가 제3계명 여호와의 성호(聖號)를 경외하라는 계명을 보실까요?

## 제3계명의 본문

| 출 20:7 | 사역(私譯) | 신 5:11 | 사역(私譯) |
|---|---|---|---|
| לא תשא | 전파하지 말라 | לא תשא | 전파하지 말라 |
| את־שם־יהוה אלהיך לשוא | 이름을 / 여호와 너의 하나님의 / 헛되게 | דיהלא הוהי־םש־תא אושל | 이름을 / 여호와 너의 하나님의 / 헛되게 |
| כי לא ינקה יהוה את אשר־ישא | 왜냐하면 (나)여호와는 무죄를 인정하지 않는다. | כי לא ינקה יהוה את אשר־ישא | 왜냐하면 (나)여호와는 무죄를 인정하지 않는다. |
| את־שמו לשוא | 전파하는 자를 / 내 이름을 / 헛되게 | את־שמו לשוא | 전파하는 자를 / 내 이름을 / 헛되게 |

제3계명은 다른 계명에 비해 복잡하거나 난해하지 않고 단순해 보입니다. 그래서 많은 성도들은 쉽게 '여호와 하나님 이름을 함부로 불러서는 안 되는구나' 정도로 쉽게 넘어갑니다. 그러나 본래의 의미를 이해하는 데는 몇 가지의 어려움이 있습니다.[3]

우선 제3계명은 제1, 2계명과 마찬가지로 2인칭 직접 화법을 씁니다. 그런데 왜 제3계명이 하나님에 관해서 말할 때 '나 여호와의 이름을 망령되이 부르지 말라' 2인칭으로 하지 않고 '네 하나님 여호와의 이름을 망령되게 부르지 말라'로 하나님의 이름을 3인칭으로 표현했을까요? 왜 하나님이 스스로를 제3자인 것처럼 말씀하셨을까요? 그 이유는 하나님 자신과 이스라엘 사이에는 결코 범접할 수 없는 거리가 있다는 것과 함께 '하나님의 이름'에 강조점이 있고 관심이 있다는 걸 보여주기 위해서입니다.[4)]

## 이름의 의미와 중요성 : 존재 이전의 존재, 존재 자체와 속성, 존재의 사명

이름이 성경에서 갖는 의미는 무엇일까요? 첫째, 무엇에 대해 이름을 붙인다는 것은 그 대상보다 먼저 존재하며 지배권을 갖는다는 의미입니다. 하나님은 아담을 통해 피조물의 본질을 꿰뚫는 지혜를 통해 이름을 짓게 하시고 정복하고 다스리게 하셨습니다.

> 여호와 하나님이 흙으로 각종 들짐승과 공중의 각종 새를 지으시고 아담이 무엇이라고 부르나 보시려고 그것들을 그에게로 이끌어 가시니 아담이 각 생물을 부르는 것이 곧 그 이름이 되었더라(창 2:19)

둘째, 이름은 곧 '그 사람', '그 사람의 인격, 존재 자체'를 뜻합니다. 그 사람이 어디서 왔는지. 그 사람이 어떤 존재인지, 히브리 사람들은 이름을 통해서 표현했습니다. 예를 들어 '아담'은 '흙에서 온 존재', '화와'는 '산 자의 어머니'라는 뜻입니다. '모세'는 '건짐을 받은 자', '예수'는 '구원자'로 이름과 그의 본질, 그의 존재는 뗄 수 없는 관계입니다.

셋째, 이름은 그 사람에게 주어진 사명이 무엇인지를 알려 줍니다. '아브람에서 아브라함(열국의 아버지), 사래에서 사라(열국의 어머니), 야곱에서 이스라엘로, 시몬에서 베드로(반석), 사울에서 바울(작은 자)'로 이름을 바꿈으로써 존재의 변화로 그 사람이 어떤 일을 맡을 것인가를 알려 줍니다.[5] 성경에 계시된 하나님은 '이름 없는' 하나님이 아닙니다.

## '여호와'라는 이름의 계시는 은총의 선물

출애굽기 20:2에 하나님의 이름이 우리말 성경에서 서로 다르게 표현되었습니다. 왜 표준새번역 성경과 대부분의 영어 성경에는 모두 야훼를 주라고 번역을 했을까요? 역사적으로 보면 유대인들은 함부로 하나님의 이름을 부르지 않았습니다. '야훼'(YHWH)라는 이름은 히브리어 'יהוה' 자음이 네 글자로 신을 나타내는 신성4문자(holy tetragrammaton)로 특정하신 하나님의 이름을 말합니다.[6] '야훼'라는 모음은 적지 않고 자음만 적었습니다. 예를 들면 '서울'이라는 말을 쓸 때 'ㅅㅇㄹ'이라 적고 읽을 때는 '서울'이라고 발음합니다. 과거 인쇄술이 발달하기 전 히브리 사람들은 성경을 필사할 때, '야훼/여호와'라는 이름이 나오면 잠시 멈추고 손을 씻었습니다. 하나님의 이름을 함부로 부르지 못해서 '나의 주님'(my Lord)을 뜻하는 '아도나이'로 대신해 읽었습니다.[7] 이처럼 유대인들은 하나님의 고유 이름인 '야훼'가 나오면 아예 부르지 않는 게 가장 안전하다고 생각했습니다.[8]

**출애굽기 20:2에 나오는 하나님의 이름표기**

| 번역종류 | 하나님의 이름 번역 |
|---|---|
| 개역 싱경 | 여호와 |
| 공동 번역 | 야훼 |
| 표준새번역 | 주 |
| 새번역 | 하나님의 이름 |
| NIV, NASB, KJV | Lord |

그래서 당시 유대인들이 1차 독자였던 마태복음에 '하나님'이라는 말 대신에 '하늘'이라는 말을 사용했습니다. '하늘나라'가 누가복음에서는 '하나님 나라'라고 되어 있습니다.[9] 이는 유대인들이 하나님의 이름을 함부로 부르지 않기 위해 얼마나 큰 노력을 했는가를 보여 줍니다. 히브리어 지식이 없던 중세에는 유대인들조차 정확한 발음을 잃어버렸습니다. 히브리 모음을 붙이면서 '에호바'라고 발음이 나오게 했습니다. 그렇게 해서 영어로는 '제호바'(Jehowah), 우리말로 번역할 때 '여호와'라고 음을 옮겨 썼습니다. 이제는 옛 발음을 거슬러 올라가 보면 '야훼/야웨'에 가깝다는 게 정설이 되었습니다.[10]

## 여호와 이름의 의미와 중요성

여호와라는 이름 안에 우리와 하나님과의 모든 과거의 역사, 현재 여호와의 백성으로서 우리의 정체성, 그리고 우리의 미래가 담겨 있는 이름임을 하나님께서 출애굽기를 통해 보여주셨습니다. 앞서 살펴보았던 이름의 특징에 따라 여호와 하나님의 이름의 의미는 무엇인지 살펴볼까요?

첫째, 하나님이란 이름은 누가 이름을 지어준 걸까요? 자기의 이름을 자기가 짓는 경우는 없습니다. 하나님의 이름은 사람이 만든 게 아닙니다. 누군가가 이름을 붙여준다는 것은 그 보다 더 높은 존재라는 의미입니다.[11] 어떤 이름이나 명칭도 붙일 수 없는 존재 자체이신 하나님께서 자신의 이름을 붙이셨습니다. 하나님은 당신이 누구신지를 우리에게 보여 주시기 위해 하나님의 선물로 이름을 주셨습니다. 당신의 이름을 계시로 나타내신 하나님께서는 얼마나 은혜로우시고 겸손하신 하나님이십니까?[12] 하나님이 모세를 부르면서 이스라엘 백성을 애굽에서 구원하라

고 말씀하시자 모세는 하나님께 하나님의 이름을 여쭤 보았습니다.[13)]

> 하나님이 모세에게 이르시되 나는 스스로 있는 자이니라 또 이르시되 너는 이스라엘 자손에게 이같이 이르기를 스스로 있는 자가 나를 너희에게 보내셨다 하라(출 3:14)

여호와는 다른 모든 피조물들과는 달리 다른 대상에게 의존하지 않으시고 스스로 존재하시는 '존재 자체'이신 분이십니다. '스스로 존재하시는 분'이라는 것은 '하나님 이전에는 어떤 존재도 없었다, 하나님은 자존하시며, 자족하시다'는 의미입니다. "스스로 있는 자"라고 해서 우리와 아무런 관련 없는 '나 홀로 이방신'이 아니십니다.

둘째, 자신을 가리켜 '여호와'라고 호칭하는 것은 언약의 제정자로서 이스라엘과 언약을 체결하시되 그 언약을 성취하실 분이심을 분명히 하시는 말씀입니다.[14)] '여호와'는 "너희 조상의 하나님"인데 "곧 아브라함의 하나님, 이삭의 하나님, 야곱의 하나님"이라는 말씀의 숨은 뜻은 여호와께서는 이스라엘 백성과 함께하시는 언약의 하나님입니다. 하나님께서 그의 백성과 함께 계시며 그들에게 관심을 베풀고 계심을 보여주는 이름입니다(신 3:24).[15)] 언약 백성인 이스라엘과 대대로 긴밀한 관계를 맺으시고 그들의 일상에도 인격적으로 관여하시는 하나님이십니다.[16)]

> 하나님이 또 모세에게 이르시되 너는 이스라엘 자손에게 이같이 이르기를 너희 조상의 하나님 여호와 곧 아브라함의 하나님, 이삭의 하나님, 야곱의 하나님께서 나를 너희에게 보내셨다 하라 이는 나의 영원한 이름이요 대대로 기억할 나의 칭호니라(출 3:15)

하나님의 이름을 사용한다는 것은 어떤 특정한 발음이 거룩하기 때문이 아니라 하나님 자신이 그 이름에 임재하고 있으며, 그 이름에 하나님의 모든 사역과 활동이 계시되어 있습니다. 이런 의미에서 하나님의 이름을 그의 인격과 정체성 그리고 그분의 성품과 분리하는 것은 불가능합니다.[17]

출애굽기 34:5-7에 야훼로 불리는 하나님, 아브라함과 이삭과 야곱의 하나님이 어떤 분이신지를 표현하셨습니다. 다시 말하자면, 하나님의 이름은 하나님이 어떤 분인지 대표하는 거룩한 속성들을 나타내셨습니다.[18]

> 여호와께서 구름 가운데에 강림하사 그와 함께 거기 서서 여호와의 이름을 선포하실새 여호와께서 그의 앞으로 지나시며 선포하시되 여호와라 여호와라 자비롭고 은혜롭고 노하기를 더디하고 인자와 진실이 많은 하나님이라 인자를 천대까지 베풀며 악과 과실과 죄를 용서하리라 그러나 벌을 면제하지는 아니하고 아버지의 악행을 자손 삼사 대까지 보응하리라(출 34:5-7)

셋째, 그분의 이름을 통해 무엇을 하실지, 그 언약을 지키는 구속사적 의미를 담고 있습니다.[19] 하나님은 아브라함과 이삭과 야곱의 하나님으로서 아브라함에게 하신 언약을 지키시기 위해 아브라함의 후손인 이스라엘 백성을 애굽 땅 종 되었던 집에서 구원해 주셨습니다.[20] 아브라함의 언약은 이삭을 거쳐 야곱에게 이르러 매우 구체적으로 성취되었습니다. 그러므로 여호와라는 이름은 하나님과 언약의 대상자인 이스라엘 사이에 영원히 기념되어야 할 이름입니다.[21]

이제 우리는 여호와(יהוה)라는 이름을 통해 하나님께 접근할 수 있고, 하나님이라는 이름으로 어떤 때는 권리 주장도 할 수 있습니다.

연년생 동생이 형이 가지고 있는 장난감을 가지고 놀고 싶을 때 어떻게 합니까? 자기 권위로는 그 장난감을 갖고 놀 수 없음을 알기에 엄마나 아빠의 이름을 들먹입니다. "엄마가 이제 그 장난감 내가 갖고 놀아도 된대."[22)]

그리고 하나님께서는 자신의 이름을 알려 주심으로써 자기 백성이 자신의 임재 안으로 들어와 의지하도록 허락하셨습니다.

> 여호와여 주의 이름을 아는 자는 주를 의지하오리니 이는 주를 찾는 자들을 버리지 아니하심이니이다(시 9:10)

자신의 이름을 알려주심으로써 하나님의 백성이 자신을 부르고, 자신과 교제하게 하시며, 자신을 찬양하게 하시고, 자신의 이름을 거룩하게 함으로써 하나님이 예배하신 모든 선물을 얻을 수 있도록 하셨습니다.[23)] 이어서 하나님의 이름을 '망령되게 부르지 말라'는 의미는 무엇인지 말씀의 나무를 살피러 한 걸음 더 들어가 보실까요?

## 망령되게 부르지 말라

'부르다'(נשא)는 말은 '들어 올리다', '갖고 있다', '취하다'(take), '입다', '운반하다, 옮기다', '적용하다', '전파하다'라는 다양한 의미를 가지고 있습니다.[24)]

또한 망령(妄靈)이란 말은 명사로 '늙거나 정신이 흐려서 말이나 행동이 정상을 벗어남, 또는 그런 상태'를 의미합니다.[25)]

우리는 '망령'이라는 단어의 뜻 때문에 정신이 불안정하고 비인성적인 상태에서 횡설수설 하며 '여호와의 이름을 부른다'는 의미로 오해할 수 있습니다.[26)] 이런 망령된 상태는 어떤 윤리적이나 도덕적인 책임을 느끼지 못합니다. 오히려 우리가 아무리 맑은 정신을 가지고도 그분의 이름을 걸고서 위증하고 경솔하게 서원 또는 맹세하며 신성 모독하는 경우가 많습니다.[27]

강한 부정을 나타내는 '라'(ל)와 함께 쓰인 '솨웨'(שוא)는 아주 포괄적인 의미를 담고 있습니다. 그래서 '낭비된 것', '무질서한 것', '소모하는 것', '헛되이'(in vain, empty), '쓸데없이, 무가치하게'(worthless), '함부로', '거짓되게' 등의 다양한 번역이 있습니다.[28] 결국 '망령되게 부르지 말라'의 두 단어가 합쳐지면 결국 오용하다(misuse)는 의미가 됩니다.[29] 결론적으로 어떤 상황에서도 우리는 하나님의 이름을 도용(盜用)하거나, 남용(濫用)하거나, 오용(誤用)하거나 악용(惡用)하거나 사적으로 사용(私用)해서는 안 됩니다.[30] 그리고 하나님의 이름을 망령되게 부르는 자는 반드시 벌을 주신다는 조항이 덧붙여져 있습니다. 레위기 24:15-16에 제3계명의 형벌 규정이 어떻게 됩니까?

> 너는 이스라엘 자손에게 말하여 이르라 누구든지 그의 하나님을 저주하면 죄를 담당할 것이요 여호와의 이름을 모독하면 그를 반드시 죽일지니 온 회중이 돌로 그를 칠 것이니라 거류민이든지 본토인이든지 여호와의 이름을 모독하면 그를 죽일지니라(레 24:15-16)

여러분 상상을 해 보세요. 돌에 맞아 심판을 당하는 사람도 그렇지만 가까운 거리에서 돌을 던지는 사람들 또한 얼마나 무서운 경험이었을까요? 여러분과 저는 하나님의 이름을 과연 어떻게 인식하고 그 이름을 어떤 태도로 대하고 있습니까? 그분의 이름을 통해 그분이 어떠한 존재인지 제대로 인식하고 있습니까? 스스로 완전하신 분으로서 언제나 나와 함께하시는 언약의 하나님으로 정확히 인식하고 있습니까?

여러분 중에는 과거 유대인들처럼 "성경을 읽거나 기도할 때조차 하나님의 이름을 잘못 쓸 수 있는 게 정말 사실이라면, 그냥 입을 닫고 있는 게 낫겠네요? 저는 주님의 이름을 아예 안 쓸 거예요. 그게 가장 안전한 길이니까요."라고 말할 수 있습니다. 이 또한 죄입니다. 하나님을 무시하는 죄입니다. 이것은 욕하는 것만큼이나 나쁩니다. 주님의 이름을 잘못 쓰거나 아예 안 쓰는 것 모두 죄입니다.[31)]

하나님의 이름을 전혀 입에 담지 말라는 말이 성경 어디에 있습니까? 사실은 없습니다. 하나님의 이름은 부르라고 주신 겁니다. 부르지 않는다면 그것이 어떻게 이름이 되겠습니까? 그런데 이름을 부르되 잘못 부르지 말고 마땅히 불러야 하는 방식대로 불러야 됩니다. 하이델베르크 요리문답을 통해 우리 믿음의 선배들은 어떻게 제3계명을 가르치고 있는지 확인해 보실까요?

하이델베르크 요리문답은 십계명의 다른 계명들에 관해서는 모두 한 주일에 다루는데 제3계명만 두 번의 주일에 걸쳐서 다룹니다. 그만큼 제3계명을 강조하므로 우리도 더 관심을 두고 제3계명을 바라보아야 합니다.[32)] 제3계명은 하이델베르크 요리문답의 창(窓)으로 볼 때 칭호, 속성, 규례, 말씀, 성례, 기도, 맹세, 서약까지 포함할 뿐만 아니라 하나님을 영화롭게 하는 법까지 매우 광범위하게 적용되었습니다.

## 소극적인 명령 –<br>하나님의 이름을 함부로 도용, 오용, 남용, 악용하지 말라

하이델베르크 요리문답 제99문답에서는 '하지 말아야 할 것'(소극적)과 '해야 할 것'(적극적), 두 가지로 나누어 설명합니다.

하이델베르크 요리문답

제 99문 제 3계명에서 요구하는 것이 무엇입니까?

답 (소극적) 우리는 저주, 위증, 또는 불필요한 맹세로 하나님의 이름을 모독하거나 악용(惡用)해서는 안 되고, 침묵하는 방관자로 그런 무서운 죄악에 간접적으로 참여해서도 안 된다는 것입니다.

(적극적) 한마디로 말하면, 우리는 오직 두려움과 경외하는 마음으로 하나님의 이름을 사용하며, 올바르게 하나님께 고백하고, 요청하고, 우리의 모든 말과 행위로 하나님을 찬양하여야 한다는 것입니다.

하나님의 이름에 계시된 대로 믿지 않고, 하나님의 거룩하신 이름을 오용하는 죄악은 성경에서 무수하게 찾아볼 수 있습니다.

첫째, 하나님의 이름을 직접적으로 훼방하거나 저주하는 일들이 많이 기록되어 있습니다. 다툼 중에 여호와의 이름을 훼방하고 저주한 사람(레 24:10-14), 열 정탐꾼의 말에 선동된 이스라엘 백성의 불평과 불신앙에 대한 평가(민 14:1-11) 등이 있습니다.

둘째, 하나님의 이름으로 점을 치거나 요술 등을 하면서 하나님의 이름을 사용하는 것(신 18:9-14), 하나님께서 원치 않는 것을 하나님의 이름으로 주장하는 것(삼상 15:23), 제사장 스게와 일곱 아들들의 행위(행 19:13-17) 등은 하나님의 이름을 함부로 사용한 예입니다.

셋째, 하나님의 이름으로 거짓 예언을 하는 것도 하나님의 이름을 함부로 사용하는 죄입니다. 거짓 선지자들에 관한 경고들(신 18:22; 왕상 22:11; 렘 14:15; 겔 13:6), 복술 등 거짓된 예언 행위(렘 29:8; 겔 13:9) 등이 있습니다. 하나님의 이름으로 거짓된 예언을 하는 잘못은 교회사에서도 반복되었던 죄입니다. 예를 들어 중세 시대에 하나님의 이름으로 십자군 전쟁을 일으키고, 또한 유럽과 미국에서 하나님의 이름으로 노예무역을

하고, 최근까지 남아프리카 공화국에서 하나님의 이름으로 인종 차별 정책을 쓰는 것들입니다.[33]

넷째, 하나님의 이름으로 거짓 맹세에 사용하는 경우들도 경고를 받습니다. 하나님의 이름으로 거짓 맹세하여 그 이름을 욕되게 하는 경우(레 19:12), 타락한 예루살렘의 영적 형편을 여호와의 사심으로 맹세해도 실상은 거짓 맹세인 경우(렘 5:1-2), 하나님의 이름으로 맹세함으로써 순간적인 위기를 모면하려는 것도 하나님의 이름을 함부로 사용하는 죄입니다.

실제로 서양에 보면 하나님의 이름이 들어간 욕이나 상스러운 말들이 많습니다(Jesus Christ! God damn! For Heaven's Sake! By Golly!). 특히 Oh My God!은 평상시 아주 흔하게 쓰는 표현이 되었습니다.[34] 사람들은 하나님의 거룩하신 이름을 그에 어울리는 두려움과 공경함 없이 사용합니다.

## 침묵하는 방관자로 무서운 죄악에 간접적으로 참여하지 말라

하이델베르크 요리문답 제99문답에 가장 눈에 띄는 표현은 "침묵하는 방관자"입니다. 즉, 하나님의 이름을 사용해야 할 때 사용하지 않으면 그것도 역시 제3계명을 어기는 게 됩니다. 우리는 하나님의 사람들이 하나님의 이름을 망령되게 부를 때 침묵과 방관으로 그러한 무서운 죄들에 동참하지 않도록 해야 합니다.[35] 하이델베르크 요리문답 제99문답은 오히려 하나님의 이름을 적극적으로 사용하도록 가르칩니다.

## 적극적인 명령으로 하나님의 이름을 부른다는 것은 무엇인가?

우리는 오직 두려움과 경외하는 마음으로 하나님의 이름을 사용하며 올바르게 하나님께 고백하고, 요청하고, 우리의 모든 말과 행위로 하나님을 찬양하여야 합니다. '영광을 돌리다'는 말의 원래 의미는 '무겁게 여기다'입니다. 누군가의 이름을 부른다는 것은 그 사람을 알고 그 본질을 내 마음에 깊이 새기는 겁니다. 하나님의 이름을 제대로 안다는 것과 하나님을 만난다는 것은 같은 의미입니다. 하나님은 자신의 이름을 통해 그분의 존재와 영광을 직접 드러내시고, 당신의 품성과 속성을 인간들에게 계시하시고, 구원한 백성을 만나 주십니다.

사람의 이름을 건성으로 부르면 그와 깊은 사귐이 없다는 사실을 보여 줍니다. 하나님의 이름을 부를 때 심원하고 웅대한 하나님의 역사를 경험하고 깊이와 넓이를 생각할 때 경외심이 생깁니다. 하나님의 하나님됨의 찬미를 위해 그분의 이름을 알아가고 배워가는 것이 인생입니다.

> 내게 토단을 쌓고 그 위에 네 양과 소로 네 번제와 화목제를 드리라 내가 내 이름을 기념하게 하는 모든 곳에서 네게 임하여 복을 주리라(출 20:24)
>
> 너희 중에 여호와를 경외하며 그의 종의 목소리를 청종하는 자가 누구냐 흑암 중에 행하여 빛이 없는 자라도 여호와의 이름을 의뢰하며 자기 하나님께 의지할지어다(사 50:10)

강대국과 약소국 사이에 언약을 맺으면 약소국이 곤경에 처해 요청할 때 강대국은 적극적으로 보호하기 위해 달려옵니다. 이처럼 여호와의 이름을 부르고 여호와의 이름을 기념하는 곳에서 복을 주시리라, 여호와의 이름을 의지하며 맡기라고 하셨습니다.[36)]

다음으로, 구약성경에서 "여호와의 이름을 부르는" 가장 대표적인 일은 '예배'입니다.[37)]

> 셋도 아들을 낳고 그의 이름을 에노스라 하였으며 그 때에 사람들이 비로소 여호와의 이름을 불렀더라(창 4:26)
>
> 그 영화로운 이름을 영원히 찬송할지어다 온 땅에 그의 영광이 충만할지어다 아멘 아멘(시 72:19)

실제로 예배 중에 행하는 많은 순서들은 '여호와 하나님의 이름을 부르는 일'입니다. '찬송'은 여호와 이름을 부릅니다. '기도'는 하나님의 이름을 부르면서 시작하며, 예수 그리스도의 이름으로 마칩니다. '설교'는 여호와의 이름으로 행하신 놀라운 사역의 선포입니다. 예배의 순서 중 하나로 행하는 '성례'도 하나님의 이름을 말합니다.[38)]

예배 시간에 하나님께 온전히 집중하지 못하고, 삼위일체 하나님을 경외하는 마음 없이 예배를 하고, 옆 사람과 잡담을 하거나 휴대폰을 만지거나, 주보의 오타를 찾거나 멍하니 다른 생각을 하는 것과 하나님의 사랑을 노래하면서 하나님의 사랑에 감격하지 못한 채 찬송을 하고, 기도하면서도 그 기도를 들으시는 하나님을 생각하지 않고 하나님의 능력을 의심한다면 제3계명을 어기는 겁니다.[39)]

목회자들과 신학자들과 기독교 작가들은 하나님의 말씀으로 장사를 하려고 해서는 안 됩니다.[40)] 곧 하나님의 이름과 하나님의 말씀을 개인적인 이익을 위한 도구로 사용해서는 결코 안 됩니다. 자신의 느낌이나 생각을 "하나님이 말씀하셨다"고 말하는 사람들이 많습니다. 설교자도 성경이 말하는 것만 말하려고 애를 쓰고, 성경이 말하지 않는 것에 대해서는 말하지 않으려고 해야 합니다. 설교에서 성경 계시를 통한 구속사보다 일화를 통한 설교자의 개인사를 더 많이 알게 될 때, 하나님의 이름은 정당한 대우를 받지 못하는 셈입니다. 주일 공예배 때 성경본문보다 예화가 더 생생히 기억될 때, 하나님의 이름은 교회에서 거룩히 여김을 받지 못합니다.[41]

하이델베르크 요리문답

제 100문 그렇다면 맹세와 저주로 하나님의 이름을 모독하는 것이 슬픈 죄이므로, 하나님은 또한 최선을 다해서 이런 죄를 방지하거나 금하지 않는 사람들에게도 진노하십니까?

답 진실로 그러합니다. 왜냐하면 하나님의 이름을 모독하는 것보다 더 큰 죄가 없으며, 하나님의 진노를 초래하게 하는 죄가 없기 때문입니다. 하나님께서 이 죄에 대해 죽음의 형벌을 내리라고 하신 이유가 바로 여기에 있습니다.

하이델베르크 요리문답 제100문답에서 하나님의 이름을 가장 진노케 하는 죄인 출애굽기 20:7의 제3계명을 어긴 자를 무죄로 선언하거나 처벌을 하지 않는 일은 결코 없으며 형벌은 사형이라고 말씀합니다. 이 죄가 강도, 살인, 매춘같은 죄보다 더 악하다는 뜻일까요?[42] 이는 제3계명 죄의 성격 때문입니다. 우리가 이웃에게 짓는 죄들은 모두 '하나님께 짓는 죄'와 연결되기 때문입니다.

칼뱅은 기독교 강요에서 출애굽기 20:7의 "이름을 부르다"라는 표현을 "맹세, 서원하다"와 동의어로 봅니다.[43] '맹세'(盟誓, oath)란 '어떤 임무나 약속을 꼭 실행하거나 목표를 꼭 이루겠다고 굳게 다짐하는 것'을 뜻합니다. '서원'(誓願, vow)이란 '자기가 하고자 하는 일을 하나님께 맹세하고 그것이 이루어지를 기원하는 것'으로 맹세의 한 형태입니다.

너희는 내 이름으로 거짓 맹세함으로 네 하나님의 이름을 욕되게 하지 말라 나는 여호와이니라(레 19:12)

네 하나님 여호와를 경외하며 그를 섬기며 그의 이름으로 맹세할 것이니라 (신 6:13)

오늘날의 상황과 달리, '맹세'라는 주제는 종교개혁 시대에 열렬한 논쟁거리였습니다. 이전에 로마 가톨릭 교회에 속해 있었다가 개신교회의 신자들이 된 사람들이 많았습니다.[43] 재세례파(Anabaptist), 퀘이커 교도(Quaker) 또는 여호와의 증인들은 마태복음 5:33-37의 상산수훈과 야고보서 5:12의 교훈을 성경 전체의 가르침에서 분리하여 '아무 맹세도 하지 않는 것'이 예수님의 뜻이라고 해석하였습니다.[45] 유대인들이 하나님의 이름을 사용하여 함부로 맹세하며, 맹세한 것을 지키지도 않는 것을 경고하시던 문맥에서 하신 말씀입니다.[46] 하이델베르크 요리문답 제101문답은 '올바른 맹세는 어떤 것인가'를 잘 가르칩니다.

하이델베르크 요리문답

제 101문 그러나 우리가 경건한 태도를 가지고 하나님의 이름으로 맹세해도 좋습니까?

답 그렇습니다. 정부가 백성들에게 맹세를 요구하거나, 맹세가 하나님의 영광과 이웃에게 도움이 되게 하기 위한 충성과 진리를 유지하고 증진시키기 위해서 맹세가 요청될 때에, 우리는 맹세를 할 수 있습니다. 이러한 맹세는 하나님의 말씀에 근거한 것입니다. 그러므로 구, 신약 성경에서 성도들은 맹세를 정당하게 사용하였습니다.

그렇다면 어떤 맹세도 하나님의 이름으로 해서는 안 되는 것일까요? 그렇지 않습니다. 성경의 예를 찾아볼까요? 무엇보다도 우리 주 예수님께서 "진실로 진실로 네게 이르노니" 같은 맹세의 형식을 사용하셔서 말씀하셨습니다. 또한 하나님은 아브라함에게 아브라함의 복이 실현될 것임을 맹세로 약속하셨습니다. 이렇듯 성경은 하나님의 이름으로 하든 그렇지 않든 맹세 자체가 경건하며 진실된 경우라면 행하여진 경우가 많습니다.

주 여호와의 말씀이니라 나의 삶을 두고 맹세하노니 나는 악인이 죽는 것을 기뻐하지 아니하고 악인이 그의 길에서 돌이켜 떠나 사는 것을 기뻐하노라(겔 33:11)
내가 그의 아들의 복음 안에서 내 심령으로 섬기는 하나님이 나의 증인이 되시거니와 항상 내 기도에 쉬지 않고 너희를 말하며(롬 1:9)
내가 예수 그리스도의 심장으로 너희 무리를 얼마나 사모하는지 하나님이 내 증인이시니라(빌 1:8)
하나님이 아브라함에게 약속하실 때에 가리켜 맹세할 자가 자기보다 더 큰 이가 없으므로 자기를 가리켜 맹세하여(히 6:13)

우리가 맹세해도 되는 경우는 첫째, "정부가 백성들에게 맹세를 요구하거나" 둘째, "맹세가 하나님의 영광과 이웃에게 도움이 되게 하기 위한 충성과 진리를 유지하고 증진시키기 위해서 맹세가 요청될 때"입니다. 바른 신앙생활을 하겠다는 뜻으로 하나님 앞에 결의를 밝히는 서약과 맹세는 권장됩니다.[47] 성도들이 하나님을 바르게 믿는 생활을 하겠다는 뜻을 하나님 앞에서 맹세할 때, 법정 같은 곳에서 어떤 증언을 해야 할 때, 사업상의 계약을 체결하거나 직장에 취직하거나 공직을 맡거나 교회에서 어떤 직분을 위임받을 때 서약을 합니다.

서약을 할 때 보통 오른손을 들거나 손등을 얼굴로 향하기도 합니다. 이것은 약속을 하고 지키지 않을 경우 하나님의 화를 불러일으키게 된다는 의미입니다.[48] 세례를 받을 때나 결혼식 등에서 언약의 증인들 앞에서 공적으로 서약을 하고 맹세를 합니다. 특히 직분자가 임직 때 서약의 내용이 무엇입니까?

> 헌법 제13장 장로 집사 선거 및 임직, 제3조 임직 순서
>
> 1. 신구약 성경은 하나님의 말씀이요 또한 신앙과 행위에 대하여 정확무오한 유일한 법칙으로 믿느뇨?
> 2. 본 장로회 신조와 웨스트민스터 신도게요 및 대소요리 문답은 신구약 성경의 교훈한 도리 총괄할 것으로 알고 성실한 마음으로 받아 신종하느뇨?
> 3. 본 장로회 정치와 권징 조례와 예배 모범을 정당한 것으로 승낙하느뇨?
> 4. 이 지교회 장로(혹 집사)의 직분을 받고 하나님의 은혜를 의지하며 진실한 마음으로 본직(本職)에 관한 범사를 힘써 행하기로 맹세하느뇨?
> 5. 본 교회의 화평과 성결함을 위하여 전력하기로 맹세하느뇨?

"본 장로회 신조와 웨스트민스터 신도게요 및 대소요리 문답은 신구약 성경의 교훈한 도리 총괄할 것으로 알고 성실한 마음으로 받아 신종하느뇨?" 정작 목사후보생조차도 한 번도 이런 문서를 보지 못한 채 임직을 받습니다. "4. 이 지교회 장로(혹 집사)의 직분을 받고 하나님의 은혜를 의지하며 진실한 마음으로 본직(本職)에 관한 범사를 힘써 행하기로 맹세하느뇨?" 이런 점에서 임직 시의 서약을 함부로 하는 것이나, 서약한 바를 지키지 않는 것은 제3계명을 어기는 겁니다. 재세례파와는 정반대 극단으로 치우친 당대 로마 가톨릭 교회의 왜곡을 바로 잡기 위해 하이델베르크 요리문답 제102문답에서 묻습니다.

하이델베르크 요리문답

제 102문 우리가 성자나 다른 피조물에게 맹세를 해도 됩니까?

답 안됩니다. 합법적인 맹세는 오직 우리의 마음을 아시고, 진리에 대한 증거를 소유하시고, 만약 내가 거짓으로 맹세한다면, 나에게 벌을 내리시는 분이신 하나님께 요청해야 합니다. 피조물에게는 이런 영광이 합당하지 않습니다.

로마 가톨릭은 죽은 성인들이나 천사들에게 간구하는 신앙 행위를 올바른 것으로 가르칩니다.

> 여호와께서 내게 이르시되 모세와 사무엘이 내 앞에 섰다 할지라도 내 마음은 이 백성을 향할 수 없나니 그들을 내 앞에서 쫓아 내보내라(렘 15:1)
>
> 여호와의 천사가 대답하여 이르되 만군의 여호와여 여호와께서 언제까지 예루살렘과 유다 성읍들을 불쌍히 여기지 아니하시려 하나이까 이를 노하신 지 칠십 년이 되었나이다 하매(슥 1:12)

모세와 사무엘 같은 성인들이 하나님 앞에서 우리를 위해 간구함이 분명하므로 이들에게 기도하는 게 옳다고 주장합니다. 그리고 천사와 관련하여 유다 백성들의 환난과 고통을 미리 알고 하나님께 간구하고 있으니 천사들에게 기도하는 게 옳다고 합니다. 그러나 이것은 매우 잘못된 해석입니다.[49] 어떤 일에 대해 맹세를 한다는 것은 그 일에 대한 증인으로 하나님을 초청하는 것입니다. 하나님은 우리의 마음을 가장 정확하게 아시는 유일한 분이십니다(고후 9:1; 고후 1:23). 성인들이나 다른 피조물들은 사람의 마음을 정확하게 감찰하지 못합니다. 거짓을 말하는지 아닌지를 정확히 파악하지 못합니다. 따라서 거짓에 대해 정확하게 응징하지 못합니다. 그와 같이 충분한 능력이 없기에 그들로 맹세하는 것은 헛된 일에 지나지 않습니다.[50]

많은 교인들이 여호와라는 성호(聖號)를 성부 하나님만 지칭하는 것으로 오해합니다. 하지만 개혁자 칼뱅도 논증했듯이 "하나님의 이름은 문맥에서 특별한 제한이 없는 한 성부와 성자와 성령을 동시에 지칭하는 것으로 이해해야 합니다." 따라서 성경을 읽다가 '하나님' 또는 '여호와'라는 호칭을 발견하면 언제나 삼위일체 하나님으로 인식하는 습관을 들여야 합니다.[51] 당신의 백성과 언제나 함께 하시는 신약의 하나님이라는 "그의 이름"입니다.[52] 또 비참한 내 인생을 내버려 두지 않으시고 반드시 당신이 원하는 곳으로 인도해 내시는 "그의 이름"입니다. 바로 예수 그리스도입니다. 이 이름이 우리를 구원합니다.

## 그 이름, 예수 그리스도

이 이름이야말로 하나님의 이름의 무거움을 버티게 해 주는 이름입니다. 교회가 예수님을 우리와 똑같이 사람이요, 동시에 하나님으로 고백하지 않은 채 하나님의 이름을 높이는 것은 공허한 말장난에 불과합니다.[53]

> 세상 중에서 내게 주신 사람들에게 내가 아버지의 이름을 나타내었나이다 그들은 아버지의 것이었는데 내게 주셨으며 그들은 아버지의 말씀을 지키었나이다(요 17:6)
>
> 내가 아버지의 이름을 그들에게 알게 하였고 또 알게 하리니 이는 나를 사랑하신 사랑이 그들 안에 있고 나도 그들 안에 있게 하려 함이니이다(요 17:26)

예수님의 사역, 예수님의 말씀, 예수님의 삶은 곧 하나님의 이름을 드러내고 아버지의 이름을 사람들에게 계시해 줍니다. "예수"라는 이름은 구약 성경에 나타난 하나님의 이름에 부여된 모든 약속들을 성취하시는 이름입니다. 그러므로 예수님은 만군의 여호와 즉 만주의 주님이 되십니다.[54] 예수님은 하나님의 이름이 당신의 이름인 것을 알고 계셨습니다. 그는 당신의 지상 사역을 통하여 그 이름을 나타내셨고 하늘로 승천하신 후 영광의 보좌에서도 그 이름을 주장하셨습니다. 그의 이름은 창조자의 능력과 우주의 하나님을 나타내십니다.

그 이름을 믿으므로 그 이름이 너희가 보고 아는 이 사람을 성하게 하였나니 예수로 말미암아 난 믿음이 너희 모든 사람 앞에서 이같이 완전히 낫게 하였느니라(행 3:16)

예수의 이름으로 그의 제자들은 성전 미문에 앉아 구걸하던 장애인을 고치셨습니다. 하늘의 능력은 직분과 장소에서 일어나는 게 아니라 그의 이름에 달려 있습니다. 신약 시대에는 모든 이름을 뛰어넘는 이름이 소명과 함께 우리 교회에 주어졌습니다. 이것이 바로 복음입니다. 예수라는 이름은 그저 하나의 이름이 아니라 '모든 이름을 뛰어넘는 이름'입니다. 예수라는 이름은 부를 수 있는 모든 이름 위에 있기 때문에, '더 없이 존귀한 이름'입니다. 왜냐하면 예수의 이름 안에 우리의 '구원'도, 우리의 '자유'도, 우리의 '소망'도, 우리의 '자랑'도, 우리의 '기쁨'도, 우리의 '행복'도 들어 있기 때문입니다.[55] 하나님께서는 그 영광을 그리스도 예수와 함께 공유하십니다. 우리가 예수 그리스도의 이름으로 구원을 얻고, 그 이름으로 세례를 받고, 그 이름으로 하나님의 자녀가 되고, 그 이름으로 운명과 인생의 주인이 바뀝니다.

오직 이것을 기록함은 너희로 예수께서 하나님의 아들 그리스도이심을 믿게 하려 함이요 또 너희로 믿고 그 이름을 힘입어 생명을 얻게 하려 함이니라(요 20:31)

베드로가 이르되 은과 금은 내게 없거니와 내게 있는 이것을 네게 주노니 나사렛 예수 그리스도의 이름으로 일어나 걸으라 하고(행 3:6)
사람을 택하여 우리 주 예수 그리스도의 이름을 위하여 생명을 아끼지 아니하는 자인 우리가 사랑하는 바나바와 바울과 함께 너희에게 보내기를 만장일치로 결정하였노라(행 15:25)
바울이 대답하되 여러분이 어찌하여 울어 내 마음을 상하게 하느냐 나는 주 예수의 이름을 위하여 결박 당할 뿐 아니라 예루살렘에서 죽을 것도 각오하였노라 하니(행 21:13)
우리 하나님과 주 예수 그리스도의 은혜대로 우리 주 예수의 이름이 너희 가운데서 영광을 받으시고 너희도 그 안에서 영광을 받게 하려 함이라(살후 1:12)

이렇게 주 예수의 이름을 위하여 생명을 아끼지 아니하고 죽을 각오가 되었기에 바울은 데살로니가후서에서 고백을 합니다. 이렇게 우리의 신앙의 선배들은 예수라는 이름 때문에 순교를 각오했습니다. 실제로 고난을 당하며 순교까지 했습니다. 그러나 오늘날 우리에게 예수라는 이름은 과연 무엇을 의미합니까? 우리는 정말 예수라는 이름 때문에 고난당하고 죽을 각오가 되어 있습니까? 예수의 이름을 온 땅에 증거하며 예수의 이름을 드러내고 전파하고 알리는 제3계명에 얼마나 동참하고 있습니까?

아흔이 훌쩍 넘는 원로목사님이 갑자기 후임 목사님 요청에 따라 강단에 올리 기도를 할 때였습니다. 하나님 아버지! 떨리는 목소리로 한 번 부르시곤 감사와 감격으로 어깨가 들썩이기 시작했고, 청중이 함께 흐느껴 울었답니다. 우리는 어떻게 하나님의 이름을 부르고 있습니까?

## 인생의 본문을 일깨우는 제3계명, 우리 아버지의 이름이 거룩히 여김을 받도록

여호와의 이름을 망령되게 하지 말라는 것은 궁극적으로 표현하면 여호와의 이름을 거룩하게 하라, 여호와의 이름을 영광되게 하라는 의미입니다.[56] 주님이 제자들에게 가르쳐 주신 기도의 첫 번째 청원이 무엇입니까?

> 그러므로 너희는 이렇게 기도하라 하늘에 계신 우리 아버지여 이름이 거룩히 여김을 받으시오며(마 6:9)

언뜻 보기에는 두 번째 청원인 "나라가 임하시오며"가 더 중요할 것 같은데, 왜 주님께서는 하나님의 이름에 대한 청원을 하나님 나라에 대한 청원보다 앞서 첫 번째에 놓으셨을까요? 게다가 주기도문의 첫 번째 청원과 십계명의 세 번째 계명이 모두 '하나님의 이름'과 연관이 있는 것은 무슨 까닭일까요? 그만큼 하나님의 이름이 중요하다는 단서입니다. 흥미로운 것은 십계명에서는 부정적인 표현을 사용한 반면, 주기도문에서는 긍정적인 표현 방식을 사용하였습니다.[57]

우리가 아무리 애를 써도 하나님의 이름을 더럽힐 수밖에 없는 죄인이지만, 주님께서는 우리에게 하나님 아버지께 기도할 때마다 "하나님께서 친히 당신의 이름을 거룩하게 하십시오."라고 청원하면서 우리가 더럽힌 이름을 주님께서 친히 거룩하게 하실 것을 당부하셨습니다. 결국 우리는 주님이 가르쳐 주신 기도를 드리면서 하나님이 주시는 능력에 힘입어 하나님의 이름을 더럽히지 않으며 살아갈 것을 고백합니다.[58]

믿음의 동역자 여러분! 망령되이 부르지 말라는 것은 단순히 입의 문제가 아니라 삶의 전 영역에서 하나님께 영광을 올려 드리는 삶을 살라는 요구입니다. 저는 십계명 설교를 하면서 몸살을 앓고 있습니다. 책상에 앉아서 연구를 하고 묵상을 하고 설교하는 과정도 물론 만만치 않은 일입니다. 하지만 말씀을 알고 이해하는 만큼 삶으로 살아내야 하는 무게와 중압감 때문에 힘들다는 말입니다. 담임목사라는 긍지, 그리스도인이라는 긍지를 잃어버리지 않게 몸부림 치는 게 결코 쉬운 일이 아닙니다.

## 하나님을 대변하는 우리

우리가 거룩한 백성으로 성실하고 의롭게 살지 않으면서 하나님의 이름을 부르면 결국은 하나님의 이름을 망령되이 일컫는 것이 됩니다. '그리스도인'이라는 이름을 가지고 있으면서 그리스도의 향기를 드러내지 못하면 우리의 말과 행동으로 하나님의 이름을 더럽힐 수 있습니다.[59] 제3계명은 여호와의 이름을 망령되이 부르는 것은 그의 선물을 가볍게 여기는 것이고, 그의 능력을 과소평가하는 것이며, 그분의 살아계심을 조롱하는 것이고, "항상 스스로 계신 분"을 사람들에게 잘못 소개하는 게 됩니다.[60]

우리가 하나님 아버지의 대리자라는 사실을 삶 속에서 항상 의식해야 합니다. 우리가 물의를 일으키면, 하나님의 이름은 어쩔 수 없이 세상이 퍼붓는 비난의 대상이 될 수밖에 없습니다.[61] 그리스도인들은 여호와의 이름을 부를 수 있는 엄청난 특권을 가진 자들입니다.[62] 그 이름의 권세를 세상 가운데 선포하며 망가지고 깨어진 곳곳에 새롭게 회복시키는 일에 우리의 삶을 드린다면 그 이름의 능력이 나타납니다. 이때 하나님께서 우리의 삶을 존귀케 하시고 가장 가치 있게 하시고 가장 멋지게 인도해 주실 줄로 믿습니다.

믿음의 동역자 여러분! 제1-3계명은 연속적으로 연관된 계명입니다. 역사의 결과에서 퇴적된 산물들을 밝혀 보여주는 것이 아니라 살아계신 하나님을 보여주어야 합니다. 하나님의 이름만 들어도 벌벌 떨게 할 수 있도록 우리를 통해서 당신의 이름이 거룩하게 여겨질 수 있게 하옵소서! 그것이 3계명을 지키는 그리스도인입니다.

설교 시청 가이드

2019년 8월 25일(주일),
사월교회당의 공예배에서 강론된
"제3계명, 신성모독에서 경외로"(출20:4-6)는
대한예수교장로회 사월교회 홈페이지(www.sawolch.com)와
오른쪽의 QR코드를 통해 언제든지 시청할 수 있습니다.

A Guide to Sermon Video

# 미주

1) https://www.korean.go.kr/front/search/searchAllList.do,(국립국어원 2019년 8월 23일 검색). 피휘(避諱)「명사」 국왕, 조상, 성인이 쓰는 이름, 국호, 연호와 같은 글자를 사용하지 않음. 또는 그러한 관습. 존중받아야 할 대상의 이름을 범하지 않는다는 의미를 담고 있는데, 때에 따라서는 글자뿐만 아니라 음이 비슷한 글자를 모두 피하거나 획의 일부를 생략하는 방식으로 이루어졌다.
2) 백금산·김종두, 『(기독교 윤리의 핵심을 보여주는) 만화 십계명』(서울: 부흥과개혁사, 2008), 71.
3) Brevard S. Childs, *Exodus*(Louisville, Kentucky: Westminster John Knox Press, 1995), 410
4) 송병현, 『엑스포지멘터리 출애굽기』(서울: 국제제자훈련원, 2011), 317; 강영안, 『강영안 교수의 십계명 강의: 십계명이 열어 보인 삶의 길, 자유의 길』(서울: IVP, 2009), 117; 김지찬, 『데칼로그: 십계명, 어떻게 이해할 것인가』(서울: 생명의말씀사, 2016), 189-193.
5) 강영안, 『강영안 교수의 십계명 강의』, 117-121.
6) 김진흥, 『교리문답으로 배우는 장로교 신앙』(서울: 생명의 양식, 2017), 261.
7) Michael Scott Horton, *(The) law of perfect freedom*, 윤석인 역, 『십계명의 렌즈를 통해서 보는 삶의 목적과 의미』(서울: 부흥과개혁사, 2005), 122.
8) 김지찬, 『데칼로그: 십계명, 어떻게 이해할 것인가』, 174; Roland K. Harrison, *Introduction to the Old Testament*, 류호준·박철현, 『구약서론 상』(서울: 크리스찬다이제스트, 1994), 494.
9) 최영인, 『주기도문』(서울: 예사람, 2018), 51-52; 백금산, 김종두, 『(기독교 윤리의 핵심을 보여주는) 만화 십계명』, 75.
10) 강영안, 『강영안 교수의 십계명 강의』, 124-125
11) 안재경, 『십계명, 문화를 입다』(서울: SFC출판부, 2016), 59.
12) Cornelis Pronk, *Ten Commandments*, 임정민 역, 『하이델베르크 교리문답으로 보는 십계명』(수원: 그책의사람들, 2013), 58; 강영안, 『강영안 교수의 십계명 강의』, 122; 김용규, 『데칼로그: 십계, 키에슬로프스키, 그리고 자유에 관한 성찰』(서울: 바다출판사, 2002), 104에서는 "은총으로서의 신의 자기 계시"라는 표현으로 설명한다; 백

금산, 김종두, 『(기독교 윤리의 핵심을 보여주는) 만화 십계명』, 76.

13) 김지찬, 『데칼로그: 십계명, 어떻게 이해할 것인가』, 189-193을 참조하면 여호와 이름 계시의 3단계 과정을 상세하게 알 수 있다.

14) 송영찬, 『시내산 언약과 십계명: 출애굽기의 메시지』(서울: 깔뱅, 2006), 180.

15) William Dyrness, *Themes in Old Testament Theology*, 김지찬 역, 『주제별로 본 구약 신학』(서울: 생명의말씀사, 2013), 47.

16) 강영안, 『강영안 교수의 십계명 강의』, 124; 송영찬, 『시내산 연약과 십계명』(서울: 깔뱅, 2006), 178-179.

17) Edmund P. Clowney, *How Jesus transforms the ten commandments*, 신호섭 역, 『예수님은 십계명을 어떻게 해석하셨는가』(서울: 크리스챤, 2009), 157.

18) 김진흥, 『교리문답으로 배우는 장로교 신앙』, 162.

19) 김진흥, 『교리문답으로 배우는 장로교 신앙』, 262.

20) 백금산, 김종두, 『(기독교 윤리의 핵심을 보여주는) 만화 십계명』, 78.

21) 송영찬, 『시내산 연약과 십계명』(서울: 깔뱅, 2006), 182.

22) 김지찬, 『데칼로그: 십계명, 어떻게 이해할 것인가』, 188.

23) 구약 성경을 보면 여호와의 복합어로 여러 가지 이름이 계시된다. '여호와 라파'는 '고쳐주시는 하나님', '여호와 닛시'는 '승리와 보호의 하나님', '여호와 샬롬'은 '평화를 주시는 하나님', '여호와 치드누크'는 '의를 주시는 하나님'을 의미한다.

24) John Durham, *Word biblical commentary Exodus*, 손석태, 채천석 역, 『출애굽기』(서울: 솔로몬, 2000), 216.

25) 국립국어원, https://www.korean.go.kr/front/search/searchAllList.do(2019년8월21일 검색).

26) 김지찬, 『데칼로그: 십계명, 어떻게 이해할 것인가』, 180.

27) 송영찬, 『시내산 언약과 십계명』, 215.

28) John Durham, 『출애굽기』, 478.

29) 김진흥, 『교리문답으로 배우는 장로교 신앙』, 263.

30) 김지찬, 『데칼로그: 십계명, 어떻게 이해할 것인가』, 186.

31) Cornelis Pronk, 『하이델베르크 교리문답으로 보는 십계명』, 60; 김지찬, 『데칼로그:

십계명, 어떻게 이해할 것인가』, 183-186.

32) Kevin DeYoung, *Good news we almost forgot*, 신지철 역, 『왜 우리는 하이델베르크 교리문답을 사랑하는가』(서울: 부흥과개혁사, 2012), 276.

33) 백금산, 김종두, 『(기독교 윤리의 핵심을 보여주는) 만화 십계명』, 83.

34) Michael Scott Horton, 『십계명의 렌즈를 통해서 보는 삶의 목적과 의미』, 122.

35) 황원하, 『하이델베르크 요리문답 해설』(평택: CNB, 2015), 437.

36) 백금산, 김종두, 『(기독교 윤리의 핵심을 보여주는) 만화 십계명』, 79-80.

37) Edmund P. Clowney, 『예수님은 십계명을 어떻게 해석하셨는가』, 72.

38) 손재익, 『십계명 언약의 10가지 말씀: 해설서』(서울: 디다스코, 2016), 139.

39) 고재수, 『(개혁주의 입장에서 본) 십계명 강해』(서울: 여수룬, 1991), 46-47; Thomas Watson, *(The) Ten commandmants*, 이기양 역, 『십계명 해설』(서울: 기독교문서선교회, 1984), 140; 김진흥, 『교리문답으로 배우는 장로교 신앙』, 264-266; 김진흥, 『교리문답으로 배우는 장로교 신앙』, 264-266; 김병훈, 『(소그룹 양육을 위한) 하이델베르크 요리문답 II』(수원: 합신대학원출판부, 2012), 158-159.

40) Kevin DeYoung, 『왜 우리는 하이델베르크 교리문답을 사랑하는가』, 312.

41) Michael Scott Horton, 『십계명의 렌즈를 통해서 보는 삶의 목적과 의미』, 121; 박윤선, 『창세기·출애굽기 주석』(서울: 영음사, 1976), 552에 ① 믿음이 없는 형식적 기도 ② 자기 자신을 높이기 위하 설교 ③ 하나님을 위한다고 하면서 직업적으로 움직이는 교역(敎役) ④ 형식적 예배 행위 ⑤ 거룩한 종교적 서약을 지키지 아니함 등으로 해석한다.

42) 김진흥, 『교리문답으로 배우는 장로교 신앙』, 263; 윤석준, 『하이델베르크 요리문답 설교 3: 삼위 하나님과 우리의 위로』(서울: 부흥과개혁사, 2016), 101.

43) John Calvin, *Institutes of the Christian religion*, 원광연 역, 『기독교 강요 상』, II. viii(파주: 크리스챤다이제스트, 2003), 22-27. "22. 제삼 계명의 바른 이해, 23. 정당한 맹세, 24. 거짓 맹세는 하나님의 이름을 더럽히는 것임, 25. 쓸데없는 맹세, 26. 맹세를 금지하는 그리스도의 교훈에 대한 이해, 27. 공적인 맹세뿐 아니라 사사로운 맹세도 허용됨"으로 제3계명을 '맹세'와 관련하여 설명한다.

44) Kevin DeYoung, 『왜 우리는 하이델베르크 교리문답을 사랑하는가』, 315.

45) John Calvin, 『기독교 강요 상』, Ⅱ. viii, 26. 칼뱅은 재세례파의 맹세에 대한 오류를 잘 지적한다.

46) Kevin DeYoung, 『왜 우리는 하이델베르크 교리문답을 사랑하는가』, 316-317; 황원하, 『하이델베르크 요리문답 해설』, 444-445; 김진흥, 『교리문답으로 배우는 장로교 신앙』, 257; 김병훈, 『(소그룹 양육을 위한) 하이델베르크 요리문답 Ⅱ』, 170-171.

47) 이상원, 『21세기 십계명 여행』(서울: 토기장이, 2006), 97.

48) 김홍만, 『52주 스터디 하이델베르크 요리문답』(서울: 생명의말씀사, 2013), 289.

49) 김병훈, 『(소그룹 양육을 위한) 하이델베르크 요리문답 Ⅱ』, 160.

50) 정요석, 『하이델베르크 교리문답, 삶을 읽다(하)』(서울: 새물결플러스, 2018), 285-286.

51) 권율, 『올인원 십계명』(서울: 세움북스, 2019), 27.

52) 권율, 『올인원 십계명』, 56.

53) 안재경, 『십계명, 문화를 입다』, 67.

54) Edmund P. Clowney, 『예수님은 십계명을 어떻게 해석하셨는가』, 76.

55) Edmund P. Clowney, 『예수님은 십계명을 어떻게 해석하셨는가』, 75: 김지찬, 『데칼로그: 십계명, 어떻게 이해할 것인가』, 206.

56) 강영안, 『강영안 교수의 십계명 강의』, 138.

57) 김지찬, 『데칼로그: 십계명, 어떻게 이해할 것인가』, 172-173; 최영인, 『주기도문』(서울: 예사람, 2018), 60-79.

58) 김지찬, 『데칼로그: 십계명, 어떻게 이해할 것인가』, 204.

59) Kevin DeYoung, 『왜 우리는 하이델베르크 교리문답을 사랑하는가』, 313.

60) John Durham, 『출애굽기』, 478.

61) Michael Scott Horton, 『십계명의 렌즈를 통해서 보는 삶의 목적과 의미』, 119.

62) 황원하, 『하이델베르크 요리문답 해설』, 432.

안식일을 기억하여 거룩하게 지키라

זכור את־יום השבת לקדשו

# VI
# 제4계명, 분투(奮鬪)에서 안식으로

안식일을 기억하여 거룩하게 지키라 엿새 동안은 힘써 네 모든 일을 행할 것이나 일곱째 날은 네 하나님 여호와의 안식일인즉 너나 네 아들이나 네 딸이나 네 남종이나 네 여종이나 네 가축이나 네 문안에 머무는 객이라도 아무 일도 하지 말라 이는 엿새 동안에 나 여호와가 하늘과 땅과 바다와 그 가운데 모든 것을 만들고 일곱째 날에 쉬었음이라 그러므로 나 여호와가 안식일을 복되게 하여 그 날을 거룩하게 하였느니라

출 20:9-11

## 주일을 지키는 방식들

여러분은 주일 성수 하면 어떤 기억이 떠오르세요? “주일에는 돈 주고 사 먹으면 안 돼. 장사 해서 안 돼! 공부해서도 안 돼. 텔레비전을 보거나 오락을 즐기면 안 돼!”하며 아주 엄격하게 주일을 지키던 시절이 있었습니다. 반면 오늘날은 “진리가 너희를 자유케 하리니”라며 ‘주일성수’가 아닌 ‘주일출석’ 정도로 개념이 무너져 있기도 합니다. 오늘날 주일을 지키는 방식에 대한 그리스도인들의 태도는 크게 네 가지로 분류할 수 있습니다.[1]

첫째, 편의적 자유주의는 성경과 신학과는 상관없이 자신들의 편의에 따르는 입장입니다.

“나에게 주일은 안식일이 아니라 죽일 날이야! 구역장, 교사, 찬양대, 식당봉사를 하면서 지쳤다. 숨어 지낼 수 있는 큰 교회로 가자. 일단 우리부터 살고 봐야지!” 그래서 수개월 동안 인터넷으로 예배도 드리다가, 새로 출석하는 교회에 얼렁뚱땅 예배를 해치우고 맛집 찾아 점심도 먹고 영화도 보고 등산도 갑니다. 그러던 어느 날 눈물 콧물 흘리며 기도하고 예배하던 예전의 교회가 보였습니다. 차마 종탑 위의 십자가를 마주 볼 수 없어 황급히 고개를 떨굽니다. “내가 주일을 겨우 이렇게 보내려고 교회를 박차고 나온 건가?”

둘째, 신학적 확고한 검토가 없이 치우친 감성적 일원론의 입장입니다.

> 그러므로 형제들아 내가 하나님의 모든 자비하심으로 너희를 권하노니 너희 몸을 하나님이 기뻐하시는 거룩한 산 제물로 드리라 이는 너희가 드릴 영적 예배니라(롬 12:1)

“하나님께서 받으시는 예배는 좁은 의미에서 예배만 아니라 넓은 의미에서 삶 전체이다.” 나름대로 신앙생활도 열심히 하고 헌금생활도 적극적이고 구제와 선교활동도 열심히 합니다. 직장 탓에 평일에 움직이기 힘드니까 주일을 끼워 여행계획을 세워볼까 하는 생각을 합니다. 찾아간 여행지는 교회가 없는 경우도 많습니다. 결국 생각합니다. “모여서 찬송 부르고 성경 부르는 것만 예배가 아니야. 아름다운 자연을 보면서 창조주 하나님의 영광을 느끼고 그 오묘한 섭리를 찬양하는 게 더 예배다운 예배지.” 주일에 구애받지 않고 여행을 즐기고, 예배드리는 것 외에는 한 날을 따로 정해 지킨다는 것에 전혀 의미를 부여하지 않습니다.

편의적 자유주의나 치우친 일원론은 열성적인 그리스도인들에게 과도한 봉사와 헌신으로 인해 ‘주일’이 시쳇말로 ‘죽일 날’이 되니, 율법주의적 주일성수에 대한 ‘반동 심리’로 생겨났습니다. 최근에 혼자서 TV를 통해 화상예배를 드리면서 주일 공예배를 대체하거나, 교회를 나가지 않으면서 신앙을 가진 것으로 착각하는 소위 ‘가나안’(‘안나가’를 거꾸로 읽으며 희화한 말) 성도들에게 주일성수는 해도 되고 안 해도 되는 선택의 문제로 생각합니다.[2)]

셋째, 치우친 이원론주의는 하나님 나라와 세상 나라 사이의 날카로운 대립을 강조합니다. 거룩한 것과 세속적인 것, 종교적인 예배와 세속적 삶, 하나님을 향한 봉사와 인간을 위한 노동 등을 대립관계 내지는 상하관계로 봅니다. "경찰, 군인, 소방 공무원은 어떻게 해야죠? 주일에 치르는 영어 공증 시험, 공무원 시험 등에 응시해도 되나요?" 이들은 늘 이런 부분들이 두렵습니다.

넷째, 경험적 축복주의는 보수주의 신앙과 번영주의 신학을 함께 따르는 사람들의 견해입니다. 주일학교 때부터 주일성수하면 늘 감동적으로 들어왔던 단골 예화가 있죠? 에릭 리들입니다.

에릭 리들(Eric Henry Liddell)은 1902년 중국 천진의 스코틀랜드 선교사 가정에서 태어났습니다. 그는 1924년 파리 올림픽 100m달리기의 유력한 후보였지만 경기가 주일에 잡혀 출전포기를 했습니다. '편협하고 옹졸한 신앙인, 신앙을 소매 끝에 달고 다니며 신앙심 깊은 척하는 위선자'라며 그를 비난하는 기사들이 신문에 도배되었습니다. 하지만 며칠 뒤 그는 주종목이 아닌 400m에서 신기록을 세우며 금메달을 목에 걸었습니다. 이를 보며 "주일을 철저히 지키는 성경적 신앙에는 반드시 보상이 따른다"며 율법적이며 세속적인 주장을 합니다.

그러면 '안식일을 지킨다'는 진정한 의미를 살피기 위해 말씀의 숲 안으로 함께 들어가 보실까요?

## 제4계명의 본문

제1~3계명은 "~하지 말라"는 부정형으로 되어 있지만, 안식일에 관한 제4계명은 "~을 하라"는 긍정 명령형입니다. 그리고 십계명에서 제2계명과 함께 제4계명이 가장 긴 분량을 차지하고, 같은 십계명 중에도 유독 제4계명에서 출애굽기와 신명기 사이 차이가 많이 나는 이유가 뭘까요? 출애굽기의 십계명은 시내 산에서 하나님이 이스라엘 백성에게 직접 들려주신 계시의 말씀입니다. 반면 신명기의 십계명은 그들이 요단 강을 건너기 전에 들었던 모세의 마지막 설교입니다.[3] 출애굽기 십계명을 받은 백성들은 하나님의 능력으로 출애굽 사건을 경험한 당사자였습니다. 반면 애굽의 노예생활과 구원을 경험하지 못했던 출애굽 2세대들에게 그 끔찍함을 기억하게 하시면서 안식의 귀중함을 가르치려 하셨습니다.[4] 먼저 제4계명의 핵심적인 단어의 뜻을 살펴보겠습니다.

| 출 20:8–11 | 사역(私譯) | 신 5:12–15 | 사역(私譯) |
|---|---|---|---|
| זכור את־יום השבת לקדשו | 기억하라 / 안식일을 / 거룩케 함을 위해 | שמור את־יום השבת לקדשו | 지키라 / 안식일을 / 거룩케 함을 위해 |
| | | כאשר צוך יהוה אלהיך | 명한대로 / 여호와 너의 하나님이 |
| ששת ימים תעבד | 6일(간) 일하라(or 섬기라) | ששת ימים תעבד | 6일(간) 일하라(or 섬기라) |
| ועשית כל־מלאכתך | 그리고 모든 일을 하라. | ועשית כל־מלאכתך | 그리고 모든 일을 하라. |
| ויום השביעי שבת | 제7일은 안식일 | ויום השביעי שבת | 제7일은 안식일 |
| ליהוה אלהיך לא־תעשה כל־מלאכה | 여호와 너의 하나님께 속한(or ~을 위한) 하지 말라 / 모든 일을 | ליהוה אלהיך לא תעשה כל־מלאכה | 여호와 너의 하나님께 속한(or ~을 위한) 하지 말라 / 모든 일을 |
| אתהו ובנך־ובתך עבדך ואמתך | 너와, 네 아들, 네 딸, 네 남종, 네 여종, | אתה ובנך־ובתך ועבדך־ואמתך | 너와, 네 아들, 네 딸, 네 남종, 네 여종, |

| | | | |
|---|---|---|---|
| ואמתך | 네 가축, | ושורך וחמרך וכל־בהמתך | 네 소, 네 양, 네 모든 가축, |
| וגרך אשר בשעריך | 네 손님(은) / 네 문 안에 있는 | וגרך אשר בשעריך | 네 손님(은) / 네 문 안에 있는 |
| | | למען ינוח עבדך ואמתך כמוך | 쉬기 위하여 / 네 남종과 여종이 / 너처럼 |
| | | וזכרת כי־עבד היית בארץ מצרים | 그리고 기억하라 / 네가 종으로 있었던 것을 / 애굽 땅에서 |
| | | ויצאך יהוה אלהיך משם ביד חזקה ובזרע נטויה | 너를 데리고 나왔다 / 여호와 너의 하나님이 / 거기서 / 강한 손과 뻗은 팔로 |
| כי ששת־ימים עשה יהוה | 왜냐하면 6일(간) 창조했다 / (나)여호와가 | | |
| את־השמים ואת־הארץ את־הים | 하늘을, 땅을, 바다를, | | |
| ואת־כל־אשר־בם | 거기에 있는 모든 것을 | | |
| וינח ביום השביעי | 그리고 쉬었다 / 제7일에 | | |
| על־כן ברך יהוה את־יום השבת | 그러므로 복되게 했다 / (나)여호와가 / 안식일을 | על־כן צוך יהוה אלהיך | 그러므로 명한다 / 여호와 너의 하나님이 / |
| ויקדשהו | 그리고 거룩하게 했다 | לעשות את־יום השבת | 지키도록 / 안식일을 |

## 제4계명의 핵심 : 거룩

*** 기억하라(זכו, 자코르)**

‘기억하라’는 그냥 생각 정도가 아니라 언약의 대한 의무를 말하는 문맥에서는 ‘자세히 살피고, 착오 없이 무엇을 기억하고 행함으로 지키다’는 의미입니다.[5)]

*** 거룩하게 하라(קדש, 카도쉬)**

출애굽기 20:8절 한글 성경은 “거룩하게 지키라”하여 두 단어로 번역했습니다. 대부분의 영어 번역본들도 ‘지키라’를 넣어 ‘거룩하게 지키라’(to keep it holy)로 번역했습니다. 그러나 히브리어는 “거룩하게 하라”(to sanctify)한 단어입니다.[6)] 왜 출애굽기는 굳이 ‘지키라’를 첨가하여 번역했는지, 병행 본문인 신명기를 볼까요?

*** 지키라(שמור, 샤모르, 신 5:12)**

신명기는 “지켜 거룩하게 하라”, ‘지키라’는 동사가 명시적으로 나옵니다. 물론 이때 “지키라”는 단어는 행위적인 개념이 아니라 ‘어느 한 날을 성해서 그날을 특별하게 기념하라’는 의미입니다. 그러므로 신명기5장에서 말하는 안식일은 언약 백성이 특별하게 ‘기억해야’할 뿐만 아니라, 또한 특정한 날로 기념하여 ‘지켜야’한다는 결론입니다.[7)]

‘기억하든지 지키든지’ 제4계명에서 가장 중요한 단어는 무엇입니까? ‘거룩’입니다.[8)] ‘거룩’은 보통 윤리적으로나 도덕적으로 ‘깨끗함’을 생각하기 쉽습니다. 그런데 성경에서 말하는 ‘거룩하게 하라’는 동사는 ‘따로 떼어 두어라, 구별하라’는 의미입니다. 그런데 누구에게 떼어 놓느냐, 바로 여호와입니다. “일곱째 날은 네 하나님 여호와의 안식일”(출 20:10; 신

5:14)이라는 말씀에서 볼 수 있듯이 안식일의 주체는 인간이 아니라 여호와입니다.

엄마가 급한 심부름을 보내면서 아이에게 "너 한눈팔지 말고 빨리 다녀와" 할 때 한눈팔지 말라는 데 초점이 있나요, 아니면 빨리 다녀오라는 데 초점이 있습니까? 빨리 다녀오라는 데 초점이 있습니다. 이처럼 성경을 읽을 때도 이게 수사적인 표현인지 문자적인 해석이 필요한지 구분해야 합니다. 제4계명은 우리를 괴롭히는 데 초점이 있는 게 아니라 "얘들아, 이 날만이라도 나한테 집중해다오."하는 우리를 향하신 하나님의 구애요, 사랑의 표현입니다.[9] 안식일은 "나만 바라보라"는 하나님의 초대입니다. 그러므로 개혁교회의 예배 예전에 가장 첫 순서는 '예배로의 부름'이 먼저입니다.

어떻게 하면 안식일을 거룩하게 기억하며 지킬 수 있는지 말씀의 나무를 살피러 한 걸음 더 들어가 보시죠.

## 어떻게 안식일을 거룩하게 기억하며 지킬 수 있는가 : 창조와 구속, 안식, 언약
## 하나님의 언약 백성에게 주신 창조와 해방과 구원을 기억하고 지키라

**안식일 성수 이유**

| 창조 | 구원 |
|---|---|
| 이는 엿새 동안에 나 여호와가 하늘과 땅과 바다와 그 가운데 모든 것을 만들고 일곱째 날에 쉬었음이라 그러므로 나 여호와가 안식일을 복되게 하여 그 날을 거룩하게 하였느니라 (출 20:11) | 너는 기억하라 네가 애굽 땅에서 종이 되었더니 네 하나님 여호와가 강한 손과 편 팔로 거기서 너를 인도하여 내었나니 그러므로 네 하나님 여호와가 네게 명령하여 안식일을 지키라 하느니라 (신 5:15) |

흥미롭게도 우리가 안식일을 왜 지켜야 하는지 출애굽기와 신명기는 그 동기를 다르게 설명합니다. 먼저 출애굽기 20:11은 "엿새 동안에 나 여호와가 하늘과 땅과 바다와 그 가운데 모든 것을 만들고 일곱째 날에 쉬었음이라"는 창조사역에 근거합니다(창 2:1-3). 사람을 만드신 것이 창조의 완성이 아니라, 하나님과 사람과 모든 피조물들이 안식을 누리는 게 창조의 완성입니다.[10]

반면 신명기 5:15은 '기억하라'는 말로 시작하며 "네가 애굽 땅에서 종이 되었더니 네 하나님 여호와가 강한 손과 편 팔로 거기서 너를 인도하여 내었나니" 구원 사역의 성취를 근거로 합니다.[11] 안식일(the Sabbath day) 준수의 의미가 창조와 구원 사이에 인간의 죄로 인한 타락 사건이 있었기 때문에 창조 기념일에서 구원 기념일로 점진적인 계시의 발전이 이루어집니다.

정리하자면, 안식일은 하나님의 창조 사역이 완성되었음을 '기억'하는 날이고, 또 언약 백성에게 주신 구원과 해방을 '기억하고 지키는 날'입니다. 안식일을 '기억과 지킴'(memory and observance)으로, 출애굽기는 일과 쉼의 관점에서, 신명기는 하나님이 그분의 백성에게 베풀어 주신 구원과 해방의 관점에서 하나님이 베풀어 주신 은혜와 그 구원을 기억합니다.[12]

안식일을 지킨다는 것은 "이 천지 만물은 하나님이 창조하셨고 그 창조는 인간이 더 이상 손댈 것 없이 완전하다. 그리고 우리를 죄에서 구원하여 주신 주권자 하나님이 세상만물을 주장하시고 경영하시고 섭리하신다. 이 세상의 주인은 창조주인 하나님이며 이 세상은 하나님의 운영과 경영에 따라 다스려질 것이고, 인생은 그 세상의 한 부분이다."라는 신앙고백이 이 명령에 담겨 있습니다.[13]

## 아무 일도 하지 않고, 쉼을 통해 노예에서 자유인(예배자)로 참된 안식을 누려라 육체의 휴식 : 평소에 하던 일을 멈춤과 쉬어라

너나 네 아들이나 네 딸이나 네 남종이나 네 여종이나 네 가축이나 네 문안에 머무는 객이라도 아무 일도 하지 말라 이는 엿새 동안에 나 여호와가 하늘과 땅과 바다와 그 가운데 모든 것을 만들고 일곱째 날에 쉬었음이라(출 20:10-11)

"아무 일도 하지 말라", 안식을 뜻하는 히브리어 'שבת'(샤바트)는 '고요함, 쉼, 노동을 중단함, 그만두다, 정상적인 활동을 중단하다'는 뜻입니다.[14] 이 날을 주신 이유는 육체의 필요 때문입니다.[15] 제4계명의 안식일은 노예 상태에서 소망이 없던 이스라엘, 흑암과 죄악과 정욕의 쇠사슬에 매여 있던 자들을 건져 내사 새로운 안식의 세계, 평안의 세계, 영광의 세계로 이끌어 인도해 나가시는 하나님의 크신 경륜을 하나의 시간으로 나타내는 상징입니다.[16] 노예로 살 때는 쉬는 날이 없이 죽도록 땅의 일을 해야 합니다. 그러나 하나님께서 이스라엘을 자유인으로 하나님 백성으로 삼으시고 쉬게 합니다.[17] 말할 수 없이 강도 높은 노동을 감당했던 노예들에게 '안식과 쉼'이라는 개념은 아예 없었습니다. 쉴 수 없었던 히브리 노예들을 안식으로 초대하고 이것을 법제화하는 것은 가히 충격적인 내용입니다.[18] 더 혁명적인 사건은 "아무 일을 하지 말고 쉬라"는 명령을 받은 사람뿐만 아니라, 이 명령을 받은 사람에게 속한 모든 이들에게도 같은 배려를 해야 합니다.

## 약자를 위한 배려와 섬김 : 명령을 받은 사람에게 속한 이들도 함께 일을 멈추고 쉬도록 해라

**안식일 성수하는 대상**

| 출애굽기 | 신명기 |
|---|---|
| 일곱째 날은 네 하나님 여호와의 안식일인즉 너나 네 아들이나 네 딸이나 네 남종이나 네 여종이나 네 가축이나 네 문안에 머무는 객이라도 아무 일도 하지 말라 (출 20:10) | 일곱째 날은 네 하나님 여호와의 안식일인즉 너나 네 아들이나 네 딸이나 네 남종이나 네 여종이나 네 소나 네 나귀나 네 모든 가축이나 네 문 안에 유하는 객[19]이라도 아무 일도 하지 못하게 하고 네 남종이나 네 여종에게 *너 같이* 안식하게 할지니라(신 5:14) |

특히 신명기는 "너 같이"가 강조되어 있습니다. 네가 안식하듯이, 네가 그렇게 푹 쉬듯이 "너나 네 아들이나 네 딸이나 네 남종이나 네 여종이나 네 가축이나 네 문안에 머무는 객"마저도 쉬게 하라고 합니다. 먼저 자녀들과 함께 공예배를 드리는 게 제4계명을 제대로 행하는 겁니다. 출애굽기 목록에 비교해서 신명기는 안식해야 할 대상을 "네 소나 네 나귀나 모든 가축"으로 첨가할 뿐 아니라, 특히 마지막에 "네 남종이나 네 여종에게 너같이 안식하게 할지니라"를 한 번 더 반복함으로써 종들까지 쉬어야 한다고 거듭 강조합니다. 여기서 문안에 머무는 객은 "이방인이었지만 개종하여 이스라엘 백성과 함께 하나님을 섬기는 사람들을 말합니다." 그리고 나서 "애굽에서 종 되었던 기억을 하라. 쉬는 데 있어서는 어떤 사람도 예외 없이 모두가 평등하다."고 덧붙입니다.[20] '너 같이' 안식하라고 함으로써 안식일에 쉬는 것에는 주인이나 종이나 차별이 있어서는 안 된다는 점을 분명히 못 박고 있습니다.[21] 이것은 정치와 복지제도가 발달한 오늘날의 시각에서 볼 때도 깜짝 놀랄만한 명령 아닙니까?

종과 자녀의 차이

| 종 | 자녀 |
|---|---|
| 자기 수용과 가치 근거가 행위 | 신분 |
| 불안과 염려 | 가정의 안전한 삶에서 쉼을 |
| 일 솜씨 때문에 받아들임 | 신분으로 인해 근본적으로 당당함 |
| 능력과 행위에 소속 | 자녀 한 사람으로 신분자체 |
| 하루를 마칠 때 일로 가치를 입증할 때 마음이 편하다. | 내일에도 아무런 신분의 변화가 오지 않는다는 것을 안다. |
| 종은 일을 잘 못하면 실직한다. | 잘못하면 꾸중을 들을 수 있지만 버림을 당할까 두려워하지 않는다. |

안식의 날은 과도한 착취를 막고, 가진 자의 권력 남용을 막기 위해 하나님은 사람뿐 아니라 만물이 쉬도록 하셨습니다. 애굽의 종들을 구원해 주었던 것처럼, 너희들도 안식일을 통해 약자들을 배려하게 하셨습니다. 7년 만에 땅을 쉬게 하라는 것이나 희년 제도가 그런 경우입니다. 안식일은 탐욕을 버릴 수 없는 인간에게는 무척 어려운 제도입니다.[22)]

## 영적인 안식과 예배 : 하나님의 심장과 우리의 심장이 맞닿는 망극한 시간의 지성소

그동안 우리는 안식일이란 '아무 일도 하지 않는 날, 즉 쉬는 날' 쪽에 강조점을 두고 주로 해석해 왔기 때문에 '안식일을 쉬는 날'로만 보고 '여호와께 드려진 날', '거룩한 날'로 안식하지 못했습니다.

> 엿새 동안은 일할 것이요 일곱째 날은 쉴 안식일이니 성회의 날이라 너희는 아무 일도 하지 말라 이는 너희가 거주하는 각처에서 지킬 여호와의 안식일이니라(레 23:3)

"쉴 안식일이니 성회의 날", 하나님의 창조와 구원을 기뻐하고 감사하면서 예배드리는 것을 우리는 '영적 안식'이라고 부릅니다. 예배는 하나님을 창조주와 구원자로 인정하며, 높여 드리고, 감사하며, 기뻐하며, 찬양을 드리는 겁니다. 안식일에 '육체적 안식'을 취하는 것은 사실 '영적인 안식'을 위한 겁니다. 육체적 안식은 영적 안식의 그림자입니다.[23]

> 그들은 잠시라도 들어가서 성소를 보지 말라 그들이 죽으리라(민 4:20)
> 내 안식일을 지키고 내 성소를 귀히 여기라 나는 여호와이니라(레 19:30)

아브라함 헤셸(Abraham Joshua Heschel)은 안식을 '시간의 지성소'를 만드는 것이라고 표현했습니다. 이 성소에서 우리는 하나님을 만나고 하나님께 용서받고, 하나님의 은혜를 받습니다.[24] 공간의 성소를 함부로 범하는 자를 죽일 수밖에 없었다면(민 4:20; 19:20 참조), 시간 속의 성소인 안식일을 범하는 자도 죽일 수밖에 없습니다. 레위기 19:30의 말씀에서 안식일과 성소를 연결시키는 것은 이런 이유가 있습니다.

## 인약 : 안식일은 모세 언약의 상징

> 너는 이스라엘 자손에게 말하여 이르기를 너희는 나의 안식일을 지키라 이는 나와 너희 사이에 너희 대대의 표징이니 나는 너희를 거룩하게 하는 여호와인 줄 너희가 알게 함이라 너희는 안식일을 지킬지니 이는 너희에게 거룩한 날이 됨이니라 그 날을 더럽히는 자는 모두 죽일지며 그 날에 일하는 자는 모두 그 백성 중에서 그 생명이 끊어지리라 엿새 동안은 일할 것이나 일곱째 날은 큰 안식일이니 여호와께 거룩한 것이라 안식일에 일하는 자는 누구든지 반드시 죽일지니라(출 31:13-15)

출애굽기 31장에 안식일에 대한 말씀이 있습니다. 여기서 "대대의 표징"이라는 표현은 16-17절에서 "영원한 언약"과 "영원한 표징"으로 이어집니다.[25] 안식일은 일과 쉼의 문제가 아니라 영원하신 창조주 하나님과 이스라엘 관계는 이스라엘이 안식일을 어떻게 대하느냐로 가늠합니다. "너희 사이에 너희 대대의 표징이니"[26]라고 하셨습니다. 안식일은 여호와 하나님과 이스라엘 백성들 사이에 맺어진 언약의 조건입니다. 하나님께서 이스라엘이 안식일을 지키면 복을 주시고 지키지 않으면 복을 주시지 않을 것임을 보여줍니다.[27] 그래서 '안식을 어기면 죽이라'(출 31:14, 15)는 명령이 두 번이나 반복됩니다. 이처럼 안식일 준수는 어떤 종교적 절차 하나를 지키고 지키지 않고의 문제가 아닙니다. 그것은 생명의 유지에 필수적인 조건이었습니다.

## 안식일이 아닌 6일 동안 열심히 일해야 한다

출애굽기 20:9은 "엿새 동안은 힘써 네 모든 일을 행할 것이나"라고 말씀합니다. 자세히 볼까요? '힘써'(עשה, 아싸)라는 단어가 '엿새 동안' 앞에 있습니다.[28]

> 아담에게 이르시되 네가 네 아내의 말을 듣고 내가 네게 먹지 말라 한 나무의 열매를 먹었은즉 땅은 너로 말미암아 저주를 받고 너는 네 평생에 수고하여야 그 소산을 먹으리라 땅이 네게 가시덤불과 엉겅퀴를 낼 것이라 네가 먹을 것은 밭의 채소인즉 네가 흙으로 돌아갈 때까지 얼굴에 땀을 흘려야 먹을 것을 먹으리니 네가 그것에서 취함을 입었음이라 너는 흙이니 흙으로 돌아갈 것이니라 하시니라(창 3:17-19)

인간의 죄 때문에 노동이 고달프고 힘든 것이 되기는 했습니다. 하지만 인간이 다시 구원을 얻으면 인간의 노동 자체도 본래의 의미를 회복합니다. 노동은 인간의 특권이며 책임입니다. 신자는 주일을 위해서 나머지 날들을 잘 사용해야 합니다. 월요일부터 토요일까지 자기 일에 충실하지 못하다가 주일에 허둥지둥 그 일을 하는 것은 제4계명을 어기는 일입니다.

안식일에 평소 하던 일을 멈추기 위해서는 나머지 6일 동안 열심히 일해야 합니다. 그러므로 주일 공예배를 마친 후부터 다음 주일 공예배 때까지 모든 날과 시간들 역시 새 창조의 질서에 속한 것으로 여기고 마땅히 우리 인생을 효과적으로 수행하여 하나님의 경륜을 이루어 가는 일에 전적으로 사용해야 합니다.[29]

### 안식일에서 주일로 영속성 : 안식일이 먼저냐 안식일 계명이 먼저냐

그런데 안식일을 거룩하게 지키라는 제4계명이 먼저 선포되었을까요? 아니면 이 안식을 지키는 훈련이 먼저 있었을까요?

> 볼지어다 여호와가 너희에게 안식일을 줌으로 여섯째 날에는 이틀 양식을 너희에게 주는 것이니 너희는 각기 처소에 있고 일곱째 날에는 아무도 그의 처소에서 나오지 말지니라 그러므로 백성이 일곱째 날에 안식하니라(출 16:29-30)

이스라엘 백성이 홍해를 건너 광야 생활을 할 때 하나님께서 매일 매일 만나를 내려주셨습니다. 그 만나를 거두는 규칙이 각자 먹을 만큼만 거두고 남기지 말아야 하고, 엿새째 되는 날은 이틀 치를 거두어 일곱째 날에 먹도록 했습니다. 만나는 안식을 지키는 실물교육이었고, 체험학습 현장이었습니다. 하나님께서는 이렇게 일곱째 날에는 쉬는 법을 몸으로 익히게 만드신 후에 시내 산에서 십계명으로 공식 선포를 하셨습니다. 어떤 의미에서는 광야 생활, 아니 이스라엘 역사 전체가 이 안식일을 위해 존재한다 해도 틀린 말이 아닙니다.

## 안식일 규례의 율법주의화와 안식일의 주인 되시는 예수님

제4계명은 '아무 일도 하지 말라' 했지만, 십계명에서 안식일에 해서는 안 되는 일을 구체적으로 규정하지 않습니다. 그래서 유대인들은 '장로들의 유전'이라고 불리는 구전법을 통해 안식일에 해서는 안 되는 일의 목록을 점진적으로 발전시켰습니다. 미쉬나(Mishnah)에 39가지의 금지된 일의 규정은 다음과 같습니다.[30]

(1) 씨 뿌리는 일 (2) 밭가는 일 (3) 수확하는 일
(4) 곡식 단 묶는 일 (5) 타작하는 일 (6) 키질하는 일
(7) 곡식 고르는 일 (8) 맷돌질 (9) 체질하는 일
(10) 반죽하는 일 (11) 빵 만드는 일 (12) 양털 깎는 일
(13) 표백하는 일 (14) 짐승 털 다듬는 일 (15) 염색하는 일
(16) 물레 돌리는 일 (17) 끈으로 고쳐 매는 일
(18) 바늘귀 꿰는 일 (19) 모직물 직조하는 일
(20) 분류하는 일 (21) 끈 매는 일 (22) 푸는 일
(23) 바느질하는 일 (24) 찢는 일 (25) 사냥하는 일
(26) 짐승을 잡는 일 (27) 기죽 벗기는 일
(28) 고기를 소금에 절이는 일 (29) 기죽 처리하는 일
(30) 닦는 일 (31) 자르는 일 (32) 글씨 쓰는 일

(33) 지우는 일 (34) 건축하는 일 (35) 허무는 일
(36) 짐 나르는 일 (37) 불 켜는 일 (38) 불 끄는 일
(39) 안식일 전에 시작했던 일을 끝마치는 일.

위에 나온 일들은 전부 우리의 의식주, 즉 생존과 관련된 중요한 일들입니다. 즉, 일상과 관련된 어떤 일도 해서는 안 된다는 의미입니다. 유대인들의 안식일에 대한 율법주의적 태도는 예수님과 충돌할 수밖에 없었습니다. 한 예로 안식일에 밀밭 사이로 지나다 이삭을 자르는 모습을 보고 바리새인들이 제자들을 비난하자 예수께서 하신 말씀은 율법주의적 안식일 성수의 문제점이 무엇인지 잘 보여줍니다.

안식일에 예수께서 밀밭 사이로 지나가실새 그의 제자들이 길을 열며 이삭을 자르니 바리새인들이 예수께 말하되 보시오 저들이 어찌하여 안식일에 하지 못할 일을 하나이까 예수께서 이르시되 다윗이 자기와 및 함께 한 자들이 먹을 것이 없어 시장할 때에 한 일을 읽지 못하였느냐 그가 아비아달 대제사장 때에 하나님의 전에 들어가서 제사장 외에는 먹어서는 안 되는 진설병을 먹고 함께 한 자들에게도 주지 아니하였느냐 또 이르시되 안식일이 사람을 위하여 있는 것이요 사람이 안식일을 위하여 있는 것이 아니니 이러므로 인자는 안식일에도 주인이니라(막 2:23-28)

위의 말씀은 "첫째, 굶주려서 목숨이 위태로울 때에는 율법을 지키지 않은 구약의 사례가 있다. 제사장 외에는 먹을 수 없는 진설병을 다윗과 그 부하들이 먹었다. 둘째, 안식일이 사람을 위해 있는 것이지 사람이 안식일을 위해 있는 것이 아니라며 안식일의 원래 정신을 다시 확인해 주셨다. 마지막으로 예수는 인자로서 하나님이 정한 법도 바꿀 수 있다."는 점을 분명히 합니다.[31]

## 구약의 안식일과 신약의 주일의 영속성 : 안식일과 주일의 명칭

우리 그리스도인이 사용하는 주일이라는 표현은 누가 처음에 사용했을까요? 마틴 루터나 츠빙글리 같은 종교 개혁가들일까요? 아니면 아우구스티누스 같은 교부들이었을까요?

**① 제자들과 사도들: 구약의 안식일이 어떻게 주일로 바뀌었는가?**

> 안식일이 다 지나고 안식 후 첫날이 되려는 새벽에 막달라 마리아와 다른 마리아가 무덤을 보려고 갔더니(마 28:1)
> 이 날 곧 안식 후 첫날 저녁 때에 제자들이 유대인들을 두려워하여 모인 곳의 문들을 닫았더니 예수께서 오사 가운데 서서 이르시되 너희에게 평강이 있을지어다(요 20:19)

예수 그리스도께서 안식 후 첫날 부활하셨습니다. 막달라 마리아와 다른 마리아가 주를 처음 뵈었고, 제자들의 모임을 가지는 것도 안식 후 첫날 부활하신 날이 되었습니다. 그래도 수천 년 우리 조상이 지켜오던 안식일인데 그날만은 지키자, 어떻게 안식일을 안 지킬 수 있느냐는 주장이 나왔습니다. 그렇게 주일을 주장하는 사람과 안식일을 주장하는 사람 가운데 충돌이 있었습니다. 그런 충돌의 흔적을 골로새서에서 볼 수 있습니다.[32]

> 그러므로 먹고 마시는 것과 절기나 초하루나 안식일을 이유로 누구든지 너희를 비판하지 못하게 하라 이것들은 장래 일의 그림자이나 몸은 그리스도의 것이니라(골 2:16-17)

절기나 초하루나 안식일, 이런 것은 장래 일의 그림자라고 합니다. 예수님이 그 안식일의 주인이십니다.[33] 여기서 장래 일이란 예수님 오시는 사건을 의미합니다. 그리고 몸은 그리스도의 것이라고 합니다. 몸과 그림자 중에서 무엇이 중요합니까? 당연히 몸입니다. 그림자는 허상과 실체를 가늠하는 하나의 모형에 불과한 것이기 때문입니다. 아파트 모델하우스는 앞으로 어떤 아파트를 지을지 보여 주는 모형입니다. 하지만 아파트 단지가 지어진 다음에는 더 이상 존재 이유가 없습니다. 그 모델하우스가 지향하고 있던 실체가 완성되었기 때문에 허물어 버립니다.

지금으로부터 이천 년 전 안식일마다 기억하며 기다리던 어린양, 안식일의 주제요, 주인이신 예수 그리스도가 역사 속에 오셨습니다. 실체가 오셨으니 모형으로 쓰던 것들은 더 이상 필요하지 않습니다. 안식일에 담겼던 메시아의 실체를 봄으로써 우리는 더 이상 이 안식일을 지키지 않아도 됩니다. 그러니까 이날은 폐지된 것이 아니라 완성되었습니다.[34]

주의 날에 내가 성령에 감동되어 내 뒤에서 나는 나팔 소리 같은 큰 음성을 들으니(계1:10)

무엇보다도 사도 요한이 성령에 감동되어 일곱 교회의 계시를 본 것이 '주의 날' 바로 '주일'이었습니다. 요한계시록 1:10에 나오는 '주의 날'이 지금 우리가 말하는 주일의 효시입니다. 요한계시록을 기록한 연대가 주후 90-96년경입니다. 이미 2세기 즈음부터 사도들과 제자들이 계속 이 날을 지켜 왔다는 걸 의미합니다.

구속사의 발전에 따라 창조의 완성인 주간의 마지막 7일에서 구속의 완성인 주간의 첫날로 바뀌었지만, 일주일 중의 하루를 안식일로 거룩하게 지켜야 한다는 내용은 동일합니다. 원리 면에는 변함이 없습니다.[35] 초대교회가 안식일보다 안식 후 첫날을 지켰던 것은 "예수 그리스도의 부활"이 초대교회 성도들에게 매우 큰 의미를 지녔기 때문입니다.

### ② 종교개혁가들: 구약의 안식일은 신약의 주일은 영속성이 있는가?

| 루터 | 칼빈 |
| --- | --- |
| "안식일 계명은 주일과 상관없다. 안식일을 준수하는 의식적 전통에 대한 것이지 안식일 고유의 의미까지는 아니다." | "안식일의 의식적인 부분은 그리스도가 오심으로 폐지되었다. 그러나 신학적 의미가 함께 폐지되지는 않았다."[36] |

중세시대의 미신적인 미사와 율법적인 주일 성수라는 역사적 종교적인 상황을 고려할 때 충분히 이해가 갑니다.

### ③ 청교도들: 구약의 안식일은 신약의 주일에 영속성이 있는가?

조나단 에드워즈, 찰스 핫지 등 청교도들은 주일과 안식일 사이에는 신학적 영속성이 있으며, 주일은 안식일 제도의 영속선상에 있다고 봤습니다. 주일성수에 대한 엄격주의로 유대인들의 안식일 개념을 율법적으로 적용하므로 회귀한 측면이 있습니다. 역사적 배경에서 보면 충분히 이해가 갑니다.[37]

한 세대 이후 영국의 청교도들은 '안식일과 주일의 관계'에 관하여 칼뱅 및 선배 종교개혁자들이 가지고 있던 모순을 해결하였다고 평가됩니다. 제4계명은 '모든 시대 모든 사람들에게 구속력을 갖는 계명'이며, 특히 '예배의 시간'을 명령하는 계명으로 보았습니다. 매주의 안식일은 하나님에 대한 공적인 예배를 위하여 따로 떼어놓았다는 의미에서 여전히 '거룩'하게 구별되어 지켜져야 했습니다. 주일을 '영혼을 위한 장날'(market day for the soul)이라고 불렀던 청교도의 유명한 관습이 그 사실을 잘 보여줍니다.[38]

웨스트민스터 신앙고백(Westminster Confession of Faith) 21장 7항

일반적으로 하나님을 예배하기 위하여 합당한 시간을 따로 구별해두어야 하는 것은 자연법칙에 속하는 일인데 하나님께서는 그분의 말씀 가운데서도 모든 세대의 모든 시림들에게 구속력이 있는 적극적이며 도덕적이며 영속적인 계명으로, 주로 일곱 날 중 하루를 안식일로 정하여 그분을 향해 거룩히 지키도록 지정하셨다. 이날은 창세로부터 그리스도의 부활 때까지 일주일의 마지막 날이었는데 그리스도의 부활 이후부터는 일주일의 첫째 날로 바뀌게 되었다. 성경에서는 이날을 주일이라고 부르는데 이날은 세상 끝날까지 기독교의 인식일로 지속되어야 한다.

청교도들은 정치적인 박해에 시달렸습니다. 노동자들은 저임금 근로에 시달리며 쉬지 못할 때였습니다. 이때 그들은 주일성수 문제가 쉬웠을까요? 이런 역사적 상황을 겪으면서 1643-1647년 웨스터민스터 기준 문서들은 주일성수에 대한 언급을 많이 담습니다. 주일과 안식일을 구분한 종교개혁자들과는 달리 청교도들은 주일을 "구약의 안식일 정신을 계승한 날"로 보았습니다.[39]

주일을 '기독교 인식일'(The Christian Sabbath)이라고 규정한 웨스트민스터 신앙고백의 가르침의 의미가 무엇인지 우리는 깊이 고민해야 합니다. 청교도는 오늘날 교회가 신약의 주일을 안식일로 칭하도록 이론 배경을 제시해 주었고, 안식일을 어떻게 보내야 하는지 최소한의 가이드라인을 제공해주었습니다.[40] 한국 교회가 엄격한 주일성수 개념을 가진 이유도 바로 이런 청교도 신앙을 가진 선교사님들이 전래한 신앙 때문입니다.

헌법적 규칙 제4조 주일 예배회

5. 주일에 음식을 사 먹거나 모든 매매하는 일은 하지 말며 연회나 세속적 쾌락을 삼가며 힘써 전도, 위문, 기도, 성경과 종교 서적 열람하는 일로 시간을 보내어야 한다.

예배모범 – 제1장 주일을 거룩히 지킬 것

3. 먹을 것까지라도 미리 준비하고 이 날에는 가족이나 집안 사환으로 공동 예배하는 일과 주일을 거룩히 함에 구애가 되지 않도록 함이 옳다.

종교개혁가와 청교도들이 가졌던 원리와 정신이 담겨 있으면서도 우리 시대에 적실성을 갖는 신앙고백이 필요한 때입니다.[41] 하이델베르크 요리문답 제103문을 통해 오늘날 주일을 어떻게 적용을 할지 살펴볼까요?

## 하이델베르크 요리문답의 창(窓)으로

하이델베르크 요리문답

제 103문 제 4계명에서 하나님께서 요구하시는 것이 무엇입니까?

답 첫째, ❶ 복음의 사역과 가르치는 일이 지속되고, ❷ 특별히 내가 안식의 날에 하나님의 교회에 부지런히 참석하여, ❸ 하나님의 말씀을 듣고, ❹ 성례에 참여하고, ❺ 공적으로 여호와의 이름을 부르고, ❻ 구제를 실천하는 일입니다.

둘째, 나의 일생동안에 악한 행위를 중지하고, 여호와께서 성령을 통하여 내 안에 역사하시도록 하여 이 세상의 생애에서 영원한 안식을 시작하게 하는 일입니다.

주일을 어떻게 지켜야 하는가? 웨스트민스터 대요리문답은 해서는 안 될 것들을 강조했다면, 하이델베르크 요리문답은 해야 할 것들을 강조합니다. 제4계명을 통해 하나님이 우리에게 원하시는 것을 크게 "예배와 영원한 안식" 두 가지로 나누어 설명합니다.

## 첫째, 하나님의 말씀을 듣고 공부하고 예배를 드림과 동시에 구제를 실천하는 날

안식일이 필요한 가장 큰 이유는 바로 하나님께서 당신을 위해 일하실 예배의 기회와 시간을 주시기 위해서입니다.[42] 주일 성수란 " ❶ 복음의 사역과 가르치는 일이 지속되고, ❷ 특별히 내가 안식의 날에 하나님의 교회에 부지런히 참석하여, ❸ 하나님의 말씀을 듣고, ❹ 성례에 참여하고, ❺ 공적으로 여호와의 이름을 부르는" 일입니다. 우리는 주일에 최선을 다하고 있습니까? 주일 공예배는 너무 중요합니다. 땅만 보며 열심히 살던 사람들이 하늘을 바라보는 시간입니다. 우리의 힘으로 살려고 했던 교만을 내려놓고 하나님의 능력을 의지하고 하나님의 도우심을 구하는 귀한 시간입니다. "하나님 내가 추구하고 애를 썼지만 나의 힘만으로 나의 노력과 재주만으로는 할 수 없습니다. 하나님 긍휼히 여겨 주십시오." 예배 속에 이런 탄원이 있습니다.

하이델베르크 요리문답은 주일 공예배에 참여하는 것에 그치지 않고, 교회의 회원으로서 교회의 여러 일에 참여하는 것까지 포함합니다. 구약 시대에 안식일에 성전에서 일하는 것은 안식일 규례에 저촉되지 않았듯이 은사에 따라 식사 준비, 청소, 교사나 찬양대 봉사 등 여러 일을 감당해야 교회가 유지됩니다.[43] 예배와 교회 봉사에서 한 걸음 더 나아가서 가난한 자들에게 기독교적인 자선을 베푸는 사랑의 실천까지 말합니다. 이러한 자선은 예배시간에 헌금(연보)을 함으로써 가능합니다(고전 16:2).

주일성수를 하며 힘써야 할 일이 무엇인지 "웨스터민스터 신앙고백서"와 이를 기초로 작성한 교단 헌법의 예배 모범을 한 번 비교해 볼까요?

**웨스터민스터 신앙고백서 제21장 8항**

하나님의 백성은 주님을 위하여 안식일을 거룩히 지켜야 하나니.

① 그들은 마음을 준비하고 주일을 거룩히 지키는 데 지장이 없도록 일반적인 사업을 미리 정돈해 놓고

② 세상 사업과 오락에 관한 말과 생각과 행위를 일체 중단하고 안식할 것이며

③ 그 날의 모든 시간은 공적 예배와 사적 예배를 위하여 또는 부득이한 책임과 자비 시행을 위하여 사용해야 한다.

**예배모범 - 제1장 주일을 거룩히 지킬 것**

6. 이와 같이 엄숙한 태도로 공식 예배를 마친 후에는 이 날 남은 시간은 기도하며 영적 수양서를 읽되 특별히 성경을 공부하며 묵상하며 성경 문답을 교수하며 종교상 담화하며 시편과 찬송과 신령한 노래를 부를 것이요 병자를 방문하며 가난한 자를 구제하며 무식한 자를 가르치며 불신자에게 전도하며 경건하고 사랑하며 은혜로운 일을 행함이 옳다.

주일에 힘써야 할 공적인 의무는 "하나님의 백성이 모여 공예배에 참석한다." 공예배를 마친 이후를 어떻게 하는지 보세요. "특별히 성경을 공부하며 묵상하며 성경 문답을 교수하며 종교상 담화하며 시편과 찬송과 신령한 노래를 부를 것이요 병자를 방문하며 가난한 자를 구제하며 무식한 자를 가르치며 불신자에게 전도하며 경건하고 사랑하며 은혜로운 일을 행함이 옳다." 주일성수는 설교만 듣는 것이 아니라 성경과 교리 공부를 하고 환우 심방, 구제와 전도까지 해야 합니다.

주일에 힘써야 할 사적인 의무는 공적 의무인 예배 후 가정에 돌아와 가족과 함께 기도를 드리고, 성경을 읽으며 묵상하고 또 그 날의 설교 말씀에 대해 토론하거나 성경을 강론합니다. 여러분, 자녀에게 그 날의 설교를 묻고 함께 적용하며 주일 성수를 하고 있습니까?

안식일이 존재를 위한 시간이라면, 가정은 존재를 위한 공간입니다. 안식일이 신의 시간이라면 가정은 신의 공간입니다. 이처럼 안식일은 존재의 시간이자, 신의 날입니다. 이 같은 의미에서는 안식일과 주일은 같다고 말할 수 있습니다.[44)]

## 둘째, 안식일 정신이 평생 반영되고, 장차 있을 완전하고 영원한 안식을 바라보는 날

장차 오실 예수님을 통해 영원한 안식을 누릴 것을 기대하고 바라보는 믿음이 제4계명 속에 포함되어 있습니다.[45)] 하이델베르크 요리문답은 주일은 “나의 일생동안에 악한 행위를 중지하고, 여호와께서 성령을 통하여 내 안에 역사하시도록 하여 이 세상의 생애에서 영원한 안식을 시작하게 하는 일”을 하는 날이라고 합니다.[46)] 주일은 장차 천국에서 누리게 될 영원하고 완전한 안식을 미리 맛보고 훈련하는 시간입니다. 주일은 그리스도 안에서 일부분 완성된 안식을 기념하며, 또한 동시에 미래에 가져다주실 참된 안식을 소망하는 날입니다.[47)] 주일은 이미 임한 안식을 기념할 뿐만 아니라 우리가 최후에 맞게 될 완전한 ‘주의 날’을 바라보는 날입니다. 신약의 안식일을 지키는 일은 바로 그 아직 남아 있는 안식을 바라보는 의미가 있습니다. 주일은 다시 임할 또 다른 주의 날인 재림을 바라보는 날입니다.

이미 믿는 우리들은 저 안식에 들어가는도다(히 4:3)
그런즉 안식할 때가 하나님의 백성에게 남아 있도다(히 4:9)

영원한 안식은 주 예수 그리스도의 재림으로 가능합니다. 하지만 우리는 이 땅에서 주일을 지킴으로 영원한 안식을 미리 맛보면서 마지막 날에 이루어질 영원한 안식의 실현을 열렬히 사모합니다.[48] 안식일 지키기는 그리스도인의 향연이 일시적인 동시에 영원하다는 변증법적 진리를 가르쳐 줍니다. 우리가 매주 하는 안식일 축하는 하나님의 영원한 임재를 더 잘 깨달을 수 있도록 도와줍니다. 그러나 주일이 지나고 월요일이 온다는 사실은 우리의 짧은 안식일 축하가 언젠가 하나님 앞에서 누릴 영원한 향연의 맛보기일 뿐이라는 것을 계속해서 상기시켜 줍니다.[49]

## 우리를 지켜주는 안식일

믿음의 동역자 여러분! 마르바 던은 <안식>이라는 책에서 “우리가 안식일을 지키는 것이 아니라 사실은 안식일이 우리를 지켜주는 것이다”라고 합니다. 안식일 명령은 경쟁사회 속에서 살아가는 우리에게는 다소 부담스러울 수 있습니다.

제4계명이 없었다면 많은 사람이 일의 노예, 일중독(work-holic)이 되었을 겁니다. 제4계명이 없었다면 쉬지 않고 공부해야 된다는 착각, 쉬지 않고 일해야 부자가 될 것이라는 착각, 쉬지 않고 무엇인가에 매달리면 반드시 그 일에 최고가 될 것이라는 착각에 빠졌을 겁니다.[50] 우리에게 편리한 휴대폰이 오히려 사람을 쉬지 못하게 합니다. 주위를 돌아보면 일과 쉼이 구분이 안 되는 현대판 노예들이 너무 많습니다. “수험생이 주일 하루를 공부하지 않고 쉴 때, 사업을 하는 사람들이 큰 이익을 낼 수 있지만 일을 하지 않을 때, 탐욕 때문에 쉬는 것 같은데 불안합니다.

안식일에 일하지 않고 모든 것을 하나님께 맡긴다면, 편안하게 그날을 하나님이 복 주시는 날로 즐거운 날로 보낼 수 있을 텐데, 하나님에 대한 신뢰, 하나님께 모든 것을 맡기는 믿음이 없기 때문에 안식일이 짐이 됩니다.[51] 하나님은 우리에게 안식일을 선물로 주셔서 쉬라고 했는데도, 하나님을 믿지 못하고, 의지하지 못하는 불신앙 때문에 쉬지 못합니다.[52]

결국 주일을 지키는 것은 믿음의 문제입니다. 무엇을 믿고 살 것인가의 선택입니다. 가게 문을 하루 닫을 때 하나님께 자신의 삶을 전적으로 위탁해야 합니다. 우리의 생존이 우리 열심이 아닌 하나님 손에 달려 있음을 믿음으로 표현하는 일입니다. 세상의 논리, 세상의 박자에 내가 같이 춤을 추지 않겠다는 결의입니다. 최선을 다하지만 하나님이 역사하실 여백을 남겨놓겠다는 믿음의 고백입니다.

> 그러므로 나 여호와가 안식일을 복되게 하여 그 날을 거룩하게 하였느니라 (출 20:11)

하나님께서는 그의 선민들이 다른 날에 할 수 있는 날보다 더 높은 수준의 지혜와 통찰력을 받아들일 수 있는 향상된 영적인 능력을 맛보는 날로 안식일을 구별 시키셨습니다. 복되게 하심과 거룩하게 하심, 구별하심은 안식일을 지키는 자에게 주실 축복의 예언입니다.

여러분! 주일을 삶의 본질적인 영혼의 쉼터로 생각하세요? 말씀의 능력으로 재무장되어지는 날로 구별시키고 있습니까? 십계명은 애굽의 종 되었던 집에서 인도하여 낸 여호와께서 주신 계명입니다. 노예로 있을 때 주어진 십계명이 아니고 자유인이 되었을 때 주신 계명입니다. 노예에게는 자유가 없습니다. 히브리인들이 애굽에 살 동안에는 허리를 펼 날이 없었습니다. 진정한 자유인은 쉼을 누려야 자유인입니다.

아직도 주일에 쉬지 않고 일을 하십니까? 주일성수가 힘드세요? 안타깝지만 "나는 여전히 애굽의 노예입니다."하는 자기선언입니다. 한 번

두 번 주일을 지키지 못한다면, 참된 안식을 누리지 못한다면, 주일성수의 리듬을 잃어버린다면, 목사라도 회복하기가 힘듭니다. 주일을 '주님의 날'로 고백하지 않는 사람에게 결국 일요일은 '나의 날'입니다. 그런 사람든 절대로 참된 안식이 무엇인지 깨닫지 못해요.

구약에서는 안식일이 한 주간의 마지막 날이었지만, 신약에서는 주일은 한 주간의 시작 날입니다. 구약에서는 일하고 쉬었지만, 신약에서는 쉬고 일하러 나갑니다. 이는 안식일을 일에까지 확장해야 한다는 뜻입니다. 이로써 신자는 6일 동안 힘써 일하는 것이 타락으로 인한 징벌이 아니라 구원의 소재가 됩니다. 주일은 '오직 행위'가 지배하는 세상 속에서 '오직 은혜'를 찬양하는 보루입니다. 주일에 성도가 함께 모여 예배하는 것과 교제하는 것이야말로 죽음을 양산하는 세상 문화를 대항하는 생명의 문화가 아닐 수 없습니다. 주일은 그 어떤 것도 생산해 내지 않는 날이지만 동시에 모든 것을 새롭게 하는 날입니다. 주일은 아무것도 하지 않으면서 모든 것을 하는 날입니다.

주일은 부활의 기쁨을 누리는 날입니다. 신약의 교회에 주신 압권 중의 압권은 죽음의 위협과 죽음이 짓누르는 그 권세 앞에서 자유를 얻는 것, 부활의 권능 아래 있는 겁니다. 죽음의 위력에 짓눌리면 안식은 없습니다. 매일 매일이 천국이 되게 하는 삶이 가능함을 믿음으로 경험하셔서 하나님의 리듬에 맞춰 춤을 추고 천국을 누릴 뿐 아니라 주일날 안식의 절정을 누리고 축제의 장이 되게 하시기 바랍니다. 그래서 여러분의 염려와 근심과 두려움이 이 예배 속에 완전히 사라지고 분투에서 참된 안식과 천국을 누리며 승리하시기를 바랍니다.

주일 중심, 예배 중심이 여러분의 삶에 핵심적 리듬이 되길 바랍니다. 세상의 끝없는 부추김에 빠져들지 말고 저항하셔야 합니다. "하루를 쉬어도 망하지 않는다. 나를 의지해라. 내가 너를 돕겠다. 너를 인도하겠다"는 명료한 주님의 음성을 듣고 공예배 안에서 참된 안식을 누릴 수 있기를 바랍니다.

설교 시청 가이드

2019년 9월 1일(주일),
사월교회당의 공예배에서 강론된
"제4계명, 분투(奮鬪)에서 안식으로"(출20:8-11)는
대한예수교장로회 사월교회 홈페이지(www.sawolch.com)와
오른쪽의 QR코드를 통해 언제든지 시청할 수 있습니다.

A Guide to Sermon Video

# 미주

1) 김남준,『성수주일; 청교도의 주일성수, 그 평가와 계승』(서울: 익투스, 2015), 15-29.
2) 김지찬,『데칼로그: 십계명, 어떻게 이해할 것인가』(서울: 생명의말씀사, 2016), 216-217.
3) John Durham, *Word biblical commentary Exodus*, 손석태, 채천석 역,『출애굽기』(서울: 솔로몬, 2000), 478.
4) 황원하,『하이델베르크 요리문답 해설』(평택: CNB, 2015), 453.
5) John Durham,『출애굽기』, 478.
6) 윤석준,『하이델베르크 요리문답 설교 3: 삼위 하나님과 우리의 위로』(서울: 부흥과개혁사, 2016), 125.
7) Duane L. Christensen, *Word Biblical Commentary Deuteronomy*, 정일오 역,『신명기 상』(서울: 솔로몬, 2003), 329; 김홍전,『십계명 강해』(서울: 성약출판사, 2008), 115-117; 송영찬,『시내산 언약과 십계명: 출애굽기의 메시지』(서울: 깔뱅, 2006), 234; 신명기에서는 "네 하나님 여호와가 네게 명령한 대로"라는 어구를 덧붙여 이 계명을 지켜야 할 당위성을 더 강조한다.
8) 강영안,『강영안 교수의 십계명 강의: 십계명이 열어 보인 삶의 길, 자유의 길』(서울: IVP, 2009), 143
9) 송태근,『쾌도난마 십계명』(서울: 지혜의샘, 2015), 70-17.
10) 김홍만,『52주 스터디 하이델베르크 요리문답』(서울: 생명의말씀사, 2013), 292.
11) 김진흥,『교리문답으로 배우는 장로교 신앙』(서울: 생명의 양식, 2017), 275.
12) 강영안,『강영안 교수의 십계명 강의』, 144; 김지찬,『데칼로그: 십계명, 어떻게 이해할 것인가』, 221.
13) 송태근,『쾌도난마 십계명』, 64.
14) John Durham,『출애굽기』, 479.
15) Martin Luther, *Deudsch Catechismus: Deutsch Deutscher Katechismus Große Katechismus*, 최주훈 역,『마르틴 루터 대교리문답』(서울: 복있는사람, 2017), 89.
16) 김홍전,『십계명 강해』, 117.
17) John Durham,『출애굽기』, 480.

18) 송태근, 『쾌도난마 십계명』, 67.

19) 왜 너의 문이라는 표현을 썼을까? 성문 안에 들어가면 광장이고 그곳은 재판하는 곳이 된다. 유대인들은 전통적으로 '개종자들'을 지칭할 때 사용된 말이다. 대문 안에 들어 와 있는 사람은 하나님을 믿기로 개종한 사람이다. 하나님을 믿기로 개종하면 심판하는 장소에 가서 선포함으로(세례를 받음) 증거 한다.

20) 강영안, 『강영안 교수의 십계명 강의』, 168.

21) 김지찬, 『데칼로그: 십계명, 어떻게 이해할 것인가』, 221; 고재수, 『(개혁주의 입장에서 본) 십계명 강해』(서울: 여수룬, 1991), 60.

22) Michael Scott Horton, *(The) law of perfect freedom*, 윤석인 역, 『십계명의 렌즈를 통해서 보는 삶의 목적과 의미』(서울: 부흥과개혁사, 2005), 134-135.

23) 백금산·김종두, 『(기독교 윤리의 핵심을 보여주는) 만화 십계명』(서울: 부흥과개혁사, 2008), 111.

24) Abraham Joshua Heschel, The Sabbath: It's Meaning for Modern Man, 오만규역, 『안식일: 시간속의 지성소』(서울: 성광문화사, 1981), 41.

25) Kevin DeYoung, *Good news we almost forgot*, 신지철 역, 『왜 우리는 하이델베르크 교리문답을 사랑하는가』(서울: 부흥과개혁사, 2012), 324.

26) 김지찬, 『데칼로그: 십계명, 어떻게 이해할 것인가』, 238.

27) 황원하, 『하이델베르크 요리문답 해설』, 454.

28) 강영안, 『강영안 교수의 십계명 강의』, 161. "모든 일을 하리고 할 때 '하나'라는 말이 히브리어로 '아사'이며 '아서'에는 '쥐어짜다'는 뜻이 있으니까 아마 이렇게 번역을 한 게 아닌가 생각된다. 그런데 쥐어짜서 6일 안에 일을 해야 할 목적이 무엇인가 7일까지 넘어가지 않도록 하기 위해서이다."

29) 송영찬, 『시내산 언약과 십계명』, 244.

30) 박준서, 『십계명 새로 보기』(서울: 한들출판사, 2001), 79-80.

31) 손재익, 『십계명 언약의 10가지 말씀: 해설서』(서울: 디다스코, 2016), 189. 각주 200번에 일곱 번의 안식일 논쟁을 잘 정리하고 있다. ① 공생애 제2년 초 가버나움회당에서 안식일에 귀신들린 자를 고치신 일로 인해서 처음 발생했다(막 1:23-28; 눅 4:33-37). ② 공생애 제2년 유월절 때 예루살렘에 올라가셨다가 베데스다 못가 행각에 누워

있는 38년 된 병자를 고치셨는데 그 날이 안식일이므로 논쟁이 벌어졌다(요 5:1-18). ③ 예수님께서 안식일에 제자들과 밀밭 사이로 지나가시는 중, 제자들이 배가고파서 이삭을 잘라 먹은 일 때문에 벌어졌다(마 12:1-8; 막 2:23-28; 눅 6:1-5). ④ 안식일에 한편(오른손) 손 마른 자를 고치시는 일로 해서 논쟁이 벌어졌대마 12:9-13). ⑤ 공생애 제3년에 있었던 일인데 예수님께서 초막절을 맞이하여 갈릴리를 떠나 예루살렘에 올라가셨다가(요 7:10) 안식일에 나면서부터 맹인 된 사람을 보시고 고치신 일로 해서 일어났다(요 9:1-41), ⑥ 공생애 마지막기간에 있었던 일로서 안식일에 어떤 회당에서 가르치시고 계시다가 18년 동안을 귀신 들려 앓으며 꼬부라져 조금도 펴지 못하는 한 여자를 고치신 일로 해서 일어났다(눅 13:10-17). ⑦ 공생애 마지막 기간 어느 안식일에 어떤 바리새인들이 두 명이 예수님을 식사에 초청한 자리에서 있었던 일인데, 그 자리에 수종 병 든 사람이 있는 것을 보시고 펴신 일로해서 벌어졌다(눅 14:1-6); 그리고 박희석, 『안식일과 주일: 성경신학적 이해와 그 적용』 (서울: 크리스챤다이제스트, 2012), 532-561을 참조하라.

32) 송태근, 『쾌도난마 십계명』, 76.

33) Edmund P. Clowney, *How Jesus transforms the ten commandments*, 신호섭 역, 『예수님은 십계명을 어떻게 해석하셨는가』(서울: 크리스챤, 2009), 94.

34) 송태근, 『쾌도난마 십계명』, 74.

35) John H. Stek, *Studies of Old Testament : text and interpretation*, 류호준 역, 『구약신학: 본문과 해석』(서울: 솔로몬, 2000), 244-251; Paul K. Jewett, *The Lord's Day*, 옥한흠 역, 『주일의 참 뜻』(서울: 한국개혁주의신행협회, 1976)에 안식일의 기원부터 교회사적으로 안식일에서 주일로 영속성에 대해 잘 설명한다.

| | 구약의 안식일 | 신약의 안식일 |
|---|---|---|
| 영속성 | 하루를 안식일로 정하여 거룩히 지킨다 | |
| 불영속성 | 주간의 마지막 날 | 주간의 첫날 |

36) 김진흥, 『교리문답으로 배우는 장로교 신앙』, 281. 종교개혁자 칼뱅은 구약의 안식일의 가장 중요한 의의를 그리스도를 통해 이루어진 '영적 안식을 예시'하는 것으로 이해한다. 안식이라는 그림자는 예수 그리스도라는 실체 안에서 성취되었으므로, 그 '성취된 실상을 올바르게 붙잡는다면 굳이 일요일을 성일(聖日)로 고수하지 않는다고 하더

라도 비난해서는 안 된다는 입장이다.

37) 김남준, 『성수주일; 청교도의 주일성수, 그 평가와 계승』, 49-53. "청교도들은 자연스럽게 초대교회의 안식일 준수 규례를 주일성수의 방식으로 수납하였다. 주일성수에서 구약의 규례를 엄격하게 적용하는 원조가 청교도들이라는 오해가 있지만 이미 엄격한 전통은 중세시대부터 있었다."

38) 김진흥, 『교리문답으로 배우는 장로교 신앙』, 281-282..

39) John H. Stek, 『구약신학: 본문과 해석』 (서울: 솔로몬, 2000), 321; 김남준, 『성수주일; 청교도의 주일성수, 그 평가와 계승』에 청교도들의 주일성수에 대한 내용이 상세히 나와 있다.

40) 김지찬, 『데칼로그: 십계명, 어떻게 이해할 것인가』, 244.

41) 김홍만, 『개혁주의 주일성수와 십일조』 (서울: 생명의말씀사, 2009), 63-70. 초기 한국장로교회의 주일성수 방법을 잘 설명하고 있다.

42) Martin Luther, 『마르틴 루터 대교리문답』, 89-90.

43) 정요석, 『하이델베르크 교리문답, 삶을 읽다(하)』(서울: 새물결플러스, 2018), 307. 성전 봉헌: "그 때에 솔로몬이 칠 일과 칠 일 도합 십사 일간을 우리 하나님 여호와 앞에서 절기로 지켰는데 하맛 어귀에서부터 애굽 강까지의 온 이스라엘의 큰 회중이 모여 그와 함께 하였더니"(왕상 8:65), 교회 봉사: "또 그의 형제 그핫 자손 중에 어떤 자는 진설하는 떡을 맡아 안식일마다 준비하였더라"(대상 9:32), 예배: "모세의 명령을 따라 매일의 일과대로 안식일과 초하루와 정한 절기 곧 일년의 세 절기 무교절과 칠칠절과 초막절에 드렸더라"(대하 8:13)

44) 김용규, 『데칼로그: 십계, 키에슬로프스키, 그리고 자유에 관한 성찰』(서울: 바다출판사, 2002), 259.

45) 손재익, 『십계명 언약의 10가지 말씀(해설서)』, 171.

46) Cornelis Pronk, Ten Commandments, 임정민 역, 『하이델베르크 교리문답으로 보는 십계명』(수원: 그책의사람들, 2013), 72-29에서는 안식일 지킴의 4단계로 ① 창조의 안식일 ② 안식법의 안식일 또는 그림자 안식일 ③ 부활의 안식일 ④ 영원한 안식일로 시간적 순서로 정리를 한다.

47) 손재익, 『십계명 언약의 10가지 말씀(해설서)』, 173.

48) 황원하, 『하이델베르크 요리문답 해설』, 458; Edmund P. Clowney, 『예수님은 십계명을 어떻게 해석하셨는가』, 90-91.

49) Marva J. Dawn, *Keeping the Sabbath Wholly: Ceasing, Resting, Embracing, Feasting*, 전의우 역, 『안식: 그침, 쉼, 받아들임, 향연』(서울: IVP, 2001), 181.

50) 손재익, 『십계명 언약의 10가지 말씀(해설서)』, 196-197.

51) 강영안, 『강영안 교수의 십계명 강의』, 154.

52) 고지수, 『(개혁주의 입장에서 본) 십계명 강해』, 56.

네 부모를 공경하라

그리하면 네 하나님 여호와가 네게 준 땅에서

네 생명이 길리라

---

כבד את־אביך ואת־אמך

למען יארכון ימיך

על האדמה אשר־יהוה אלהיך נתן לך

# VII

# 제5계명,<br>복종에서<br>공경(恭敬)으로

네 부모를 공경하라 그리하면 네 하나님 여호와가 네게 준 땅에서 네 생명이 길리라

출 20:12

## 부모 공경?

주일학교 학생들이 십계명을 외우는 시험을 쳤습니다. 한 아이가 1계명부터 4계명까지 잘 쓰다가 5계명에 이렇게 썼다고 합니다. “네 부모를 공격(攻擊)하라.” 만화 영화에서 ‘공격 개시’라는 말만 들었지 ‘공경’이라는 어려운 말을 몰랐기 때문입니다. 정말 요즘 신문지상에서 부모를 정서적으로, 물리적으로 공격하는 패륜범죄(an immoral crime)를 저지르는 사람이 증가하고 있다는 뉴스를 봅니다.

한국 사회가 고령화 시대에 접어들면서 나이든 부모를 섬기는 일이 사회적 문제가 되었습니다. 그런데 자녀들이 ‘부모 공경’이 아니라 ‘부모 공격’을 하는 일이 비단 우리 시대만의 문제일까요?

## 구약이 말하는 부모를 공경하지 않는 예

구약 성경을 보면 부모를 구타하고, 저주하고, 멸시하고, 조롱하고, 거역

| 유형 | 구약 성경 |
|---|---|
| 구타 | 자기 아버지나 어머니를 치는 자는 반드시 죽일지니라 (출 21:15) |
| 저주 | 자기의 아버지나 어머니를 저주하는 자는 반드시 죽일지니라 (출 21:17)<br>자기의 아비나 어미를 저주하는 자는 그의 등불이 흑암 중에 꺼짐을 당하리라 (잠 20:20) |
| 멸시 | 그들이 네 가운데에서 부모를 업신여겼으며 네 가운데에서 나그네를 학대하였으며 네 가운데에서 고아와 과부를 해하였도다 (겔 22:7) |
| 조롱과 거역 | 아비를 조롱하며 어미 순종하기를 싫어하는 자의 눈은 골짜기의 까마귀에게 쪼이고 독수리 새끼에게 먹히리라 (잠 30:17) |
| 착취 | 부모의 물건을 도둑질하고서도 죄가 아니라 하는 자는 멸망받게 하는 자의 동류니라 (잠 28:24) |
| 구박하고 쫓아내기 | 아비를 구박하고 어미를 쫓아내는 자는 부끄러움을 끼치며 능욕을 부르는 자식이니라 (잠 19:26) |

하고, 착취하고, 구박하고, 쫓아내는 자녀들이 있었습니다. 언약 공동체 안에서 부모를 멸시하는 것은 심각한 범법 행위였습니다. 그리고 부모에게 반항하는 것은 죽음에 해당하는 죄악이었습니다.

> 사람에게 완악하고 패역한 아들이 있어 그의 아버지의 말이나 그 어머니의 말을 순종하지 아니하고 부모가 징계하여도 순종하지 아니하거든 그의 부모가 그를 끌고 성문에 이르러 그 성읍 장로들에게 나아가서 그 성읍 장로들에게 말하기를 우리의 이 자식은 완악하고 패역하여 우리 말을 듣지 아니하고 방탕하며 술에 잠긴 자라 하면 그 성읍의 모든 사람들이 그를 돌로 쳐죽일지니 이같이 네가 너희 중에서 악을 제하라 그리하면 온 이스라엘이 듣고 두려워하리라(신 21:18-21)

물론 아들의 패역 때문에 부모가 사람들에게 돌로 쳐 죽이는 심판을 해달라고 할 수 있을까요? 우리 시대 눈높이로 보면 참 충격적입니다. 물론 이 말씀은 성경의 기록으로는 한 번도 시행된 적이 없지만, 언뜻 보기에 너무나 가혹하고 비인간적으로 보이지 않습니까?

## 예수님과 바울의 시대에 부모를 공경하지 않는 예

모세는 네 부모를 공경하라 하고 또 아버지나 어머니를 모욕하는 자는 죽임을 당하리라 하였거늘 너희는 이르되 사람이 아버지에게나 어머니에게나 말하기를 내가 드려 유익하게 할 것이 고르반 곧 하나님께 드림이 되었다고 하기만 하면 그만이라 하고 자기 아버지나 어머니에게 다시 아무 것도 하여 드리기를 허락하지 아니하여 너희가 전한 전통으로 하나님의 말씀을 폐하며 또 이같은 일을 많이 행하느니라 하시고(막 7:10-13)

예수님 당시도 예외는 아닙니다. 하나님을 잘 섬긴다는 유대인들의 큰 문제가 무엇이었습니까? '고르반'하며 겉으로 하나님께 드렸다고 하면서 부모를 공경해야 할 재물을 자신이 가졌습니다. 그들은 인간이 전한 전통과 관례로 하나님의 명령을 업신여겼습니다.

너는 이것을 알라 말세에 고통하는 때가 이르러 사람들이 자기를 사랑하며 돈을 사랑하며 자랑하며 교만하며 비방하며 부모를 거역하며 감사하지 아니하며 거룩하지 아니하며 무정하며 원통함을 풀지 아니하며 모함하며 절제하지 못하며 사나우며 선한 것을 좋아하지 아니하며 배신하며 조급하며 자만하며 쾌락을 사랑하기를 하나님 사랑하는 것보다 더하며 경건의 모양은 있으나 경건의 능력은 부인하니 이같은 자들에게서 네가 돌아서라(딤후 3:1-5)

사도 바울은 부모에 대한 불순종을 종말의 징조이며, 물질주의, 이기주의, 쾌락주의 등과 밀접한 관계로 평가합니다. 동서고금(東西古今)을 막론하고 자녀들이 부모를 향해 패륜적인 행동을 하는 일들이 있었습니다. 이러한 시대적 배경 속에서 우리 그리스도인들은 제5계명을 어떻게 적용해야 하는지 말씀의 나무를 살피러 한 걸음 더 들어가 보실까요?

## 제5계명의 본문

| 출 20:8-11 | 사역(私譯) | 신 5:12-15 | 사역(私譯) |
|---|---|---|---|
| כבד את־אביך ואת־אמך | 높이라 / 네 아버지를, 네 어머니를 | כבד את־אביך ואת־אמך | 공경하라 / 네 아버지를, 네 어머니를 |
| | | כאשׁר צוך יהוה אלהיך | 명한 것처럼 / 여호와 네 하나님이 |
| למען יארכון ימיך | 그러면 길 것이다 / 너의 날들이 | למען יאריכן ימיך | 그러면 연장될 것이다 / 너의 날들이 |
| | | ולמען ייטב לך | 또 이로써 복될 것이다 / 네게 |
| על האדמה | 땅에서 | על האדמה | 땅에서 |
| אשׁר־יהוה אלהיך נתן לך | 여호와 너의 하나님이 주신 / 네게 | אשׁר־יהוה אלהיך נתן לך | 여호와 너의 하나님이 주신 / 네게 |

출애굽기와 신명기를 비교할 때 먼저 신명기에는 “너의 하나님 여호와의 명하신대로”란 구절을 덧붙여져 있습니다. 이는 먼저 육신적인 부모 공경이 단순한 윤리적 효가 아니라 엄중한 하나님의 명령이라는 사실을 가르쳐줍니다. 또한 계명을 지킨 자에게는 “복을 내리리라”라는 약속의 말씀으로 하나님의 사랑과 배려를 느낄 수 있습니다. 사실, 하나님께서 우

리가 그분의 명령을 지킨다고 해서 그에 대한 보상을 주실 필요는 없습니다. 하나님이 명령하시면 우리는 '당연히' 지켜야 합니다. 오히려 그 명령을 지킬 수 있는 것 자체가 복입니다. 그러나 우리 연약함을 아시는 주님은 제5계명에서 구체적인 복을 허락하셨습니다.

왜 '살인, 간음, 도둑질, 거짓말, 탐욕'과 같은 계명보다 부모 공경을 먼저 언급할까요? 우선, 사람이 태어나서 가장 먼저 관계를 맺는 대상이 바로 부모입니다. 그러므로 인간관계에 있어 부모와의 관계보다 더 근본적이고 중요한 관계는 없습니다. 부모와의 관계는 사회의 시작이며 모든 인간관계의 출발점입니다.[1)]

다음으로, 십계명의 전반부가 끝나는 제4계명과 후반부가 시작되는 제5계명은 "~하라"는 긍정 명령형입니다. 구조로 보자면 제5계명은 십계명의 전반부와 후반부의 중심 내용을 연결해 주는 경첩(hinge)입니다.[2)] 즉, 부모가 하나님과 이웃 사이를 연결하는 고리입니다. 하나님을 공경하듯 인간 부모를 공경해야 비로소 이웃의 목숨을 존중해 살인하지 않게 되고, 이웃의 아내를 탐해 간음하지 않게 되며, 이웃의 것을 도둑질하지 않으며, 이웃을 해하려고 거짓증거하지 않고, 이웃의 것을 탐하지 않게 되기 때문입니다. 결국 '부모를 공경하라'는 계명은 하나님에 관한 신학적 계명(1-4계명)과 인간에 관한 윤리적 계명(6-10계명)의 경계선에 서 있으며 양쪽을 연결하는 다리 역할을 합니다.[3)]

끝으로, 부모 공경은 구약시대에 가장 자주 언급될 만큼 중요한 윤리적 교훈이기에 십계명에서도 중요한 위치를 차지합니다. 때문에 보기에 따라서는 훨씬 더 중요해 보이는 계명인 '살인 금지' 계명보다 앞에 놓이게 되었으며, 십계명 중 가족 영역에 속하는 다른 계명인 '간음 금지' 계명과도 떨어져서 놓이게 되었습니다.[4)]

## 성경에서 "공경하라, 경외하라"는 두 대상에게 사용

제5계명의 핵심 단어인 '공경하라'(כבד, 카베드)가 동사로 쓰이면 '무겁다'는 뜻입니다. 어떤 사람이 "몸무게가 많이 나간다."는 물량적인 개념이 아니라, '존재론적으로 아주 비중 있게 중요하게 진중하게 여긴다. 우선권을 부여한다.'는 뜻으로 '반드시 존경하라, 절대적으로 존귀케 하라, 영화롭게 하라. 영광을 돌리라'는 매우 강한 의미를 담고 있습니다.[5] 명사로 사용하면 사람의 장기 중에 가장 무거운 '간'이라는 말과 대체됩니다. 유기체인 우리 몸에서 간이 망가지면 몸 전체가 망가질 정도로 그 기능과 역할은 굉장히 중요합니다.[6] 그렇다면 성경에서 '공경하라'는 명령은 누구에게만 했던 명령일까요? 그 대상은 오직 둘 밖에 없습니다.

**하나님께 대하여:**

네 재물과 네 소산물의 처음 익은 열매로 여호와를 공경하라(잠 3:9)

그러므로 너희가 동방에서 여호와를 영화롭게 하며 바다 모든 섬에서 이스라엘의 하나님 여호와의 이름을 영화롭게 할 것이라(사 24:15)

**부모에 대하여:**

십계명(출 20:12; 신 5:16)

오로지 하나님과 부모에게 공경하라는 명령을 했습니다. 성경에 왕을 공경하라. 선지자를 제사장을 공경하라 한 적이 없습니다.[7] 구약성경에서 경외한다는 말은 오직 하나님께만 쓸 수 있었는데, 하나의 예외가 부모라는 사실에 충격을 받습니다.[8]

너희 각 사람은 부모를 경외하고 나의 안식일을 지키라 나는 너희의 하나님 여호와이니라(레 19:3)

레위기 19:3에서는 공경(כבד, 카바드)대신 경외(ירא, 야레)를 사용합니다.[9] 하나님 외에 가장 공경과 경외를 받아야 할 대상이 부모라는 것은 무엇을 의미할까요? "네가 여호와 하나님을 영화롭게 하고, 영광을 돌리듯 내 아버지와 내 어머니를 존중하라. 부모를 경외하지 않는 것은 단순히 인륜적인 문제나 윤리적 문제에 그치지 않는다. 이는 하나님께 대한 심각한 도전이요 반역이다."는 의미입니다.[10]

그러므로 신자는 하나님 아버지에게 순종함으로써 제5계명과 함께 제1계명을 지켜야 합니다. 그렇기에 우리는 하나님을 '아버지'라고 부릅니다. "하늘에 계신 우리 아버지여…"(주기도문)라고 하고 "전능하신 하나님 아버지…"(사도신경)라고 합니다. 하나님은 우리를 지으신 아버지이시며(신 32:6), 우리의 모든 삶을 인도하시는 참 아버지이십니다(신 32:12). 하나님 아버지는 우리를 향해 끊임없이 가르치는 분이시며(잠 1:8), 우리를 징계하고 훈계하는 아버지이십니다(히 12:5-11).[11]

## "부모를 공경하라. 부모를 업신여기지 말라"는 이 계명의 일차적인 대상

우리는 그동안 "부모를 업신여기지 말라. 부모를 공경하라."는 계명은 주로 어린이 교육에 일차적으로 적용했습니다. 10대 청소년과 20대 청년들은 이를 억압적인 계명으로 생각합니다. 반면 장년 자녀들은 이 계명에 대해 매우 편안한 마음을 가집니다. 모세 시대, 구원받은 하나님 백성에게 "부모를 공경하라. 업신여기지 말라."는 계명의 일차적인 대상은 누구일까요?

네 이웃의 집을 탐내지 말라 네 이웃의 아내나 그의 남종이나 그의 여종이나 그의 소나 그의 나귀나 무릇 네 이웃의 소유를 탐내지 말라(출 20:17)

"10대라면 네 이웃의 여친을 탐내지 말라."해야 합니다. "네 이웃의 집, 네 이웃의 아내 남종 소유 등을 탐내지 말라"고 했으니. 이 계명은 어린 아이들이 아니라, 적어도 자식도 있고 부모도 있어서 가정의 경제를 책임지는 장년 자녀가 일차 대상입니다. 하나님께서는 오늘날 집안에서 힘과 실세를 가진 30-50대 장년들에게 주어진 계명입니다.[12] 한국 사회에서 30-50대 장년들이 집안의 가장으로 가족을 부양하고 자녀들을 키워내면서 노인 부모를 공경하라는 제5계명까지 실천한다는 것이 만만치 않습니다.

그래서인지 제5계명은 다른 계명과 달리 여호와께서는 완악하고 불순종하는 자녀들은 저주를 면치 못하리라는 위협을 하시기 전에 "네 하나님 여호와가 네게 준 땅에서 네 생명이 길리라"는 부모 공경에 대한 복을 약속합니다.[13] 제5계명은 약속하신 땅에서 장수하게 되는 것과 갑자기 망하게 되는 이중적인 의미를 지닙니다.[14]

> 네 부모를 공경하라 그리하면 ❶ 네 하나님 여호와가 네게 준 땅에서 ❷ 네 생명이 길리라(출 20:12)

위의 문장에서 볼 수 있듯이 이유는 두 가지입니다. 첫째는 "네 하나님 여호와가 네게 준 땅에서"와 연관되어 있고, 둘째는 "네 생명이 길리라"와 연관되어 있습니다.

### 네 하나님 여호와가 네게 준 땅에서

> 내가 전에 너희에게 이르기를 너희가 그들의 땅을 기업으로 받을 것이라 내가 그 땅 곧 젖과 꿀이 흐르는 땅을 너희에게 주어 유업을 삼게 하리라 하였노라 나는 너희를 만민 중에서 구별한 너희의 하나님 여호와이니라(레 20:24)

“네게 준 땅”은 어디를 가리킬까요? 언약 백성으로서 이스라엘 자녀들은 가나안 땅을 약속받았습니다. “네 하나님 여호와”가 약속의 기업으로 주신 땅은 여호와께서 이스라엘을 만민 중에서 구별한 선민임을 보여주는 징표입니다. 부모는 먼저 약속의 땅을 여호와께 기업으로 받습니다. 그리고 자녀들에게 물려주고 그 약속의 땅에 살면서 또 그들의 자녀들에게 땅을 물려줍니다.[15]

## 네 생명이 길리라

그곳은 아무런 어려움이 없고 평화로운 땅이 아닙니다. 주위에 많은 외적들로 둘러싸인 땅입니다.[16] “네 생명이 길리라”는 말을 “장수하리라. 개인의 수명이 길어진다.”는 좁은 의미로만 해석해서는 안 됩니다. 우리 주위를 둘러볼 때, 순종하는 자녀가 일찍 죽기도 하고, 반항하는 자녀가 오래 살기도 합니다. 우리는 하나님이 성도들에게 짧은 생애만을 살도록 허락하시는 것도 하나님의 은총과 사랑의 표현일 수 있다는 사실을 받아들일 수 있어야 합니다. 성경을 보면 선한 왕이었던 요시아도, 우리 구주 예수님도 젊은 생애로 마감했습니다.[17] 원문상으로 “네 생명”(יָמֶיךָ, 야메카)라는 단어를 직역하면 “네 날들”(your days)입니다. 그러므로 “네 날들이 오래 지속 될 것이다.”는 의미는 “언약 백성을 향한 하나님의 보호하심이 오래 지속된다.”는 약속입니다.[18]

이스라엘 백성들이 언약 백성으로 땅을 선물로 수여받고, 보호하심을 누리려면 어떻게 해야 할까요? 가장 단순한 답은 하나님의 말씀에 순종하는 겁니다. 그들이 어떻게 하나님의 말씀에 순종할 수 있을까요? 질문을 바꾸어서, 하나님의 말씀이 어떻게 계속 전수될 수 있을까요? 인쇄 기술이 없었던 시절 사람들이 하나님의 말씀을 배우는 길은 부모의 말씀을 듣는 겁니다.

> 이는 곧 너희의 하나님 여호와께서 너희에게 가르치라고 명하신 명령과 규례와 법도라 너희가 건너가서 차지할 땅에서 행할 것이니 곧 너와 네 아들과 네 손자들이 평생에 네 하나님 여호와를 경외하며 내가 너희에게 명한 그 모든 규례와 명령을 지키게 하기 위한 것이며 또 네 날을 장구하게 하기 위한 것이라(신 6:1-2)

"네 날을 장구하게 하기 위한 것이라"="내 생명이 길리라" 똑같은 표현입니다. 우리 부모님이 할아버지 할머니께 "부모를 업신여기지 말라. 부모를 공경하라."는 율법을 잘 지키는 것을 봅니다. 그리고 하나님 말씀을 잘 듣고 순종하므로 하나님이 주신 땅에서 생명이 길게 되는 복을 누립니다.

이런 맥락에서 볼 때 제5계명은 단순히 시대 분위기에서 나온 개인적 차원의 계명이 아닙니다. '부모 존중' 또는 '부모 공경'은 언약 공동체와 하나님 사이의 관계와 질서를 형성하는 공동체적 메시지입니다.[19] 부모는 아브라함에게 약속하신 언약의 축복을 자녀들이 받아 누리기에 합당하도록 준비를 시켜나가야 할 책임을 가지고 있습니다. 따라서 하나님의 언약아래 태어난 성장기의 자녀는 양육을 받는 동안에 부모에게 순종함으로써 부모를 통해 하나님의 백성으로서의 언약적 지위를 이어받고 언약 백성으로서의 합당한 순종을 하며 또한 복을 누리게 됩니다.[20]

특히 공예배로 언약의 가정이 복을 받고 자녀들이 언약의 후손으로 믿음을 계승하는 것이 제5계명의 약속한 진정한 복입니다. 곧 육체의 나이가 아니라 믿음을 이어받은 자손이 생육하고 번성하는 것이 성경이 말하는 장수입니다.[21] 율법과 땅과 생명의 소중함을 깨달은 어린 아이들이 자라서 장년 자녀들이 되었을 때, 장년 자녀들이 나중에 노인이 되었을 때 하나님이 주신 땅에서 생명이 길어지고 세대가 이어지는 복을 누리게 됩니다. 그러기에 "부모를 공경하라. 부모를 업신여기지 말라."는 계명은 공경 받는 부모뿐만 아니라 공경하는 장년 자녀들에게 유익이 있는 계명입니다.

> 만일 부모 공경이 공경 받는 부모의 유익을 목적이라 하면 너희 하나님 여호와께서 네게 준 땅에서 네 부모의 생명이 길어지리라 했어야 할 텐데. 그렇지 않고 내 생명이 길리라 한 것은 부모 공경의 유익이 부모를 공경하는 자식에게 있다.
>
> 칼뱅

믿음의 동역자 여러분! 부모를 업신여기지 말라, 부모를 공경하라는 것은 젊은이들에게 효를 강조하는 억압적 계명이 아닙니다. 성경이 말하는 바 자녀의 부모에 대한 순종과 공경은 개인적인 효도의 문제에 국한된 것이 아니라 교회의 상속 문제에 연결되어 있습니다.[22] 우리 자녀들에게 단지 생명, 땅, 재산, 세속적인 교육만 물려주고 있나요? 진정으로 율법을 순종할 때, 부모를 공경하고 업신여기지 않는 것을 순종할 때 하나님이 주신 땅에서 생명이 길게 되는 축복을 받는다는 사실을 자녀들에게 가르치고 있습니까?

## 모든 일에, 바로 오늘

자녀들아 모든 일에 부모에게 순종하라 이는 주 안에서 기쁘게 하는 것이니라(골 3:20)

골로새서는 다른 성경과 달리 효를 강조하면서 "모든 일에"라는 수식

어를 넘었습니다. 왜 그랬을까요? 골로새라는 도시는 무역 도시여서 세계 각국의 사람들이 살고 있었습니다. 그러다보니 국제결혼이 빈번했고 혈연적인 유대감도 약했습니다. 부모를 안 모시려는 사회적 분위기가 골로새에 형성되어 버렸습니다. 그렇게 부모를 돌보지 않으니 경제적인 빈곤과 고독감에 던져진 노인들이 결국 건강마저 잃게 되었습니다. 그래서 사도 바울이 골로새교회의 성도에게 편지를 쓸 때 "모든 일에 부모에게 순종하라"고 했습니다.[23)]

어느 날 아침 거울을 보면 그 속에 돌아가신 어머니 얼굴이 있고 아버지 얼굴이 있습니다. 우리도 금새 나이가 들어 늙습니다. 부모를 공경하라는 제5계명의 말씀에 우리는 모두 자유로울 수 없습니다. 부모와 불목한 채 오랫동안 관계를 끊고 살아가는 분들이 있습니다. 그런데 관계가 왜 어려워졌는지 가만히 살펴보면 그렇게 엄청난 일 때문에 그런 것이 아닙니다. 사실 부모는 "엄마 아빠"라는 말 한 마디에 마음이 녹습니다. 그거 한마디면 되는데 자식은 자존심 때문에 버티다가 선뜻 다가가기엔 너무 먼 시간을 흘려보냅니다. 혹시 부모님과 그런 불편한 관계에 있다면 순종하는 미음으로 오늘 전화를 하십시오. 미루지 말고 이번 주에 찾아뵈세요. 시간을 놓치지 마십시오. 그 부모님이 영원히 내 곁에 머물러 계시지 않습니다. 그리고 최고의 효도는 복음을 알지 못하는 부모에게 예수를 전하는 일입니다. 바로 오늘입니다. 오늘 해야 합니다. 시간은 여러분을 기다려 주지 않고, 부모님도 우리를 기다려 주시지 않습니다. 하이델베르크 요리문답은 어떻게 제5계명을 해석하고 적용하는지 함께 보실까요?

## 하이델베르크 요리문답에서 말하는 부모: 나를 다스리는 권위자들

하이델베르크 요리문답

제 104문 하나님께는 제 5계명에서 무엇을 요구하십니까?

답 내가 나의 아버지와 어머니, 그리고 나를 다스리는 권위자들에게 존경과 사랑과 성실성을 보여줄 것과 마땅히 권위자들의 선한 가르침과 훈계에 순종함으로 복종해야 할 것과, 권위자들의 연약함과 단점도 인내해야 할 것을 요구합니다. 왜냐하면 그들의 손을 통하여 우리를 다스리시는 것이 하나님의 뜻이기 때문입니다.

하이델베르크 요리문답 제104문은 "나의 아버지와 어머니", 그리고 "나를 다스리는 권위자들"라는 표현이 덧붙여 있습니다. 아주 중요한 부분입니다. 부분으로 전체를 설명하는 제유법(提喩法)으로 해석해야 합니다. "인간은 빵으로만 살 수 없다."에서 '빵'이 '식량'을 나타내듯이 부모를 "나를 다스리는 권위자들"이라고 표현합니다.[24] 부모의 범위를 단순히 '생물학적으로 나를 낳아준 육신의 부모'로 한정하지 않습니다. 종교개혁 시대에 작성된 모든 교리문답과 신앙고백들은 부모를 공경하라는 제5계명을 부모를 포함해 권위를 행사하는 모든 사람들을 대상에 포함시켰습니다.[25] 개혁주의 요리문답들이 이렇게 '부모'의 개념을 확장하는 것은 자의적으로 해석 한 게 아니라 신구약 성경에 근거했습니다.

그런즉 나를 이리로 보낸 이는 당신들이 아니요 하나님이시라 하나님이 나를 바로에게 아버지로 삼으시고(창 45:8)
왕들은 네 양부가 되며 왕비들은 네 유모가 될 것이며(사 49:23)
그의 종들이 나아와서 말하여 이르되 내 아버지여 선지자가 당신에게 큰 일을 행하라 말하였더면 행하지 아니하였으리이까(왕하 5:13)

그리스도 안에서 일만 스승이 있으되 아버지는 많지 아니하니 그리스도 예수 안에서 내가 복음으로써 너희를 낳았음이라(고전 4:15)
믿음 안에서 참 아들 된 디모데에게 편지하노니(딤전 1:2)

사도 바울은 에베소 성도들에게 "오직 성령으로 충만을 받으라"(엡 5:18)고 명령합니다. 교회가 성령으로 충만하면 어떤 모습일까요? 아마 나름대로 이런 저런 모습을 상상하실 수 있을 겁니다. 정작 에베소서 5:21~6:9에 성령 충만에 대해서 무엇이라고 말합니까? 남편과 아내의 관계(5:22-23), 부모와 자녀와의 관계(6:1-4), 상전과 종들의 관계(6:5-9), 세 개로 요약하는 "가정수칙"(House Codes)이 나옵니다.[26)]

그러므로 제5계명은 육체적 부모에게만 적용할 것이 아니라 모든 관계에서의 윗사람에게 적용해야 합니다.[27)] 어린이들에게는 어른들이, 학생에게는 교사가, 그리고 나아가서 세상의 부모인 통치자들과 권위자들을 다 포함합니다.[28)] 그리고 교인과 목회자가 이러한 관계에 있습니다. 바울은 디모데에게 목사와 장로가 존경의 대상임을 가르칩니다.

잘 다스리는 장로들은 배나 존경할 자로 알되 말씀과 가르침에 수고하는 이들에게는 더욱 그리할 것이니라(딤전 5:17)
젊은 자들아 이와 같이 장로들에게 순종하고 다 서로 겸손으로 허리를 동이라 하나님은 교만한 자를 대적하시되 겸손한 자들에게는 은혜를 주시느니라(벧전 5:5)

가정에서 부모가 가르치는 역할을 하듯 교회에서는 목사가 가르치는 역할을 합니다. 교회의 지도자들은 부모의 연장선상에 있기 때문에 교인들은 교회의 지도자들에게 순종해야 합니다. 또한 목사와 장로는 다스리는 일(治理)에 수고합니다. 그러므로 교회에서 목사와 장로는 제5계명의 실천 대상입니다. 목사와 장로로 구성된 당회의 치리와 권면과 징계를 받을 때에 순종해야 합니다. 목사에게 주어진 직분도 장로에게 주어진 권위도 모두가 하나님께서 위임해 주신 권위이기 때문입니다.[29] 제네바 개혁주의 목회자로 인기 많고 부유한 시민이 중요한 범죄에 대해 교회가 내린 권징을 거부하자 칼뱅도 그에게 성찬 베풀기를 거부했는데, 이 일로 인해 그는 제네바 시에서 추방당했습니다.[30]

교회는 직분을 바르게 가르쳐야 합니다. 먼저 직분자들이 하나님의 권위와 다스림을 잘 드러낼 수 있도록 해야 합니다. 그리고 직분자들의 다스림을 받는 자들은 그 직분에 순종해야 합니다. 모든 직분의 권위는 궁극적으로 하나님께 있기 때문입니다. 이와 같은 직분의 이해와 실천이야말로 교회가 사회에 가장 크게 기여할 수 있는 부분입니다. 직분을 존중하지 않을 경우 우리 사회는 새롭게 형성되는 계급에 의해, 또는 한 개인의 성향이나 능력에 의해 좌우되기 때문입니다. 그것은 곧 또 다른 파시즘이나 나치즘 같은 전체주의를 낳게 될 것입니다.[31] 직분을 통해 드러나야 하는 것은 하나님의 권위이지 자신의 권력이 아닙니다. 자신의 권력을 행사하려는 순간 직분은 계급이 되고 하나님의 권위는 심각하게 훼손당합니다.

## 권위자에게 순종하는 이유

성경과 요리문답은 부모님에 대한 순종의 근거가 무엇이라고 말하고 있습니까? '날 낳아주시고 길러주신 은혜에 감사해서, 나보다 힘과 권력이 더 있기 때문'에 복종해야 하는 게 아닙니다. 개혁파 전통에서는 자녀들이 부모를 대할 때, '나를 다스리는 권위자들'이기 때문에 순종합니다. 즉 부모의 권위는 하나님께로부터 '사명을 받은 직분자', '하나님께서 세우신 직분자'입니다. 부모란 인생의 기본적인 것을 가르치고 '하나님을 경외하는 것을 가르쳐 주는, 하나님의 말씀을 가진 직분자'이기 때문에 복종해야 합니다.[32] 만약 부모가 '사명을 받은 직분자'라는 사실을 간과하면 사랑이라는 이름을 가졌지만 잔인한 독재자가 될 수 있습니다. 자녀보다 힘이 세다는 것에 권위를 찾는 분은 시간이 흘러 늙고 힘이 없어지면 비참하게 되겠지요. 또한 재물에서 권위를 찾는 분은 재물이 없어질 때 자신의 권위도 함께 사라질 겁니다. 영원한 하나님의 말씀과 그 경영에 참여해서 자신의 직분을 수행하십시오. 그런 사람은 늙어도, 재물이 없어도, 연약해도 그 권위를 절대로 잃지 않습니다.

> 각 사람은 위에 있는 권세들에게 복종하라 권세는 하나님으로부터 나지 않음이 없나니 모든 권세는 다 하나님께서 정하신 바라(롬 13:1)
> 인간의 모든 제도를 주를 위하여 순종하되 혹은 위에 있는 왕이나 혹은 그가 악행하는 자를 징벌하고 선행하는 자를 포상하기 위하여 보낸 총독에게 하라(벧전 2:13-14)
> 만물이 그에게서 창조되되 하늘과 땅에서 보이는 것들과 보이지 않는 것들과 혹은 왕권들이나 주권들이나 통치자들이나 권세들이나 만물이 다 그로 말미암고 그를 위하여 창조되었고 또한 그가 만물보다 먼저 계시고 만물이 그 안에 함께 섰느니라(골 1:16-17)

나아가 세상의 모든 권위자들에게 복종해야 하는 이유는 로마서 13:1-7의 빛에서 이해해야 합니다. 로마서 13장은 위정자를 가리켜 "하나님의 사역자"라고 표현하고(4절), "하나님의 일꾼"이라고 표현합니다(6절).

이러한 권위들은 모두 하나님께서 부여하셨고, 위정자는 하나님이 세우신 권세자입니다. 그들을 통하여 다스리기를 원하시기 때문에 우리는 권위에 순종합니다. 이 말은 하나님이 세상에 권세들을 세우시고 그들을 통해서 그분의 뜻을 펼치기를 기뻐하셨음을 뜻합니다.[33] 선거를 통하여 선출이 된다고 하더라도 그 권위의 근거는 선출한 국민들이나 교인들에게서 나오는 게 아니라 하나님에게서 나옵니다.[34] 로마서가 기록되던 당시 이스라엘이 로마의 식민지였음에도 불구하고 국가의 권위에 순종하라고 한 것에 비추어 보아 성도들은 비록 국가의 정당성이 의심스럽다고 해도 하나님께서 권위를 세우셨다고 여기고 순종해야 합니다.[35]

## 제자도와 공경의 충돌: 제5계명을 지키신 예수 그리스도

아버지나 어머니를 나보다 더 사랑하는 자는 내게 합당하지 아니하고 아들이나 딸을 나보다 더 사랑하는 자도 내게 합당하지 아니하며(마 10:37)
무릇 내게 오는 자가 자기 부모와 처자와 형제와 자매와 더욱이 자기 목숨까지 미워하지 아니하면 능히 내 제자가 되지 못하고(눅 14:26)

성경은 한편으로는 하나님의 가족이 혈통 가족보다 중요하다고 가르치고, 다른 한편으로는 부모를 공경하라는 하나님의 계명을 가르칩니다. 예수님께서 제자들에게 요구했던 내용을 보면 제5계명과 정면 충돌하는 것 같습니다. 우리가 부모 공경의 계명을 지키면서도 예수의 제자가 될 수는 없을까요? 쉽게 대답하기가 힘듭니다. 언제나 잘 들어맞는 간편하고 쉬운 해결책은 없습니다. 부모 공경의 요구와 그리스도의 제자도의 요구 사이에는 늘 긴장이 있기 때문입니다. 그리스도인은 혈통 가족과 함께 살면서 동시에 하나님 가족으로도 살아야 하는 이중 신분을 가지고 있습니다. 어쩌면 우리는 '하나님 공경'과 '부모 공경' 사이의 긴장 한복판에서 줄타기를 하며 삶을 살아내야만 합니다. 따라서 이런 긴장 가운데서 줄타기를 하면서 실수를 하기도 하고, 제대로 한 다음에도 혹시 실수한 것은 아닌지 의문이 들기도 합니다.[36] 적지 않은 그리스도인들이 이런 신약의 말씀들만을 피상적으로 이해한 채 부모공경의 의무를 등한시 하곤 합니다. 주님을 좇는다는 이유로 부모를 모른 척하는 이들이 점차 많아지고 있습니다. 그러나 주님은 부모를 공경해야 하는 의무에서 우리를 면제하신 적이 없습니다.[37]

가장 좋은 모범이 되시는 주님을 본받아(Imitatio Christi) 그 답을 찾아볼까요? 예수님은 제5계명을 지키는 일에 모범을 보여주신 분입니다. 육체의 부모, 영적인 부모, 국가 위정자에게 순종하는 모범을 보이셨고, 아랫사람을 사랑과 겸손으로 대하심으로 제5계명을 지키셨습니다.

> 예수께서 자기의 어머니와 사랑하시는 제자가 곁에 서 있는 것을 보시고 자기 어머니께 말씀하시되 여자여 보소서 아들이니이다 하시고 또 그 제자에게 이르시되 보라 네 어머니라 하신대 그 때부터 그 제자가 자기 집에 모시니라(요 19:26-27)

예수께서는 끝내 당신의 가르침과 삶으로 제5계명의 요구와 제자도의 요구를 하나로 결합시키셨습니다. 제5계명과 제자도가 충돌하지 않고 이렇게 결합하여 나타납니다. 그리고 이로써 하나님 공경과 부모 공경이 어떻게 하나로 통합되는지 알 수 있습니다.[38]

## 제5계명을 지키는 법: 존경과 사랑과 충실함을 나타냄

하이델베르크 요리문답은 나를 다스리는 권위자들에게 어떻게 해야 할지 세 가지 행동강령을 줍니다. 존경과 사랑과 성실성입니다. 이런 자세로 마땅히 권위자들의 선한 가르침과 훈계에 순종함으로 복종하라고 하십니다.

우리는 변덕스럽습니다. 우리는 어떤 때는 말씀의 가르침을 따라 노력하다가도, 어떤 때에는 마음이 획 돌아서서 그렇게 살지 않습니다. 우리의 부모님들 역시 다르지 않습니다. 어떤 때는 사랑하고 공경하고 싶은 마음이 들도록 행동하시다가도, 어떤 때에는 철이 없거나 어리석게 행동하시기도 합니다. 이런 때에라도 하나님은 부모를 사랑하고 공경하되, 계속해서 그리해야 합니다.

예수님은 하나님 아버지를 존경(공경)했을 뿐만 아니라 하나님 아버지를 지극히 사랑하셨습니다. 굴욕적 복종이 아니라 사랑에서 배어 나온 자발적인 순종을 하셨습니다. 주님은 모든 일을 '아버지의 뜻'을 위하여, '아버지의 뜻'을 따라 행하셨습니다. '시종여일' 성실성을 가지고 끝까지 순종하셨습니다.

## 권위자들의 약함과 단점을 어떻게 대해야 하는가?<br>약함과 결점을 인내로 참는 것

우리들에게 있어 부모가 공경할 만한 대상이 된다면 참 좋을 텐데. 그것 때문에 가슴 아파하는 사람들도 더러 있습니다. 가끔 청년들과 상담을 할 때가 있습니다.

"목사님, 우리 아버지 같은 분 겪어 보셨어요? 우리 아버지와 하루만 지내보세요. 술과 노름을 손에 놓지 않는 중독자입니다. 집 안에 들여야 할 돈을 늘 탕진했죠. 어머니 입에서는 인간아! 원수야! 육두문자가 끊임없이 나와요." 아버지로부터 대못 박혔던 상처의 이야기를 쏟아놓으며 닭똥 같은 눈물을 흘립니다. 말끝에 “목사님! 어떤 때는 아버지를 죽이고 싶어요.”라고 말하며 오열합니다.

하이델베르크 요리문답 제104문답의 마지막에 어떻게 답을 합니까? “권위자들의 연약함과 단점도 인내해야 할 것을 요구합니다. 왜냐하면 그들의 손을 통하여 우리를 다스리시는 것이 하나님의 뜻이기 때문입니다.”[39]

“야! 이놈아! 그건 동의할 수 없다. 부모는 그 인격 때문에 공경하고 경외하고 순종하는 대상이 아니다. 공경은 그의 인격(Personality) 때문이 아니라 자리(Position) 때문이다. 하나님이 너의 인생 위에 부모를 두었다. 그래서 부모를 공경해야 한다.” 이렇게 답을 주십니다.

부모님, 목사님, 장로님, 직장의 상사, 남편은 그 분의 인격(Personality)과 성품과 능력이 뛰어나서가 아닙니다. 단지 하나님께서 주신 권위 세계 아래서 주어진 그 분의 위치(Position) 때문입니다. 부모는 하나님을 대신해서 나에게 생명을 주신 분입니다 하나님의 대리자이자 동역자로서 말입니다. 그러한 상징성 때문에 부모를 공경해야 합니다.[40]

성경의 모든 권위가 하나님에게서 나온다고 가르칩니다. 사람은 스스로 다른 사람에 대한 권위가 없습니다. 다른 사람에 대한 권위를 가지려면 그 사람의 절대 소유주가 되어야 합니다. 하지만 아무도 자기와 같은 사람을 소유하지 않습니다. 부모조차도 이런 절대적 의미에서 자녀를 소유하고 있지 않습니다. 따라서 하나님께서 사람에게 이런 권위를 주셔야만 가능합니다.[41] 좋은 선생님은 그들의 직분에서 오는 권위(official authority)에 덧붙여 학생들의 존경과 자발적인 순종을 유도하는 개인적인 권위(personal authority)도 갖추고 있습니다.[42]

사환들아 범사에 두려워함으로 주인들에게 순종하되 선하고 관용하는 자들에게만 아니라 또한 까다로운 자들에게도 그리하라 부당하게 고난을 받아도 하나님을 생각함으로 슬픔을 참으면 이는 아름다우나 죄가 있어 매를 맞고 참으면 무슨 칭찬이 있으리요 그러나 선을 행함으로 고난을 받고 참으면 이는 하나님 앞에 아름다우니라(벧전 2:18-20)

그 분들이 '하나님께 사명을 받은 직분자, 대리자'라는 그 상징성 때문에 연약함과 단점에도 인내하며 공경해야 합니다. 우리의 부모님은 우연의 산물이 아니라 하나님의 예정 가운데 주어진 분들이기에, 자격이 없는 것처럼 보이는 부모에게 순종할 때에 비로소 자신을 향한 하나님의 섭리를 깨닫게 됩니다. 나를 낳은 부모는 내 인생의 날들에 있어서 하나님과 동역자의 위치에 있습니다.

## 부모나 권위자가 하나님의 뜻과 반한다면

아무리 보아도 권위자의 판단이 틀릴 때가 있습니다. 죄를 짓기를 요구할 때, 불법 계약을 요구할 때, 동료를 해치는 거짓말을 강요할 때, 직장에서 간음을 해서라도 접대를 하라고 할 때 어떻게 해야 합니까? 아무리 부모나 위정자의 명령이라고 해도 하나님의 말씀의 원리에 어긋나는 것이라면 지켜서는 안 됩니다. 단호하게 거부해야 합니다. 연약함과 부족함이 죄와 동일한 의미가 아닙니다. 연약함을 참아야 하지만, 죄는 인내해야 할 문제가 아닙니다. 제5계명은 "부모에게 순종하라"가 아니라 "하나님께서 권위를 맡기신 부모에게 순종하라"입니다.[43)]

정부가 하나님의 뜻에 반대되는 것을 명령하는 경우에는 복종해서는 안 됩니다. 교회 역사를 보면 하나님의 뜻에 반대되는 정부의 요구에 불

순종한 순교자들이 많이 있었습니다. 교회가 정치적인 문제에 대해 개입하려 할 때는 교회 차원으로 하지 말고 공적인 기관을 조직해서 개입해야 합니다. 국가나 교회가 하나님이 주신 권한을 남용하여 하나님의 말씀과 반대되는 명령과 요구를 할 때에는 당연히 교회는 국가에 대하여 저항해야 합니다.[44)]

초대교회의 성도들은 로마제국의 통치 아래 있으면서 국가가 부당한 요구 즉 성도들에게 황제 숭배를 요구했을 때 모진 박해를 무릅쓰고 기독교 신앙이 반대하는 국가의 법을 지키지 않았습니다.[45)] 성도가 조직체를 구성한다거나 지나친 데모를 하는 것은 바람직하지 않습니다. 저항은 어디까지나 비폭력적이어야 합니다. 예수님은 스스로 정치적 행동에 가담하지 않으셨습니다. 그러므로 그리스도인들은 폭력적인 혁명가가 되어서는 안 됩니다.

그렇다면 악한 권력은 저항과 심판을 면제 받고 있다는 겁니까? 그렇지 않습니다. 악한 권력에 대한 심판에 대해서는 첫째로 하나님의 섭리에 맡겨야 합니다. 하나님이 악한 권력을 처벌하시고 억울한 권력의 희생자들을 구하시도록 기도하여야 합니다. 둘째로 권력 구조 안에 있는 기관들의 책임을 맡은 자들이 악한 권력에 대해 저항하여야 합니다.[46)]

## 주 안에서 부모에게 순종하라

믿음의 동역자 여러분! 제5계명의 말씀을 통해 무엇을 깨달으셨습니까? 말씀을 듣고 '아! 효도해야겠구나!'라고 생각했습니까? 그 이상으로 육신의 부모를 비롯하여 권위자에 대해 존중하고 사랑하고 충실함으로 제5계명을 지켜야 합니다. 여러분은 땅과 생명을 축복과 유업으로 누리고 있습니까?

자녀들아 주 안에서 너희 부모에게 순종하라 이것이 옳으니라 네 아버지와 어머니를 공경하라 이것은 약속이 있는 첫 계명이니(엡 6:1-2)

사도 바울은 부모에게 순종하는 것이 "옳다"고 했습니다. "옳다"의 반대말이 무엇일까요? "그르다"입니다. 그런데 에베소서에서 말하는 "옳다"는 "그르다"의 반대어가 아닙니다. "옳으니라"는 "본성이니라"로 바꿔 말할 수 있습니다. 하나님께서 우리를 창조하실 때 우리에게 주신 그 본성, 바로 하나님의 형상입니다.[47] 그러니까 부모에게 순종하는 게 우리의 본성입니다. 그런데 이 권면들은 "주 안에서"라는 표현을 붙이므로 인간적인 차원에 한정되지 않고, "주님을 중심으로 하여" 구축되어 있는 인간관계를 전제로 합니다.[48]

바울이 "주 안에서"(in the Lord)라는 표현을 통해 제5계명은 주님을 사랑하는 사람만이 지킬 수 있습니다. 주님께서 이 계명을 지킬 힘과 지혜를 주실 수 있습니다. 또한 자원하는 마음을 주실 수 있습니다. 우리는 본성상 아무 권위에도 복종하고 싶어 하지 않습니다.[49] 사도 바울은 이 본문을 해석하면서, 자녀는 부모에게 순종해야 하지만 "주 안에서"라고 분명하게 덧붙이고 있습니다.[50]

## 고령화 사회 속에서 노인 문제에 각별한 관심을 가져야

전통적인 유교의 효 윤리를 대체할 만한 부모 공경의 기독교적인 대안 윤리나 행습(practice)을 한국 기독교가 만들어 내지 못한 것이 부모 공경을 약화시키는 원인이었습니다. 부모가 자녀를 돌보아 주었듯이 자녀 또한 부모의 생계를 책임져야 합니다. 부모가 늙어 자기 스스로의 힘으로 생계를 꾸려갈 수 없을 때 자식이 부모의 생계에 대해 책임져야 합니다. 가정의 힘과 실권을 가진 30-50대 장년 자녀들이 나이든 60-90대의 부모님을 공경할 때 비로소 이 가정은 세상의 가치관과 다른 가치관을 드러낼 수 있습니다. 그때서야 가정은 예수 그리스도의 충만함이 드러나는 임재의 장소로 바뀔 수 있습니다.

우리에게 늘 좋은 부모만 있는 것이 아닙니다. 상처와 아픔을 주었던 역기능적 부모들도 많이 있습니다. 그럼에도 복음 안에 들어온 사람들, 하나님의 사랑을 경험하고 구원 얻은 백성들이라면 복종과 존종의 원리로 부모와 아름다운 관계를 맺을 때 그것을 통해서 우리의 모든 관계가 풀리고 우리의 삶과 신앙의 전 영역에서 회복의 은혜가 일어날 줄 믿습니다.

우리 힘으로는 이 계명을 지키기 힘들지만 하나님이 은혜 주시면 감당할 수 있습니다. 주님의 도우심으로 부모와 권위자에 대한 사랑과 순종의 법을 훈련하는 가운데 하나님을 더 알아가고 하나님께 순종하는 법을 함께 익혀갑시다.

설교 시청 가이드

2019년 9월 8일(주일),
사월교회당의 공예배에서 강론된
"제5계명, 복종에서 공경(恭敬)으로"(출20:12)는
대한예수교장로회 사월교회 홈페이지(www.sawolch.com)와
오른쪽의 QR코드를 통해 언제든지 시청할 수 있습니다.

A Guide to Sermon Video

# 미주

1) John Durham, *Word biblical commentary Exodus*, 손석태, 채천석 역, 『출애굽기』(서울: 솔로몬, 2000), 481.

2) Duane L. Christensen, *Word Biblical Commentary Deuteronomy*, 정일오 역, 『신명기 상』(서울: 솔로몬, 2003), 336.

3) 김지찬, 『데칼로그: 십계명, 어떻게 이해할 것인가』(서울: 생명의말씀사, 2016), 278-279.

4) 김용규, 『데칼로그: 십계, 키에슬로프스키, 그리고 자유에 관한 성찰』(서울: 바다출판사, 2002), 288.

5) 김지찬, 『데칼로그: 십계명, 어떻게 이해할 것인가』, 266.

6) 송태근, 『쾌도난마 십계명』(서울: 지혜의샘, 2015), 87.

7) 김지찬, 『데칼로그: 십계명, 어떻게 이해할 것인가』, 268.

8) John Durham, 『출애굽기』, 481-482; 김지찬, 『데칼로그: 십계명, 어떻게 이해할 것인가』, 269.

9) John Durham, 『출애굽기』, 482; Duane L. Christensen, 『신명기 상』 336.

10) 김지찬, 『데칼로그: 십계명, 어떻게 이해할 것인가』, 269.

11) 손재익, 『십계명 언약의 10가지 말씀: 해설서』(서울: 디다스코, 2016), 211.

12) John H. Sailhamer, *The pentateuch as narrative: a biblical-theological commentary*, 김동진·정충하 공역, 『'서술'로서의 모세오경』(서울: 크리스찬서적, 2006, 2쇄), 119; Albert Mohler, *Words From The Fire: Hearing the Voice of God in the 10 Commandments*, 김병하 역, 『십계명: 불 가운데서 말씀하신 하나님』(서울: 부흥과개혁사, 2011), 143.

13) John Calvin, *Institutes of the Christian religion*, 원광연 역, 『기독교 강요 상』, Ⅱ. ⅷ(파주: 크리스찬다이제스트, 2003), 26.

14) John Durham, 『출애굽기』, 483.

15) 김지산, 『데칼로그: 십계명, 어떻게 이해할 것인가』, 272.

16) Albert Mohler, 『십계명: 불 가운데서 말씀하신 하나님』, 142.

17) Cornelis Pronk, *Ten Commandments*, 임정민 역, 『하이델베르크 교리문답으로 보

는 십계명』(수원: 그책의사람들, 2013), 93; 이상원, 『21세기 십계명 여행』(서울: 토기장이, 2006), 132-134.

18) 이성호, 『특강 하이델베르크 요리문답(하)』(서울: 흑곰북스, 2013), 104-105.

19) Albert Mohler, 『십계명: 불 가운데서 말씀하신 하나님』, 144.

20) 김병훈, 『(소그룹 양육을 위한) 하이델베르크 요리문답 II』(수원: 합신대학원출판부, 2012), 198.

21) 유해무, 『유교수의 우리 신조 수업』(파주: 담북, 2019), 352.

22) 이광호, 『출애굽기』(평택: CNB, 2013)), 218.

23) 송태근, 『쾌도난마 십계명』, 90.

24) 김병훈, 『(소그룹 양육을 위한) 하이델베르크 요리문답 II』, 199-200; 이성호, 『특강 하이델베르크 요리문답 (하)』, 100; 황원하, 『하이델베르크 요리문답 해설』(평택: CNB, 2015), 463, 웨스트민스터 대교리문답 124에서도 우리 위에 세우신 권위의 자리에 있는 자들을 의미한다; 유해무, 『우리 신조 수업』, 348. "제5계명이 명하는 권위를 확대하여 해석하면서 정작 육신의 부모에 대한 해설은 최소화한다. 이런 경향은 제6계명의 해설에도 볼 수 있는데 우리 귀에 익숙한 해석을 아예 전제로 하고 확장을 한다."

25) Kevin DeYoung, *Good news we almost forgot*, 신지철 역, 『왜 우리는 하이델베르크 교리문답을 사랑하는가』(서울: 부흥과개혁사, 2012), 337.

26) Edmund P. Clowney, *How Jesus transforms the ten commandments*, 신호섭 역, 『예수님은 십계명을 어떻게 해석하셨는가』(서울: 크리스찬, 2009), 109; 김진흥, 『교리문답으로 배우는 성로교 신앙』(서울: 생명의 양식, 2017), 288.

27) 손재익, 『십계명 언약의 10가지 말씀(해설서)』, 200.

28) 김홍만, 『52주 스터디 하이델베르크 요리문답』(서울: 생명의말씀사, 2013), 294.

29) 고재수, 『(개혁주의 입장에서 본) 십계명 강해』(서울: 여수룬, 1991), 247.

30) Michael Scott Horton, *(The) law of perfect freedom*, 윤석인 역, 『십계명의 렌즈를 통해서 보는 삶의 목적과 의미』(서울: 부흥과개혁사, 2005), 159.

31) 안재경, 『십계명, 문화를 입다』(서울: SFC출판부, 2016), 96.

32) 안재경, 『십계명, 문화를 입다』, 95.

33) 황원하, 『하이델베르크 요리문답 해설』, 464.

34) 김병훈, 『(소그룹 양육을 위한) 하이델베르크 요리문답 II』, 200.

35) 손재익, 『십계명 언약의 10가지 말씀(해설서)』, 218.

36) 김지찬, 『데칼로그: 십계명, 어떻게 이해할 것인가』, 288.

37) 김지찬, 『데칼로그: 십계명, 어떻게 이해할 것인가』, 287.

38) 김지찬, 『데칼로그: 십계명, 어떻게 이해할 것인가』, 291.

39) 이성호, 『특강 하이델베르크 요리문답 (하)』, 101.

40) 이상원, 『21세기 십계명 여행』, 128: 송태근, 『쾌도난마 십계명』, 84-85.

41) Cornelis Pronk, 『하이델베르크 교리문답으로 보는 십계명』, 84.

42) 김진흥, 『교리문답으로 배우는 장로교 신앙』, 292.

43) 손재익, 『십계명 언약의 10가지 말씀(해설서)』, 212.

44) 백금산·김종두, 『(기독교 윤리의 핵심을 보여주는) 만화 십계명』(서울: 부흥과개혁사, 2008), 129.

45) 이광호, 『로마서』(서울: 깔뱅, 2009), 288.

46) 김병훈, 『(소그룹 양육을 위한) 하이델베르크 요리문답 II』, 203.

47) 송태근, 『쾌도난마 십계명』, 85-86.

48) 황원하, 『하이델베르크 요리문답 해설』, 464-465.

49) Cornelis Pronk, 『하이델베르크 교리문답으로 보는 십계명』, 92.

50) John Calvin, *The Ten Commandments*, 황영식 역, 『칼빈의 강해설교 십계명』(서울: 누가, 2011), 185.

51) Michael Scott Horton, 『십계명의 렌즈를 통해서 보는 삶의 목적과 의미』, 161-169에서는 제5계명은 다음과 같이 규정하며 미국 사회의 적용을 한다. ① 젊음 지상주의(Youthism) ② 현세지상주의(Nowism) ③ 허세주의(Pretentiousness) ④ 자기 지상주의(Me-ism).

# 살인하지 말라

לא תרצח

VIII

# 제6계명, 폭력(暴力)에서 사랑으로

살인하지 말라

출 20:13

# Ⅷ. 제6계명. 폭력(暴力)에서 사랑으로

살인하지 말라

출 20:13

## 잘 지키고 있는 계명?

사람이 모여 사는 어떤 공동체이든지 제일 중요한 기본 원리는 상대방의 가치를 존중하는 겁니다. 그래서 "살인하지 말라"는 명령은 동서고금(東西古今)을 막론하고 인간으로서 당연히 지켜야 하는 보편적 원리입니다. 대부분의 그리스도인들은 제6계명을 어떻게 이해할까요? "다른 사람들의 생명을 해하지 말라"는 뜻으로 받아들이고 '나는 살인자가 아니다'라는 강한 확신을 가집니다.[1)]

"목사님, 다른 건 몰라도 '살인하지 말라'는 이 명령은 제가 잘 지키고 있어요. 끔찍한 살인 사건은 텔레비전 뉴스나 신문에서나 보는 이야기잖아요. 내가 한 번씩 욱 하며 성질을 낼 때는 있지만 이런 과격한 행동은 안하죠. 살인은 다른 동네, 다른 사람에게서나 일어나는 일이죠. 그리고 전 선천적으로 개미나 파리 한 마리도 죽이지 못하는 소심한 성격이거든요. 그래서 집에서 반찬을 하기 위해 생선이나 닭을 사서 장만할 때도 저희 남편이 대신 해준답니다."라고 말하는 분도 있습니다.

기독교인들도 원래 의도한 하나님의 진정한 목적을 알지 못하면 이와 같은 거짓 안도감을 가지게 됩니다. 과연 "살인하지 말라"라는 하나님 말씀은 자녀 된 우리에게 어떤 의도와 목적으로 하신 건지 말씀의 숲 안으로 함께 들어가 보실까요?

## 제6계명의 본문

| 출 20:13 | 사역(私譯) | 신 5:17 | 사역(私譯) |
|---|---|---|---|
| לֹא תִרְצָח | 살인하지 말라 | לֹא תִרְצָח | 살인하지 말라 |

제1계명부터 제5계명까지는 계명의 내용이 길다가 제6계명부터 제9계명까지는 진술의 길이가 확연하게 짧습니다. '하나님'이라는 주어도 없고, '무엇을' 죽이지 말라는 것인지 구체적인 목적어도 없습니다. 그 대상이 사람인지, 동물과 식물까지 다 포함하는 것인지 명확하지 않습니다.[2] 사람을 목적어로 전제를 해도 구체적으로 어떤 상황에 따라 '어떤 인간'을 죽여서는 안 되는 것인지 분명하지 않습니다. 또 '살인'이 무엇이고, 왜 살인하지 말아야 하는지 설명이 전혀 없습니다.[3] 때문에 살인(殺人, רצח, 라차흐)라는 동사의 의미를 제대로 파악하기 위해서는 구약(47회 사용)에서 어떻게 쓰였는지 그 용례를 살펴본 뒤, 성경 전체의 문맥에 비춰봐야 합니다.[4]

## 구약에 나타난 6계명의 용례

**첫 번째 의미: 물리적으로 생명을 박탈하는 것: 고의적 살인과 과실치사**

만일 미워하는 까닭에 밀쳐 죽이거나 기회를 엿보아 무엇을 던져 죽이거나 악의를 가지고 손으로 쳐죽이면 그 친 자는 반드시 죽일 것이니 이는 살인하였음이라 피를 보복하는 자는 살인자를 만나면 죽일 것이니라(민 35:20-21)

사람을 죽인 경우에는 고의적 살인이든 과실치사든 속전으로 문제를 해결할 수 없었습니다. 고의적으로 살해한 자는 반드시 죽임을 당해야 했습니다. 반면에 과실치사를 범한 사람은 피해자의 친척들로부터 복수를 당하지 않도록 하기 위해 도피성 제도를 정했습니다.[5)]

이는 과거에 원한이 없이 부지중에 살인한 자가 그 곳으로 도피하게 하기 위함이며 그 중 한 성읍으로 도피한 자가 그의 생명을 보전하게 하기 위함이라(신 4:42)

가령 사람이 그 이웃과 함께 벌목하러 삼림에 들어가서 손에 도끼를 들고 벌목하려고 찍을 때에 도끼가 자루에서 빠져 그의 이웃을 맞춰 그를 죽게 함과 같은 것이라 이런 사람은 그 성읍 중 하나로 도피하여 생명을 보존할 것이니라(신 19:5)

본문에서 보듯이 생명을 빼앗는 형태는 고의적 살인(Wilful or Intentional Killing)과 실수로 사람을 죽이거나 우발적 살인을 하는 '과실치사'등 모두를 가리킵니다.[6)]

## 두 번째 의미: 간접적 살인과 사회적 약자에 대한 박해

너는 그에게 말하여 이르기를 여호와의 말씀이 네가 죽이고 또 빼앗았느냐고 하셨다 하고 또 그에게 이르기를 여호와의 말씀이 개들이 나봇의 피를 핥은 곳에서 개들이 네 피 곧 네 몸의 피도 핥으리라 하였다 하라(왕상 21:19)

아합 왕은 나봇을 직접적으로 나봇의 포도원을 강제로 빼앗기 위해 직접 살인하지는 않았습니다. 아내인 이세벨이 모든 것을 꾸며, 장로들을 통해 거짓 증인을 세우고 법을 이용해 죽였습니다. 아합 왕이 간접적 개입 행위로 나봇을 죽였을 때 이 단어를 사용합니다.

### 세 번째의 의미: 혼(魂) 살해

> 처녀에게는 아무것도 행하지 말 것은 처녀에게는 죽일 죄가 없음이라 이 일은 사람이 일어나 그 이웃을 쳐죽인 것과 같은 것이라(신 22:26)

성경은 처녀를 강간하는 것과 살인을 동일시하고 있습니다. 처녀를 강간하는 일은 직접적인 살인은 아니지만 그녀의 '삶의 가능성'을 빼앗아버리는 의미의 살인이기 때문입니다.

### 네 번째의 의미: 영혼의 살인에서 존재론적 살인

> 선악을 알게 하는 나무의 열매는 먹지 말라 네가 먹는 날에는 반드시 죽으리라 하시니라(창 2:17)

하나님께서 아담과 하와가 선악과를 따먹었을 때, 즉각 죽이지 않았습니다. 그렇다면 먹는 날에는 반드시 죽는다는 말씀은 무슨 의미였을까요? 인간의 죽음은 심장과 뇌가 더 이상 작동하지 않는 생물학적 죽음만을 가리키는 게 아닙니다. "신과의 단절", 즉 "혼의 죽음"입니다.[7] 제6계명은 자신을 포함한 모든 인간에 대해 육체뿐만 아니라 영혼을 죽이는 살인 즉 "그 영혼을 죽이지 말라, 소외시키지 말라, 존재론적 살인을 하지 말라"는 사회적 의미로 확장 됩니다.

### 다섯 번째 의미: 살인(殺人) vs 살생(殺生)

요즘 사회 운동 중에 환경 운동과 맥을 같이 하는 '생명 운동'이 있습니다. 채식주의자들과 동물 보호론자들은 "생명이 있는 것은 어떤 것도 죽여서는 안 된다. 음식을 먹되 동물을 죽여서 얻은 음식을 먹지 않고 채소와 곡물만 먹고, 가죽옷이나 모피 코트를 입는 것을 반대"하는 주장입니다. 그런데 왜 같은 생명인데 식물은 마음대로 취할 수 있고, 동물은 마음대로 잡아먹을 수 없는 걸까요?[8] 불교는 사람과 동물의 차이점을 알지 못하고, 범신론적 관점에서 벌레도 안 죽일 정도로 살생(殺生)을 엄하게 금합니다. 그러나 기독교가 생명을 중요하게 여기는 것은 그런 관점과는 토대가 다릅니다.[9]

> 여호와 하나님이 아담과 그의 아내를 위하여 가죽옷을 지어 입히시니라(창 3:21)
> 아벨은 자기도 양의 첫 새끼와 그 기름으로 드렸더니 여호와께서 아벨과 그의 제물은 받으셨으나(창 4:4)

성경을 보면 하나님께서는 인간을 위한 배려로 동물을 허락하셨습니다. 하나님이 아담과 하와가 범죄했을 때, 인간을 위해 동물을 죽여 '가죽옷'을 입히셨습니다. 이후 아벨은 동물을 잡아 기름으로 제물을 드렸을 때 하나님께서 기쁘게 받으셨습니다.

> 땅의 모든 짐승과 공중의 모든 새와 땅에 기는 모든 것과 바다의 모든 물고기가 너희를 두려워하며 너희를 무서워하리니 이것들은 너희의 손에 붙였음이니라 모든 산 동물은 너희의 먹을 것이 될지라 채소 같이 내가 이것을 다 너희에게 주노라(창 9:2-3)

노아의 홍수 이후에 하나님은 선물로 식물을 비롯하여 동물을 식용으로 허락하셨습니다. 물론 사람이 식물이나 동물을 돌보고 키우고 먹되, 지나친 포획이나 살상은 허락되지 않았습니다.[10] 하나님이 인간에게 주신 선물을 마다하고 극단적인 채식주의나 동물 보호 운동을 성경은 지지

하지 않습니다.

제6계명 우리말로 번역할 때, "살생(殺生)하지 말라."고 하지 않고 사람 인(人)자를 넣어 "살인(殺人)하지 말라"고 하였습니다.[11] 예수님은 거라사에 귀신이 돼지 떼에게 들어가기를 허락해 주셨고, 곧 귀신들린 돼지 떼 2천 마리가 바닷속으로 빠져 죽었습니다. 한 사람의 가치는 돼지 2천 마리가 아니라 2만 마리, 200만 마리하고도 바꿀 수 없이 존귀합니다.[12] 예수님은 당신의 생명을 동물의 생명과 동등한 것으로 간주하거나 또는 당신의 육신을 위하여 먹고 돌보는 것을 거절함으로 생명을 훼손시키지 않으셨습니다.[13]

결론적으로 구약성경에서 이 동사는 항상 '불법적인 살인'(Illegal Killing), 즉 '승인받지 못한 즉흥적 살인' 또는 '무죄한 자를 죽이는 것'과 같이 하나님의 계명에 위배되는 살인 행위에서만 사용됩니다.[14] 그래서 이 동사는 '살인'(Kill)이 아니라 '살해'(Murder), 곧 '미리 계획된, 불법적인 살인'(Premeditated Unlawful Killing)이라는 표현을 사용하는 게 좋습니다.[15]

## 사람은 왜 살인할 수 없는가: 하나님의 형상, 하나님의 소유

인간은 어떤 존재와 가치를 가졌기에 살인하지 말라고 하신 건지 창세기 1:26-28 보실까요?

> 하나님이 이르시되 우리의 형상을 따라 우리의 모양대로 우리가 사람을 만들고 그들로 바다의 물고기와 하늘의 새와 가축과 온 땅과 땅에 기는 모든 것을 다스리게 하자 하시고 하나님이 자기 형상 곧 하나님의 형상대로 사람을 창조하시되 남자와 여자를 창조하시고 하나님이 그들에게 복을 주시며

하나님이 그들에게 이르시되 생육하고 번성하여 땅에 충만하라, 땅을 정복하라, 바다의 물고기와 하늘의 새와 땅에 움직이는 모든 생물을 다스리라 하시니라(창 1:26-28)

사람은 하나님의 형상(imago Dei)으로 창조되었기 때문에 생명은 존엄하게 여겨야 합니다.[16] 하나님께서 해, 별, 달, 하늘과 땅과 바다 식물과 동물을 그냥 피조물로 만드셨습니다. 마지막에 사람을 만들 때에 아주 특별하게 창조하셨죠. 'Made in 삼위일체 하나님' 하나님의 형상을 따라, 모양대로 만드셨기에 다른 피조물보다 월등한 위치에서 다스리는 권세를 주셨습니다. 그리고 성경이 쓰일 당시 근동에서 '형상'이란 단어의 의미는 왕이 위임한 권한을 가지고 어디든 가서 똑같이 통치하는 것을 뜻했습니다. 동물의 경우에는 자기 결정권이나 도덕 능력, 책임지는 능력이 없지만, 인격적인 존재인 사람은 자기 스스로 결정하고 판단하는 존재입니다.

다른 사람의 피를 흘리면 그 사람의 피도 흘릴 것이니 이는 하나님이 자기 형상대로 사람을 지으셨음이니라(창 9:6)

노아 시대에 하나님의 형상을 파괴하는 살인을 하면 그도 곧 사형을 취해야 한다고 말합니다. 하나님께서 흙으로 사람을 지으시고 생기를 불어넣으셨기 때문에 사람의 생명은 철저하게 하나님께 속해 있습니다. 사람이 다른 사람의 생명을 취하는 일은 하나님의 뜻에 어긋납니다. 생명을 취하는 일은 오직 하나님의 뜻대로 행해져야 합니다.[17]

모든 생물의 생명과 모든 사람의 육신의 목숨이 다 그의 손에 있느니라(욥 12:10)

주께서 내 내장을 지으시며 나의 모태에서 나를 만드셨나이다 내가 주께 감사하옴은 나를 지으심이 심히 기묘하심이라 주께서 하시는 일이 기이함을 내 영혼이 잘 아나이다(시 139:13-14)

이 땅에 생명을 보내시는 분도 하나님이시고, 거두어 가시는 분도 하나님이십니다. 사람의 생명을 해한다는 것은 하나님의 주권을 침해하는 겁니다.[18] 진화론적, 유물론적 세계관으로 보는 세상 사람은 사람을 물질 덩어리로 봅니다. 그러기에 그들은 쉽게 장기를 팔고, 돈과 목숨을 바꾸기도 합니다. 이런 세속적인 세계관과 왜곡된 철학으로 사람을 평가하기에 '어느 대학교 나왔나, 키는 얼마인가? 무슨 차를 타는가? 몇 평의 아파트 사는가?'하는 시대정신이 사람의 가치를 판단하는 잣대가 됩니다. 그래서 기를 쓰고 가짜 학위라도 있어야 하고, 많은 돈을 들이고 목숨까지 걸어 성형수술을 하는 것 아닙니까?

## 하나님 형상의 범위

동사 뒤에 목적어를 생략한 것은 사람이나 이웃과 여자와 어린이 종들까지 모든 이들에게 적용하려는 뚜렷한 의도가 있습니다.[19] 기독교인들 사이에도 '하나님의 형상'을 도덕적 고결한 삶을 사는 기독교인들이라는 좁은 시각을 가지고 있습니다. 하지만 모든 인간의 공통분모가 하나님의 형상대로 지음 받았다는 사실을 성경이 분명히 증거합니다. 죄를 지어 하나님의 형상의 일부가 파괴되었지만 여전히 모든 인간은 다 하나님의 형상을 가진 존재입니다. 그래서 예수를 믿든지 이단에 빠진 사람이든지, 죄가 있든지 없든지, 권력이 있든지 없든지, 건강하든지 병이 들었든지, 자유인이나 종이나, 남녀노소를 막론하고 다 말할 수 없는 존귀한 가치를 지닌 하나님의 형상입니다. 원수와 핍박자까지 모두를 하나님의 형상대로 지음 받았기에 사랑하고 기도해 주어야 합니다. 우리 모두가 하나님이 주신 생명을 가지고 이 땅에서 하나님 형상대로, 부르신 소명에 따라 생명의 무한한 가능성을 드러내며 하나님의 형상대로 살아야 합니다.[20)]

## 사람은 왜 살인할 수 없는가: 하나님의 형상, 하나님의 소유

세월이 흐르면서 제6계명을 좁게(문자적으로) 이해하여 실제로 사람만 죽이지 않으면 된다는 뜻으로만 받아들였습니다. 예수님은 예수님 당시 서기관과 바리새인들을 향해 제6계명을 어떻게 확장시키고 적극적으로 해석하시는지 저자 직강으로 보실까요?

> 옛 사람에게 말한 바 살인하지 말라 누구든지 살인하면 심판을 받게 되리라 하였다는 것을 너희가 들었으나 나는 너희에게 이르노니 형제에게 노하는 자마다 심판을 받게 되고 형제를 대하여 라가라 하는 자는 공회에 잡혀가게 되고 미련한 놈이라 하는 자는 지옥 불에 들어가게 되리라(마 5:21-22)

얼핏 보아 좀 생뚱맞습니다. 살인하지 말라는 계명을 두고서 "형제에게 노하는 자", "형제에게 화내지 말고", "라가라 하는 자", "바보, 천치, 돌대가리"(Empty-head, Numskull, Fool)라는 말로 다른 사람을 무시하고 멸시하고 욕하지 말라고 합니다. 분노는 멸시로, 멸시는 욕으로, 욕은 폭력으로, 결국은 폭력에서 살인에까지 이르게 됩니다. 이처럼 살인은 총이나 칼과 같은 흉기로만 할 수 있는 게 아닙니다. 말과 혀로 그리고 마음으로도 얼마든지 인격 살인을 할 수 있습니다.[21)] 예수님은 이에 대하여 점층법(漸層法)을 사용하셔서 인간의 내면에서부터 출발하여 경멸의 정도가 심해지는 범죄에 따라 지방 재판소, 산헤드린 법정, 지옥 불로 점점 더 무서운 심판으로 경고합니다.[22)]

### 제6계명과 제사와의 연관성

> 그러므로 예물을 제단에 드리려다가 거기서 네 형제에게 원망들을 만한 일이 있는 것이 생각나거든 예물을 제단 앞에 두고 먼저 가서 형제와 화목하고 그 후에 와서 예물을 드리라 너를 고발하는 자와 함께 길에 있을 때에 급히 사화하라 그 고발하는 자가 너를 재판관에게 내어 주고 재판관이 옥리에게 내어 주어 옥에 가둘까 염려하라 진실로 네게 이르노니 네가 한 푼이라도 남김이 없이 다 갚기 전에는 결코 거기서 나오지 못하리라(마 5:23-26)

'그러므로'라는 접속사 뒤로 마태복음 5:23-24은 제6계명이 "하나님께 드리는 제사"와 결부되어 있습니다. "나의 어떤 행위가 형제의 마음을 상하게 하여 나에게 불편함을 느끼고 있을 것이라 생각나면 하나님 앞에서 제사를 드리는 도중이라도 즉시 형제에게 찾아가 형제의 불쾌한 마음을 풀어주고 화목하라. 너희가 명분으로 삼고 중요하다고 여기는 예배보다도 먼저 형제와 화목하라. 형제를 사랑하지 않는 자는 하나님과의 관계를 정상적으로 가질 수 없다." 하나님을 만나는 예배 전에 강력한 삶의 요구를 하십니다. 성도들 간의 진정한 화목 없이 행해지는 예배 행위는 단순한 종교 활동에 지나지 않습니다.[23)]

그런데 예수님의 말씀의 의도는 잘 알겠지만 실제 삶에서 실천하기 쉬운가요? 어떤 때는 남이 보이지 않는 데서 다른 사람 흉을 보며 욕하면 마음이 후련해질 때도 있지 않습니까? 우리는 화난다고 해서 다른 사람을 함부로 멸시하는 경우가 얼마나 많았습니까? 예수님은 "지옥 불에 들어가게 되리라."는 무서운 심판을 선언합니다. 이웃과 잘못된 관계는 덮

어둘 문제가 아닙니다. 성령 하나님께서 감동을 주셔서 관계의 문제를 적극적으로 해결하고 자유로운 마음으로 참된 예배의 자리에 나오시기 바랍니다. 이어서 바울의 적용을 볼까요?

## 바울의 적용

너희는 모든 악독과 노함과 분냄과 떠드는 것과 비방하는 것을 모든 악의와 함께 버리고 서로 친절하게 하며 불쌍히 여기며 서로 용서하기를 하나님이 그리스도 안에서 너희를 용서하심과 같이 하라(엡 4:31-32)

여러분에게는 어떤 상처와 지독한 멸시로 인해 그 사람을 용서하지 못하고 있습니까? 바울의 권면은 세상적 가치, 윤리, 도덕을 훨씬 뛰어넘는 신앙을 강조합니다. 예수님 안에서 용서 받은 의인으로서 이웃과 화해하며 평안하게 지내며, 변호하고 위로하고 도우면서 제6계명을 지켜야 합니다.[24)]

## 요한의 적용

그 형제를 미워하는 자마다 살인하는 자니 살인하는 자마다 영생이 그 속에 거하지 아니하는 것을 너희가 아는 바라 그가 우리를 위하여 목숨을 버리셨으니 우리가 이로써 사랑을 알고 우리도 형제들을 위하여 목숨을 버리는 것이 마땅하니라(요일 3:15-16)

사도 요한은 내면에 있는 죄의 뿌리를 걷어내는 것뿐만 아니라 적극적인 의미로 "서로 사랑하라"는 명령으로 이해합니다. 하나님의 참된 자녀는 진리를 외면하는 자들 앞에서 참 진리의 빛으로 서서 진리가 있구나! 생명이 있구나! 하나님을 우리 아버지로 섬긴다는 것이 이것이다 증언하는 사람들입니다. 하나님으로부터 받은 믿음을 삶을 통해 입증하는 자들입니다. 우리는 사랑해야 될 비전과 사명을 가진 사람들이기에 선택의 여지가 없습니다. 권위와 품격의 아름다움이 모든 세계의 피조물 가운데서 너희를 본 자는 나를 본 자와 같다는 복된 삶을 살도록 부름 받은 존재로 죽음이 기승을 부리는 이 세상에 하늘 생명을 선보여야 합니다. 다들 내가 살아남기 위해 남을 죽이려고 할 때, 우리는 남을 위해 죽는 것이 무엇인지를 증거해야 합니다. 그것이 십자가입니다. 세상 사람들이 십자가를 연상하면서 죽임이 아니라 살림을 떠올려야 하지 않을까요? 신자는 십자군이 되어야 할 것이 아니라 십자가를 살아내어야 합니다.[25)]

## 야고보의 적용

혀는 곧 불이요 불의의 세계라 혀는 우리 지체 중에서 온 몸을 더럽히고 삶의 수레바퀴를 불사르나니 그 사르는 것이 지옥 불에서 나느니라 여러 종류의 짐승과 새와 벌레와 바다의 생물은 다 사람이 길들일 수 있고 길들여 왔거니와 혀는 능히 길들일 사람이 없나니 쉬지 아니하는 악이요 죽이는 독이 가득한 것이라 이것으로 우리가 주 아버지를 찬송하고 또 이것으로 하나님의 형상대로 지음을 받은 사람을 저주하나니 한 입에서 찬송과 저주가 나오는도다 내 형제들아 이것이 마땅하지 아니하니라(약 3:6-10)

믿음의 동역자 여러분! "우리교회는 사랑이 없어. 저 인간은 언제나 저 모양이야." 이런 불평은 "살인하지 말라"는 계명을 다 이해하지 못해서 생기는 병입니다. 이때 상대방도 "그래 너 잘났어." 하면 그 다음에는 대화가 안 되겠지요. 그렇다면 우리는 이미 서로에게 숱한 살인을 하고 있습니다. 우리는 더 이상 남을 해쳐서 승리를 하거나 남의 것을 빼앗아 우리의 필요를 채울 필요가 없는 사람들입니다. 우리를 패배시킬 것은 세상에 없습니다. 우리의 필요를 채울 것도 세상에 없습니다. 우리의 필요와 승리는 오직 하나님 안에만 있습니다. 중요한 것은 하나님의 사람으로 사느냐 못사느냐의 싸움만이 우리에게 있습니다. 이제 하나님의 형상인 모든 이웃에게 "웃어 주고, 맞장구 치고, 편들어 주면서 잘했군, 잘했어!"라고 할 수 있는 여유가 생기기를 바랍니다.

## 하이델베르크 요리문답에 나타난 제6계명의 요구

하이델베르크 요리문답은 "살인하지 말라"는 명령을 주신 하나님의 깊은 뜻이 무엇인지 풍성하게 교훈합니다.

하이델베르크 요리문답

제 105문 하나님께서 제 6계명에서 무엇을 요구하십니까?

답 내가 나 자신으로나 혹은 다른 사람을 통하여 생각이나, 말이나, 태도로나, 더 더욱 행동으로 내 이웃을 모욕하거나, 미워하거나, 해치거나, 죽여서는 안 되고, 모든 복수심을 버려야 하고, 내가 내 자신을 상하게 하거나, 무모하게 위험에 빠뜨려서도 안 된다는 것입니다. 그래서 국가가 살인을 방지하기 위하여 검을 가지고 있는 것입니다.

### 성경이 말하는 살인의 범위

내 이웃은 누구일까요? 버스 정류장에서 내 옆에 서 있는 사람이 내 이웃이고, 학교 친구, 직장 동료, 길 건너편에 있는 경쟁 상대도 내 이웃입니다. 이 사람들의 이익이 자꾸 내 이익과 맞부딪히고, 이 사람의 삶의 자리가 내 삶의 자리를 옥죕니다. 달리 말해 내 이웃은 하나님께서 내 길 위에 두신 사람입니다.[26] 하이델베르크 요리문답에서 제6계명은 "내 이웃의 인격"까지 다룹니다.

**자신을 해치지 말라: 담배, 술, 약물중독 등**

"내가 내 자신을 상하게 하거나, 무모하게 위험에 빠뜨려서도 안 된다." 더 나아가 자신의 몸을 학대하거나 자기 몸에 해를 주는 것까지 포함합니다. 게임, 인터넷, 스마트폰, 운동, 노름, 담배, 술, 약물, 마약 등에 중독되는 것도 피해야 합니다. 사소해 보이는 것일지라도 우리 자신을 해치면 하나님이 기뻐하시지 않습니다. 우리는 신체적으로나 영적으로 우리 자신을 돌보아야 합니다. 우리 생명이 하나님의 선물임을 기억하고 하나님의 영광을 위해 바르게 사용해야 합니다.[27] 병에 걸렸는데도 치료를 받지 않는다든지, 자신의 처지에 대해 지나치게 슬퍼하는 것도 제6계명을 어기는 겁니다.[28]

**통치자가 살인을 막기 위해 칼로 무장하고 있다.**

"국가가 살인을 방지하기 위하여 검을 가지고 있습니다." 정부는 극한 상황 속에서 과도한 살인을 막기 위해 무기와 권위를 갖는데, 때때로 정부가 잘못 판단하여 공권력을 남용하는 경우에 공직에 있는 자들은 하나님의 뜻에 합당한 처신을 해야 합니다.

**제6계명은 오직 실제 살인에만 관련되는가?**

하이델베르크 요리문답

| | |
|---|---|
| 제 106문 | 그러나 이 계명에서는 오직 살인에 대해서만 말합니까? |
| 답 | 살인을 금하심으로, 하나님께서 살인의 뿌리, 곧, 질투, 미움, 분노, 복수심 등을 미워하시고, 이 모든 것들을 살인으로 생각하신다는 것을 우리에게 가르쳐 주십니다. |

예수님과 바울과 요한과 야고보의 해석처럼 하이델베르크 요리문답도 실제 살인뿐만 아니라 미워함, 분노(레 19:17-18; 요일 3:15), 폭력(출 21:12, 14, 18), 사고 방지에 등한함(신 22:8; 레 19:14)과 및 잔인성(신 22:6)과 같이 '살인'에 이르게 하는 원인들까지도 금지합니다.[29] 나의 마음에 칼을 놓으면 그것이 행복입니다. 이웃을 대 놓고 싫어하는 게 아니라 아주 점잖게 싫어합니다. "안녕하세요? 밤새 잘 주무셨어요?" 하지만 이 사람이 영 마음에 들지 않습니다. 심지어 이 사람을 미워하기까지 합니다. 이게 바로 살인입니다.[30]

하이델베르크 요리문답

제 107문 그러면 우리가 이런 방식으로 우리 이웃을 살인하지 않으면 그것으로 족합니까?

답 그렇지 않습니다. 하나님께서 시기와 미움과 분노에 대해 정죄하실 때, 하나님께서는 우리에게 이웃을 내 몸과 같이 사랑하고, 이웃에게 인내와 화평과 온유와 자비와 우정을 보여주고, 할 수 있는 한, 이웃을 위험으로부터 보호해 주고, 우리의 원수에게까지 선을 행할 것을 요구하십니다.

하이델베르크 요리문답은 "미움, 분노, 시기, 복수심"을 품지 않는 정도에서 그치지 않고 사랑하고 온유하며 화평과 자비, 그리고 친절까지, 더 적극적이고 확장된 계명으로 나아갑니다.[31] 우리는 긍정적인 명령을 접하면서 한숨이 절로 나옵니다. 내가 사랑해야 할 대상을 사랑하지 못한 게 살인이라고 하니 정말 "나는 살인자였구나!" 싶습니다.

## 살인의 경계선상에 있는 문제들

하이델베르크 요리문답은 낙태, 안락사 자살, 사형, 정의로운 전쟁[32] 등에 대해 구체적으로 언급하지 않습니다. 하이델베르크 요리문답의 작성자들은 그 당시에 이런 윤리적인 난제들에 직면하기 않았기 때문입니다.[33]

### 사형(Death Penalty)

일부 기독교인들 중에도 인간의 가치와 인권을 소중히 여겨야 한다는 취지로 사형제도를 반대하는 사람들이 있습니다. 그러나 사형제도는 구약 성경에 "인간의 생명에 대한 존경"이 근거입니다.[34] "사람이 그의 이웃을 고의로 죽였으면 너는 그를 내 제단에서라도 잡아내려 죽일지니라"(출 21:14) 구약에서 사형은 오직 하나님께 대한 범죄와, 인간의 생명을 범한 죄에 한해서만 시행하라고 가르칩니다.[35]

사형 제도는 반드시 공적 기관인 국가를 통해 이루어져야 합니다. 예컨대, 나의 가족이 누군가에게 살해당했는데 보복하기 위해 끊임없이 살인을 한다면 결국 사회는 엉망이 될 것입니다.[36] 하나님의 말씀은 "다스리는 자(권위자)"는 "하나님의 사역자"고, "악을 행하는 자에게 진노하심을 따라 보응하는 자"라고 똑똑히 말합니다(롬 13:3-4). 다스리는 자는 공연히 칼을 가지지 않습니다.[37] 문제는 사형의 집행자가 누구인가 하는 것과 사형을 적용해야 하는 경우가 언제인가 하는 겁니다.[38]

만일 사형을 집행하는 정부가 불의한 정권으로 아무 잘못이 없는 사람들을 죽인다면 어떻게 해야 합니까? 1908년 미국의 기독교개혁교회(CRC) 총회는 사형 제도와 관련하여 다음과 같은 공식적인 입장을 발표하였습니다. "국가는 사형을 실행할 권리를 가지지만 그것을 반드시 집

행해야 할 의무는 없다. 만일 사형이 실시될 때에는 극도로 절제되어야 한다."(Acts of the Synod of the Christian Reformed Church, 1981)[39]. 이 결의는 성경의 원리와 인간의 현실을 모두 잘 고려한 결과입니다.

**낙태(Abortion)**

구약성경은 분명히 "태아"(胎兒)가 뱃속에 잉태될 때부터 생명이고 인격이라는 데 이론의 여지가 없습니다.

> 주께서 내 내장을 지으시며 나의 모태에서 나를 만드셨나이다(시 139:13)
> 내 형질이 이루어지기 전에 주의 눈이 보셨으며 나를 위하여 정한 날이 하루도 되기 전에 주의 책에 다 기록이 되었나이다(시 139:16)
> 주의 손으로 나를 빚으셨으며 만드셨는데 이제 나를 멸하시나이다(욥 10:8)

신약 성경에 마리아가 성령으로 아기 예수님을 잉태했을 때 먼 친척 엘리사벳을 찾아갑니다.

> 엘리사벳이 마리아가 문안함을 들으매 아이가 복중에서 뛰노는지라 엘리사벳이 성령의 충만함을 받아 보라 네 문안하는 소리가 내 귀에 들릴 때에 아이가 내 복중에서 기쁨으로 뛰놀았도다(눅 1:41, 44)

그때 엘리사벳의 뱃속에도 6개월쯤 되는 생명이 자라고 있었습니다.[40] 바로 세례 요한인데 그는 어머니의 뱃속에서 구주를 영접하고 뛰놀았다고 성경은 기록합니다.

태아를 죽이는 용어를 낙태(落胎)라는 표현에, 낙(落)은 '죽인다'는 개념보다는 '버린다' 혹은 '떨어뜨린다' 정도의 의미를 갖고 있습니다. 그래서 사람들은 보통 아기를 지운거나 뗀다고 너무 쉽게 표현합니다. 이러한 표현에는 태아를 사람이 아니라 일종의 혹(lump)이나 상처(傷處)정도로 생각하는 경향이 담겨 있습니다.[41] 출애굽기 21:12-25에 의하면 어떤 사람이 임신한 여인을 쳐서 낙태하게 했으면, 재판장의 판결에 따라서 배상해야만 했습니다. 낙태는 엄연히 죄입니다.[42] '낙태'는 원치 않는 임신, 성폭행, 무책임한 남자들과 같은 복잡한 정황이 있어서 한 여성에게만 책임을 물을 수는 없습니다.[43]

산모가 출산 중에 건강상의 위험이 있는 경우, 임신한 상태에 심각한 정신 질환이 있는 경우, 임신과 출산 때문에 학업이나 생계를 이어나기기 힘들 경우, 뱃속에 아이가 심각한 장애가 있거나, 딸이 친아버지의 아이를 가질 경우가 생긴다면 아이를 낳게 해야 할지, 아니면 낙태를 시켜야 할지 형법과 모자보건법에는 명확한 규정이 있긴 하지만 실제로 목사인 저로서도 말하기 쉽지 않습니다.[44] 성경적인 관점에서는 산모의 건강상의 이유를 제외한 다른 낙태의 경우는 살인죄를 범하는 것으로 봅니다.[45] 우리 기독교인들은 '낙태 반대 운동'을 적극 벌여야 합니다. 출산이 가져다 줄 엄청난 사회적 난관들 때문에 낙태를 조장한다면, 아이를 낳고 보호기관으로 보내 입양이 좋은 수단이 될 수 있습니다.[46]

### 자살(Suicide)

현대인들은 자살을 '자유로운 행동'이라고 생각하는 심각한 병리현상을 겪고 있습니다. 이것은 "삶을 마감하는 방식을 그 사람의 자유다. 내가 선택할 수 있다. 내 것은 내 마음대로 해도 된다."는 생각에서 출발합니다.[47] 과연 하나님께서 주신 자신의 목숨을 스스로 던질 권한이 있습니까? 개혁주의 교리문답들은 모두 일관되게 '자신의 생명'에 대한 책임을 묻습니다.

성경에 "자살하지 말라."고 구체적으로 언급하거나 죄라고 명시적으로 표현되지도 않았습니다. 하지만 성경이 자살에 대해 침묵한다고 생각해서는 안 됩니다.[48] 성경에는 모두 여섯 번의 자살 사례를 기록합니다. 그 가운데 사사 삼손(삿 16:23-31)은 오늘날 마치 자살특공대처럼 죽었습니다. 그러나 히브리서는 그를 신앙의 영웅으로 기록합니다. 그 외에 사울 왕(삼상 31:4-5), 압살롬의 참모 아히도벨(삼하 17:23), 북이스라엘의 시므리 왕(왕상 16:18), 그리고 가룟 유다(마 27:5)의 사례가 있습니다.[49] 성경에는 엘리야(왕상 19:4), 시므온(눅 2:29), 바울(고후 5:2, 8) 등은 "여호와여 지금 내 생명을 취하소서."라고 했지만 어느 누구도 자살을 시도하지는 않았습니다.

살인(殺人)에서 인(人)은 기본적으로 '사람'입니다. 사람에는 다른 사람(他人)은 물론이거니와 자기 자신(自身)도 포함됩니다. 그렇기에 "살인하지 말라"는 타살(他殺)과 자살(刺殺)을 모두 금하고 있기 때문입니다.[50]

교회는 자살이라는 죄악을 엄중 경계하지만, 그런 강조가 지나쳐서 "자살하면 모두 지옥 간다."는 성경적으로 부정확한 주장만 앞세우는 것은 옳지 않습니다. 자살을 사후의 구원문제와 관련시켜서 제시하는 생각은 신플라톤주의에 기인한 겁니다. 그리고 루터와 칼뱅 등은 자살을 구원의 문제와 연결시키지 않았습니다. 왜 자살했으며 어떻게 자살했는지가 다르기 때문입니다. 예를 들어 정신분열증이나 우울증을 앓는 사람이 이성을 잃은 채 스스로 목숨을 끊은 것을 무작정 악하게 볼 것인가 하는 문제가 있습니다.[51]

자살은 자살자의 의지와 상관없이, 가족, 친구, 동료, 이웃에게 엄청난 충격과 고통을 줍니다. 자살 당사자는 자신의 고통을 회피하였을지 모르지만, 남아 있는 자녀와 부모나 친구들은 그 사건으로 심한 정신적 타격과 고통을 받게 됩니다.[52] 스스로 자신의 생명을 끊는 사람들은 분명 나름대로 고통스러운 이유들이 있을 겁니다. 자살에 대한 적극적인 기독교적 대처로써, 이웃과 사회에 대한 배려가 중요합니다. 그리스도인은 자살한 사람을 획일적으로 정죄하려는 태도를 갖기보다 왜 이 시대에 자살하는 사람이 많은지 생각하면서 해결책을 찾기 위해 노력하는 좀 더 성숙한 태도를 가져야 합니다.

자살하는 이들을 욕하고, 그들의 구원 문제를 논쟁하는 정도에 머무르는 게 아니라 이 시대에 자살이 많은 것이 우리가 이웃 사랑을 제대로 실천하지 못하였기 때문은 아닌지 생각해야 합니다. 특히 교회 공동체 안에서 자살을 하는 사람이 없도록 해야 합니다.[53]

### 안락사(Euthanasia)

안락사의 문제는 과거에는 생각해 보지 못한 문제입니다. 오늘날 의술이 발전하면서 생겨난 문제로서 하나님의 일반은총(Common Grace)의 부분입니다. 그런데 의술은 생명의 증진에 목적이 있지, 생명의 종결을 앞당기기 위해서 주어진 게 아닙니다.[54] 안락사(安樂死)라는 한자어(漢字語) 표현은 마치 죽음을 미화시키는 듯한 인상을 줍니다. '편안하고 즐거운 죽음'이라는 뜻의 영어 'Euthanasia'라는 표현이 그러합니다. 요즘에는 '자비사(慈悲死, Mercy Killing) 혹은 '존엄사(尊嚴死)라고 까지 표현합니다.[55] 어떤 근거로 안락사를 '좋은 죽음'이라고 부를 수 있을까요?

성경적 관점에서 안락사는 환자의 입장에서 보면 '의사의 도움을 받아서 행하는 자살'(Physician-Assisted Suicide)이요, 의사와 보호자의 입장에서 보면 '살인' 혹은 '살인 방조행위'입니다.[56] 물론 안락사의 문제는 뇌사상태에 있거나 불치의 병을 앓는 환자분과 가족들에게는 말로 표현하기 어려운 고통이요, 죽음을 눈앞에 둔 고통입니다. 하지만 그렇다고 해서 살인이라는 방식으로 이 문제를 해결하려고 해서는 안 됩니다.[57] 물론 지나친 의료행위를 통해 억지로 생명을 연장하는 것과는 구분되어야 합니다.

### 정당한 전쟁(Just War)

최근에 양심적 병역거부(Conscientious Objection to Military Service)가 사회적으로 큰 이슈입니다. 성경에서 살인을 금한다는 이유로 '여호와의 증인'은 집총거부(執銃拒否)를 하며 군대를 가지 않습니다. 전쟁에서 적군을 죽였기 때문에 살인한 것이 아니라, 제6계명이 명령하는 "궁극적인 하나님의 뜻을 짓밟았다는 점에서" 계명을 어기는 겁니다.[58] 전쟁에 관련해서는 세 가지 견해가 있습니다. 첫째, 평화주의(Pacifism)로 재세례파의 일부가 주장을 했습니다. 이상적으로 생각하면 평화주의가 최고입니다. 하지만 그런 사회가 과연 존재할까요? 둘째, 대의전쟁론 또는 성전론(Holy War Theory)으로 십자군 전쟁 등 역사적 오점을 남겼습니다. 십자군 전쟁은 그리스도의 이름으로 수행된 무슬림에 대한 살육이었습니다. 종교개혁 시대의 30년 전쟁 역시 그리스도의 이름으로 기독교인끼리의 살육으로 아무런 소득 없이 막을 내렸습니다. 물론 얻은 것이 하나 있긴 합니다. "전쟁으로는 아무것도 해결할 수 없다!"는 귀중한 교훈 말입니다.[59]

셋째, 개혁주의 신학이 취하는 입장이 정당전쟁론(Just War Theory)이 있습니다. 물론 전쟁 찬성론이라기보다는 기본적으로 평화주의 이념에 동의합니다. 전쟁이 없다면 가장 좋을 것이나 현실은 그렇지 않습니다.[60] 역사적으로 기독교는 지배자의 윤리에 부역하는 등 '힘에의 의지'에로 기울었던 적이 많았습니다. 제국주의에 편승했음은 물론, 죽음의 문화를 전 지구적으로 확산시키기도 했습니다.[61]

### 차별과 인권의 문제

사람의 신체를 죽이는 것만 아니라 사람의 영혼을 죽이는 '인격 살인'도 '살인'입니다. 이런 점에서 차별은 제6계명을 범하는 일입니다. 야고보서 2:1-9에는 차별을 금하는 내용이 나옵니다.

> 내 형제들아 영광의 주 곧 우리 주 예수 그리스도에 대한 믿음을 너희가 가졌으니 사람을 차별하여 대하지 말라 만일 너희 회당에 금 가락지를 끼고 아름다운 옷을 입은 사람이 들어오고 또 남루한 옷을 입은 가난한 사람이 들어올 때에 너희가 아름다운 옷을 입은 자를 눈여겨 보고 말하되 여기 좋은 자리에 앉으소서 하고 또 가난한 자에게 말하되 너는 거기 서 있든지 내 발등상 아래에 앉으라 하면 너희끼리 서로 차별하며 악한 생각으로 판단하는 자가 되는 것이 아니냐(약 2:1-4)

야고보서에 의하면 초대 교회도 있는 자와 없는 자를 차별했습니다. 돈으로, 경제 논리로 사람을 구분하고 차별했습니다. 비정규직 노동자, 고용이 불안한 노동자들에게 현실적으로 가해지는 고통, 있는 사람들은 더 있게 되고 없는 사람들은 더 절망하게 만드는 이런 양극화 현상이 천민자본주의에서 일어나는 후유증입니다.

### 실수에 의한 살인 및 여러 간접적인 살인

> 네가 새 집을 지을 때에 지붕에 난간을 만들어 사람이 떨어지지 않게 하라 그 피가 네 집에 돌아갈까 하노라(신 22:8)

신명기는 새 집을 지을 때 지붕에 난간을 만들라고 합니다. 왜죠? 이 난간은 일종의 사회적 안전망입니다. 히브리 사람들의 지붕은 평평했기 때문에 그곳이 하나의 생활공간이었습니다. 그래서 집을 지을 때는 반드시 지붕에 난간을 설치해 사람이 떨어지지 않도록 조치합니다. 지역 주민들의 안전을 위해서입니다.

삼풍백화점 붕괴사고, 성수대교 붕괴 등은 한국 사회가 안고 있는 총체적인 문제점이 그 사건 안에 다 녹아 있었습니다. 생명 경시, 물질 만능 주의 등입니다. 특히 세월호 사건에서 우리는 304명의 학생들이 수장되는 모습을 보면서 망연자실했고, 선장이 속옷 차림으로 해경의 도움을 받아 자기만 먼저 빠져나가는 모습을 함께 지켜보았습니다.

직접적으로 살인하지 않더라도 간접적으로 다른 사람의 생명에 위협을 끼치는 경우가 있습니다. 불량식품을 만들어서 판매한다든지, 환경을 오염시켜서 수많은 사람들의 건강을 해치게 한다든지, 위험한 시설물을 방치한다든지 하는 경우들입니다. 또한 오늘날 경제적인 어려움을 겪는 사람들에게 접근하여 엄청난 이자를 붙여서 돈을 빌려주고 폭력적인 수단까지 사용하여 돈을 받아내려는 사채업자들 역시 살인자들입니다. 그 밖에 학원폭력, 인터넷과 언론을 통한 인권침해, 각종 테러, 핵무기와 대량살상무기 등이 우리의 생명을 위협합니다. 우리는 이런 여러 간접적인 살인행위들에 대해서 심각한 경각심을 가져야 합니다.[62]

### 살인 방조

살인하거나 자살하지 않더라도 다른 사람이 죽음의 처지에 놓여 있을 때 그를 건지지 않는 것 역시 제6계명을 어기는 일입니다. 적극적으로 누군가를 죽이는 것도 살인이지만, 죽어 가는 사람을 그냥 내버려두는 것도 살인입니다.

> 너는 사망으로 끌려가는 자를 건져 주며 살륙을 당하게 된 자를 구원하지 아니하려고 하지 말라(잠 24:11)

길을 가다 어떤 사람이 차에 부딪힐 상황이 발생했는데 그 사람을 충분히 구해 줄 수 있음에도 불구하고 무시하는 것, 비행기 시간이 급하다는 이유로 심장마비가 온 택시기사를 두고 현장을 떠나는 것, 한 겨울에 술에 만취한 사태로 길에 자고 있는 사람을 보고도 못 본체 하고 지나가는 것 등이 있습니다.

**정당방위(Self-Defense) 및 국가를 위해 적의 지도자를 살해하는 것은 적법한가?**

정당방위란 누군가가 자신이나 다른 사람의 생명과 재산을 빼앗으려고 할 때에 적극적으로 맞서서 싸우는 것을 뜻합니다. 국가의 법에서도 정당방위에 의한 살인에는 살인죄가 적용되지 않습니다. 정당방위는 불가피한 것으로 자신이나 다른 사람을 위하여 어쩔 수 없이 취한 행동이기 때문입니다.[63] 하지만 정당방위의 범위가 어디까지인가 애매하기 때문에 수사를 정확히 하고 법 적용을 확실히 해서 억울한 일이 생기지 않아야 합니다.

남의 나라를 폭력으로 짓밟는 악한 국가나 단체의 지도자를 살해하는 것은 어떤가요? 일제강점기 때 1909년 10월 26일 길림성 하얼빈 역에서 이도 히로부미를 저격한 안중근의사는 살인자가 아니라 의로운 전쟁을 수행한 군인이라고 평가를 합니다. 2차 세계대전 당시 히틀러의 암살에 모의한 디트리히 본회퍼(Dietrich Bonhoeffer)목사의 경우도 있습니다.

## 제6계명을 지키신 예수 그리스도

믿음의 동역자 여러분! 나를 멸시하고 섭섭하게 하는 인간, 공동체 속에서 꾀돌이처럼 자기의 이익만을 추구하는 동료, 선과 악의 모호한 경계에 서 있는 사람을 보면 미움, 분노, 격분, 복수심이 자연스레 일어납니다. 이런 때 어떻게 하십니까?

먼저, '재만 보면 나오던 찬송도 안 나와'하는 사람을 만나면, 웃고 인사하는 정도는 해야 합니다. 일단 내 입에서 서슬 퍼런 칼을 휘두르고 검은 총구에서 화약 냄새가 나면 돌이키기에는 굉장히 많은 시간이 흐르기 때문입니다. 우리의 눈빛으로 살상용 레이저를 쏘았다면 길거리에 시체들이 즐비했겠지요. 우리는 살인을 참으로 수도 없이 저질렀습니다. 저도 진즉에 그 시체 중 하나였을 겁니다. "하나님의 은혜가 아니었으면 나도 결국 그렇게 되었겠지." 우리가 할 수 있는 말은 오직 이것뿐입니다.

우리는 제6계명 앞에서 스스로 정의로운 심판자가 될 수 없다는 것을 인정해야 합니다. 아무리 내 판단이 정의로워 보인다 하더라도 그 안에는 시기와 증오를 배제할 수 없기 때문에 심판을 정의로운 하나님께 맡겨야 합니다. 그것이 원수를 이기는 길입니다.[64] 제6계명은 소극적인 측면에서 살인하지 말라고 말씀하지만 적극적인 측면에서는 "살인하지 말라"를 긍정적으로 바꾸면 하나님의 형상인 사람의 "생명을 보호하라" 또는 더 나아가 "삶을 가꾸라"는 명령입니다. 그리스도인이 서로 사랑함으로써 하나님의 거룩한 의와 진리를 드러내고, 개인과 사회를 보존하며, 더 나아가 거룩한 하나님의 나라를 이루어 가야 하는 목적을 전제하는 명령입니다.

"살인하지 말라"는 말씀의 최종적인 의미는 우리의 마음 속에 미움을 밀어 내고, 텅빈 마음을 가지는 의미가 아닙니다. 물론 지독한 죄의 뿌리인 미움을 버리는 것은 자기 신체 중 일부를 잘라내는 것만큼 어렵습니다. 더더욱 미워하는 사람에 대해 복수하지 않는 것을 넘어서 하나님께서 명령하신대로 이웃을 아니 원수까지 용서하고, 화목하고, 사랑하는 데까지 가라는 명령은 어렵다 못해 불가능한 소리로 들립니다.

"원수를 사랑하라"는 말은 우리의 본성과 너무나 상충합니다. 우리의 타락한 본성은 하나님과 우리 이웃을 미워합니다. 우리의 일반적 정서는 "원수는 없애야 한다."가 아닙니까? 어떻게 하면 제6계명을 제대로 지킬 수 있을까요? 예수님의 생애를 보십시오. 제6계명을 지키는 일에 모범을 보여주신 분입니다. 죽어가는 자들을 살리시고, 차별하지 않으시고, 사형 제도를 인정하시고, 자살이나 안락사를 선택하지 않으시며, 영혼을 사랑하시고 구원하심으로써 제6계명을 지키셨습니다.[65] 우리는 그분의 공로를 힘입으므로 가능합니다.

먼저 우리에게 무엇보다 가장 필요한 것은 거듭나는 일입니다. 그리스도를 믿는 참되고 구원 얻는 믿음으로써만 이 일이 가능합니다.[66] 그리스도께서 처음부터 살인한 자인 사탄에게서 우리 생명을 건져 내시려고 친히 살인자들의 손에 빠져 들어가셨습니다. 살인자들과 함께 다루어지셨고, 살인자들과 함께 십자가에 못 박히셨습니다. 그리스도께서 속죄의 피를 흘리심으로 살인자였던 한 강도가 그리스도와 함께 낙원에 들어가는 첫 번째 사람이 되었습니다. 이것은 십자가에 못 박히신 그리스도께서 자기 옆에 매달린 이웃에게 전하신 소식이었습니다. 이 사람 뒤로 수많은 살인자가 줄을 이었습니다.[67]

> 예수께서 이르시되 내가 진실로 네게 이르노니 오늘 네가 나와 함께 낙원에 있으리라 하시니라(눅 23:43)

여러분과 제가 바로 그 살인자입니다. 하나님과 우리 이웃을 미워한 자요 살해한 자입니다. 하지만 그리스도께서는 제6계명을 범한 죗값도 치르셨고, 이렇게 해서 우리가 하나님과 우리 이웃을 다시 사랑할 수 있게 하셨습니다. 그러므로 하나님을 사랑하지 않는 한, 절대로 우리는 우리 이웃을 사랑할 수 없습니다. 그리스도 예수 안에서 하나님을 만난 신자만이 할 수 있고 해야만 합니다.

그리스도의 사랑을 맛본 성도는 성령의 도움을 받으며 노력할 때 그렇게 할 수 있습니다. 성도의 승리와 성공은 적을 제압하는 데 있는 게 아니라 적을 얼마나 사랑하느냐에 달려 있습니다.[68] 이렇게 살 때 우리는 살인자가 아니라 살리는 자가 됩니다. 스스로 복을 누리고 나의 마음에 평화가 깃들고 넉넉해집니다. 우리의 인생이 늘 언제나 이런 감사와 기적으로 채워지기를 기도합니다.

어둠은 빛으로 밀어내듯이 미움의 마음에서 비롯하는 살인의 시작은 미움을 사랑으로 변화시키는 성령님의 도움으로만 가능합니다. 사랑의 열매를 맺기 위해 성령님을 쫓아 살아가는 적극적인 순종이 제6계명을 충분히 지키는 유일한 길입니다.[69] 오늘 우리의 마땅한 반응은 하나님이 사랑하신 사람을 나도 사랑하게 해 달라고 기도하며 마침내 원수까지도 사랑하라는 그 주님의 말씀을 지킬 수 있도록 하나님께 구해야 합니다.

우리는 매일 입으로 마음으로 행위로 수없이 사람을 죽이고 또 죽이며 살아갈 수밖에 없는 연약한 자들임을 기억해야 합니다. 제6계명 앞에서 하나님이 주신 그 귀중한 생명을 경시하는 이 시대 속에 하나님의 형상대로 지은바 된 인간이 하나님 앞에 존귀함을 받는 것처럼 우리도 동일하게 사람을 존중히 여기며 사랑하며 살아갈 수 있도록 하나님께서 힘주시도록 간구하는 여러분이 되십시오.

우리는 예수 그리스도의 보혈의 능력을 믿고 우리의 연약함을 주님 앞에 고백하고 용서를 구하는 회복의 은혜를 경험할 뿐만 아니라 우리 주변의 이런 위기와 어려움 속에 닿아 있는 지체들을 사랑과 섬김과 배려로 다시 힘을 얻고 일어서게 하는 일에 힘을 쓴다면 우리 사회가 세상이 공동체가 밝아지고 아름다워 질 수 있으리라 믿습니다. “사랑하라! 함께! 그리고 더 뜨겁게!” 주께서 우리에게 말씀하신 이 계명 앞에 모두 순종하여 우리 모두가 아름답고 축복된 풍성한 삶을 살아가는 은혜가 있기를 기도합니다.

설교 시청 가이드

2019년 9월 15일(주일),
사월교회당의 공예배에서 강론된
“제6계명, 폭력(暴力)에서 사랑으로”(출20:13)는
대한예수교장로회 사월교회 홈페이지(www.sawolch.com)와
오른쪽의 QR코드를 통해 언제든지 시청할 수 있습니다.

A Guide to Sermon Video

# 미주

1) 김용규, 『데칼로그: 십계, 키에슬로프스키, 그리고 자유에 관한 성찰』(서울: 바다출판사, 2002), 319; Albert Mohler, *Words From The Fire: Hearing the Voice of God in the 10 Commandments*, 김병하 역, 『십계명: 불 가운데서 말씀하신 하나님』(서울: 부흥과개혁사, 2011), 168.
2) 김지찬, 『데칼로그: 십계명, 어떻게 이해할 것인가』(서울: 생명의말씀사, 2016), 301.
3) 강영안, 『강영안 교수의 십계명 강의: 십계명이 열어 보인 삶의 길, 자유의 길』(서울: IVP, 2009), 203.
4) John Durham, *Word biblical commentary Exodus*, 손석태, 채천석 역, 『출애굽기』(서울: 솔로몬, 2000), 484; 김지찬, 『데칼로그: 십계명, 어떻게 이해할 것인가』, 303-306.
5) 김지찬, 『데칼로그: 십계명, 어떻게 이해할 것인가』, 315. 도피성은 전국 어디서나 쉽게 도피할 수 있도록 요단강 서쪽에 3개(유대산지 헤브론, 에브라임 산지 세겜, 납달리 산지 게데스), 요단강 동쪽에 3개(르우벤 지파 중에서 평지광야 베셀, 갓 지파 중에서 길르앗 라못, 므낫세 지파 중에서 바산 골란)으로 나누어 세워졌다(출애굽기 21:12-13; 민수기 35:6-34; 신명기 4:41-43; 19:1-3; 여호수아 20:1-9).
6) Duane L. Christensen, *Word Biblical Commentary Deuteronomy*, 정일오 역, 『신명기 상』(서울: 솔로몬, 2003), 483-484; 차일즈는 "초기 피의 복수를 의미하는 살인의 형태로부터 후대에 개인적인 원한이나 미움으로 말미암아 사람에게 폭력을 행사하는 것까지 폭넓게 설명한다."
7) 김용규, 『데칼로그: 십계, 키에슬로프스키, 그리고 자유에 관한 성찰』, 195.
8) 강영안, 『강영안 교수의 십계명 강의』, 208. 시편 104편은 생태학적 시편이라 불린다. 하나님은 우리 인간들이 먹고 마시는 것에만 관심을 가지실 뿐 아니라 산 짐승에게조차도 관심을 가지시고 그들이 먹고 마실 것을 주셨다.
9) John Durham, 『출애굽기』, 484.
10) 강영안, 『강영안 교수의 십계명 강의』, 209-210.
11) 강영인, 『강영인 교수의 십계명 강의』, 204. 영이 흠정역(KJV)에는 "Thou shalt not kill"이라고 했던 것을 최근에 나온 번역들은 거의 대부분 "YOu shall not murder"라고 번역한다.

12) 백금산·김종두, 『(기독교 윤리의 핵심을 보여주는) 만화 십계명』(서울: 부흥과개혁사, 2008), 141-142.

13) Edmund P. Clowney, *How Jesus transforms the ten commandments*, 신호섭 역, 『예수님은 십계명을 어떻게 해석하셨는가』(서울: 크리스챤, 2009), 125.

14) Frank Crusemann, *Bewahrung der Freiheit : das Thema des Dekalogs in sozialgeschichtlicher Perspektive*, 이지영 역, 『자유의 보존 : 사회사적 관점에서 본 십계명의 주제』(양평: 크리스천헤럴드, 1999), 82-83; 강영안, 『강영안 교수의 십계명 강의』, 216; 김진흥, 『교리문답으로 배우는 장로교 신앙』(서울: 생명의 양식, 2017), 302.

15) Albert Mohler, 『십계명: 불 가운데서 말씀하신 하나님』, 172-173.

16) Albert Mohler, 『십계명: 불 가운데서 말씀하신 하나님』, 167; 손재익, 『십계명 언약의 10가지 말씀: 해설서』(서울: 디다스코, 2016), 235. 사람의 창조는 크게 4가지 중요한 특징이 있다. ① 하나님의 창조 의지가 언급된다. ② 하나님의 직접적인 사역에 의해 창조되었다. ③ 남자와 여자로 창조되었다. ④ 하나님의 형상과 모양을 따라 창조되었다.

17) 황원하, 『하이델베르크 요리문답 해설』(평택: CNB, 2015), 474.

18) 정요석, 『하이델베르크 교리문답, 삶을 읽다(하)』(서울: 새물결플러스, 2018). 339.

19) 박요한 영식, 『십계명』(서울: 가톨릭대학교 출판부, 2002), 111.

20) 김지찬, 『데칼로그: 십계명, 어떻게 이해할 것인가』, 311.

21) 손재익, 『십계명 언약의 10가지 말씀(해설서)』, 241.

22) 황원하, 『마태복음』(서울: 고신총회출판국, 2014), 120.

23) 송영찬, 『시내산 언약과 십계명: 출애굽기의 메시지』(서울: 깔뱅, 2006), 268; 이광호, 『마태복음』(서울: 칼빈아카데미, 2012), 135.

24) 유해무, 『유교수의 우리 신조 수업』(파주: 담북, 2019), 354.

25) 안재경, 『십계명, 문화를 입다』(서울: SFC출판부, 2016), 111.

26) Cornelis Pronk, Ten Commandments, 임정민 역, 『하이델베르크 교리문답으로 보는 십계명』, 97-98.

27) 정요석, 『하이델베르크 교리문답, 삶을 읽다(하)』, 343; 김홍만, 『52주 스터디 하이델베르크 요리문답』(서울: 생명의말씀사, 2013), 297.

28) Thomas Watson, (The) Ten commandmants, 이기양 역, 『십계명 해설』(서울: 기독교문서선교회, 1984), 248.

29) Edmund P. Clowney, 『예수님은 십계명을 어떻게 해석하셨는가』, 127.

30) Cornelis Pronk, 『하이델베르크 교리문답으로 보는 십계명』, 98.

31) 김홍만, 『52주 스터디 하이델베르크 요리문답』, 300.

32) 이광호, 『아름다운 신앙생활』(서울: 깔뱅, 2007), 146-150에 "국가의 전쟁 수행권"을 참조하라.

33) Kevin DeYoung, *Good news we almost forgot*, 신지철 역, 『왜 우리는 하이델베르크 교리문답을 사랑하는가』(서울: 부흥과개혁사, 2012), 343.

34) John Durham, 『출애굽기』, 484.

35) 김지찬, 『데칼로그: 십계명, 어떻게 이해할 것인가』, 314에 자세하게 설명되어 있다.

A. 하나님께 대한 범죄 (1) 우상 숭배의 죄 [a] 다른 신에게 희생드린 죄(출22:20참), [b] 몰렉신에게 자식을 희생 제물로 바친 죄(레20:2참조) [c] 일월성신을 섬긴 죄(신17:2이하참조) [d] 신접하고 박수된 죄(레위기참죄) (2) 하나님 또는 하나님의 이름을 모독하거나 저주한 죄(레 24:15-16 참)

B. 인간의 생명을 범한 죄 (1) 고의로 사람을 살해한 고살죄(출 21:12-14 참조) (2) 부모를 저주하거나 불순종한 죄(출21:15, 17): 부모는 생명을 주신 분이기에 (3) 성적인 범죄, 간음죄(레 20:10 참조): 궁극적으로는 성적 범죄도 인간의 생명과 연관되기에 남자나 여자 모두 투석 처형 하도록 되어 있다. (4) 사람을 유괴한 죄(출 21:16, 신 24:7): 사람의 생명을 훔친 죄이기에

36) 손재익, 『십계명 언약의 10가지 말씀(해설서)』, 266.

37) Cornelis Pronk, 『하이델베르크 교리문답으로 보는 십계명』, 101.

38) 이광호, "사형제도에 관한 기독교 윤리적 고찰" 『철학논총』, 제26집, 제4권(경산: 새한철학회, 2001)

, 321-334.

39) 김진흥, 『교리문답으로 배우는 장로교 신앙』, 306.

40) 이상원, 『21세기 십계명 여행』(서울: 토기장이, 2006), 152; 송태근, 『쾌도난마 십계명』(서울: 지혜의샘, 2015), 97. 이 외에도 성경에는 아직 태어나지 않은 태아(胎兒)가

사람이라는 암시를 주는 본문들이 많다(출 21:22-25; 삿 13:3-5; 욥 3:3; 31:15; 시 22:9; 51:5; 사 44:, 24; 렘 1:5; 호 12:3; 눅 1:35).

41) 손재익, 『십계명 언약의 10가지 말씀(해설서)』, 242.

42) Kevin DeYoung, 『왜 우리는 하이델베르크 교리문답을 사랑하는가』, 342.

43) 이광호, 『손에 잡히는 신앙생활』(서울: 깔뱅, 2007), 211-216에 "낙태 절대불가에 대하여"를 참조하라; 손재익, 『십계명 언약의 10가지 말씀(해설서)』, 244.

44) 형법 제27장 낙태의 죄. 제269조 (낙태), 제270조(의사동의 낙태, 부동의 낙태)와 모자보건법 제14조 (인공임신중절수술의 허용한계)를 참조하라.

45) 백금산, 김종두, 『(기독교 윤리의 핵심을 보여주는) 만화 십계명』, 153.

46) 김진흥, 『교리문답으로 배우는 장로교 신앙』, 307.

47) 손재익, 『십계명 언약의 10가지 말씀(해설서)』, 246.

48) 이상원, 『기독교 윤리학: 개혁주의적 관점에서 본 이론과 실제』 (서울: 총신대학교출판부, 2010) 508.

49) 김진흥, 『교리문답으로 배우는 장로교 신앙』, 310.

50) 박윤선, 『창세기·출애굽기 주석』(서울: 영음사, 1976), 558; Brevard S. Childs, *Exodus*(Louisville, Kentucky: Westminster John Knox Press, 1995), 419-421.

51) 황원하, 『하이델베르크 요리문답 해설』, 480; 이상원, 『기독교 윤리학: 개혁주의적 관점에서 본 이론과 실제』, 512-515; 강영안, 『강영안 교수의 십계명 강의』, 225.

52) 신원하, 『교회가 꼭 대답해야 할 윤리적 문제들』(서울: 예영커뮤니케이션, 2001), 123.

53) 손재익, 『십계명 언약의 10가지 말씀(해설서)』, 250.

54) 이상원, 『기독교 윤리학: 개혁주의적 관점에서 본 이론과 실제』(서울: 총신대학교출판부, 2010), 445-452에 더 자세한 설명을 참조하라.

55) 신원하, 『교회가 꼭 대답해야 할 윤리적 문제들』, 111; 이상원, 『기독교 윤리학: 개혁주의적 관점에서 본 이론과 실제』, 428-430.

56) 이상원, 『기독교 윤리학: 개혁주의적 관점에서 본 이론과 실제』, 429.

57) 손재익, 『십계명 언약의 10가지 말씀(해설서)』, 255.

58) 윤석준, 『하이델베르크 요리문답 설교 3: 삼위 하나님과 우리의 위로』(서울: 부흥과개

혁사, 2016), 152.

59) 이성호, 『특강 하이델베르크 요리문답(하)』(서울: 흑곰북스, 2013), 111.

60) 손재익, 『십계명 언약의 10가지 말씀(해설서)』, 258-260.

61) 안재경, 『십계명, 문화를 입다』, 109.

62) 황원하, 『하이델베르크 요리문답 해설』, 481.

63) 황원하, 『하이델베르크 요리문답 해설』, 479.

64) 이성호, 『특강 하이델베르크 요리문답 (하)』, 112.

65) 손재익, 『십계명 언약의 10가지 말씀(해설서)』, 278-279.

66) Cornelis Pronk, 『하이델베르크 교리문답으로 보는 십계명』, 103.

67) Cornelis Pronk, 『하이델베르크 교리문답으로 보는 십계명』, 105.

68) 정요석, 『하이델베르크 교리문답, 삶을 읽다(하)』, 341.

69) 김병훈, 『(소그룹 양육을 위한) 하이델베르크 요리문답 II』(수원: 합신대학원출판부, 2012), 216-217.

간음하지 말라

לא תנאף

IX

# 제7계명, 배신에서 신뢰로

간음하지 말라

출20:14

IX. 제7계명, 배신에서 신뢰로

간음하지 말라

출 20:14

## 민감한 계명

모세가 시내 산 위로 올라간 지 40일이 지나 마침내 산 아래로 내려왔습니다. 모세는 "좋은 소식 하나와 나쁜 소식 하나가 있는데 어떤 소식을 먼저 듣겠느냐?" 백성들에게 물었습니다. 백성들은 좋은 소식을 먼저 들려 달라고 하자 이렇게 말했습니다. "하나님이 지키라는 계명이 수십 수백 가지가 아니고 겨우 열 가지밖에 되지 않습니다." 이스라엘 백성은 안도의 숨을 내쉬고 물었습니다. "그러면 나쁜 소식은 무엇입니까?" "아쉽게도 간음하지 말라는 계명을 끝내 빼지 못했습니다." 누군가가 만들어 낸 유머이지만 동서고금(東西古今)을 막론하고 많은 사람들이 불륜의 꿈을 꾸며 사는 것은 인류의 보편적 현상임을 보여줍니다.[1)]

믿음의 동역자 여러분! 제7계명이 하나님의 엄중한 명령으로 들리십니까? 신문, 잡지, 텔레비전, 영화와 함께 길거리 광고물을 보면 성(性)적인 내용들로 즐비합니다. 운동 경기 중간에는 치어걸들이 등장해서 선정적인 춤을 추고, 음식점의 벽에 선정적인 자세로 술잔을 들고 있는 여성

모델 사진이 붙어 있습니다.

최근 헌법재판소는 "성적 자기결정권과 사생활의 비밀, 자유를 침해 한다"면서 간통죄에 대해 '위헌'결정을 내렸습니다.[2] 동성애(homosexuality, 同性愛)는 이미 많은 나라에서 합법화되었습니다.[3] 인터넷과 휴대폰으로 세상의 모든 잡다한 것을 다 볼 수 있는 세상에서 우리 자녀들을 어떻게 하면 순결하게 키울지 몰라 패닉(Panic)에 빠져 있습니다.[4]

교회는 간음의 문제에 자유롭습니까? "다윗도 밧세바와 간음을 했지만 용서받았잖아! 불륜을 저지르다 현장에서 잡혀온 여인도 예수님께 용서 받았다."며 목사를 포함한 기독교인들이 너무 쉽게 면죄부를 줍니다. "성은 전혀 부끄러워할 게 아니다. 인간의 자연스런 감정이고 자연스런 욕망이다."는 말로 쉽게 죄책감을 덜어냅니다. 그러므로 교회 안에도 직분자나 성도나 할 것 없이 부적절한 관계나 이혼율이 증가한다는 게 참혹한 현실입니다.

특별히 성적인 문제는 성도들 개인의 문제, 은밀한 영역입니다. 비록 성경 말씀임에도 불구하고 간음하지 말라는 설교를 좋아하지 않습니다. 그런 점에 제7계명은 저나 여러 분들에게는 참 불편할 수 있습니다. 그러나 제7계명을 다루는 것은 저와 여러분의 은밀한 죄를 고발하고 정죄하는 것이 목적이 아닙니다. 말씀이 우리의 연약함에 비춰질 때, 그리스도의 십자가를 붙잡고 나아가면 주의 긍휼과 자비가 있고, 회복할 수 있는 은혜가 우리에게 언제나 있습니다. 세상에도 셀 수 없이 많은 성교육 지침서가 있지만 최고의 길라잡인 성경 안으로 함께 들어가 보실까요?

## 제7계명의 본문

| 출애굽기 20:14 | 사역(私譯) | 신명기 5:18 | 사역(私譯) |
|---|---|---|---|
| לֹא תִנְאָף | 간음하지 말라 | וְלֹא תִנְאָף | 또 간음하지 말라 |

출애굽기 20장이나 신명기 5장이나 제7계명은 동일합니다. 십계명과 모세오경에서만 보면 "간음하지 말라"는 계명은 일차적 의미로는 "성적으로 문란한 것을 지적하는 계명이다. '모든 주체와 대상으로 한 부적절한 성적 관계'를 다 금지한 것이다."로 좁게 이해합니다. 그리고 제7계명은 "살인하지 말라"는 제6계명과 마찬가지로 동사에 주어와 목적어가 없습니다. 따라서 간음하는 주체가 "어른인지 아이인지 남자인지 여자인지 유부남인지 유부녀인지 처녀인지 총각인지", 간음하는 대상이 "사람인지 혹은 동물이나 그 밖의 것"인지 분명하지 않습니다.[5] "간음하지 말라."가 구약과 신약에서 어떻게 이해되는지 살펴볼까요?

## 구약에 나타난 7계명의 용례

**매춘녀들(창세기 38장, 사사기 16장)**

지금의 관념, 특히 우리 기독교 전통에서 보면 이상하지만 일부다처제인 상황에서 유다가 창녀로 가장한 자기 며느리 다말과 자는 일과 삼손이 유곽을 찾아 다른 여인들과 자는 일이 당시 사회적으로 비난의 대상이 되지 않았습니다(창세기 38장, 사사기 16장).[6] 그리고 위대한 신앙의 여인 라합이 기생이었다고 해서 구약이 매춘행위를 허용하는 게 맞나요? 매춘행위들은 우리가 본받아야 할 모범이 아니라 당시 사람들의 관

습적인 행동의 고발입니다.[7)]

**여자 노예들(출 21:7-11; 레 19:20-22)**

> 사람이 자기의 딸을 여종으로 팔았으면 그는 남종 같이 나오지 못할지며 만일 상전이 그를 기뻐하지 아니하여 상관하지 아니하면 그를 속량하게 할 것이나 상전이 그 여자를 속인 것이 되었으니 외국인에게는 팔지 못할 것이요 만일 그를 자기 아들에게 주기로 하였으면 그를 딸 같이 대우할 것이요 만일 상전이 다른 여자에게 장가 들지라도 그 여자의 음식과 의복과 동침하는 것은 끊지 말 것이요 그가 이 세 가지를 시행하지 아니하면, 여자는 속전을 내지 않고 거저 나가게 할 것이니라(출 21:7-11)

아버지가 빚을 갚지 못해 딸을 종으로 넘겼을 경우, 여종은 주인의 소유였습니다. 따라서 ❶ 주인은 결혼하지 않은 여종과 동침 할 수도 있고, ❷ 안 할 수도 있었습니다. 그리고 ❸ 주인이 여종을 아들에게 줄 수도 있었습니다. 주인이 여종과 동침했지만 후에 다른 여자와 결혼하더라도 의식주(衣食住)와 동침하는 것을 끊어서는 안 되었습니다.[8)]

> 만일 어떤 사람이 다른 사람과 정혼한 여종 곧 아직 속량되거나 해방되지 못한 여인과 동침하여 설정하면 그것은 책망을 받을 일이니라 그러나 그들은 죽임을 당하지는 아니하리니 그 여인이 해방되지 못하였기 때문이니라 그 남자는 그 속건제물 곧 속건제 숫양을 회막 문 여호와께로 끌고 올 것이요 제사장은 그가 범한 죄를 위하여 그 속건제의 숫양으로 여호와 앞에 속죄할 것이요 그리하면 그가 범한 죄를 사함 받으리라(레 19:20-22)

여종이 다른 남자와 정혼했다 하더라도 여전히 주인의 소유였습니다. 여종이 다른 사람과 결혼한 후에 주인이 여종과 동침하는 경우에 책망 받을 일이긴 하지만 간음으로 간주하여 사형에 처하지 않았습니다. 단지 남자만 속건 제사를 드려 자기가 저지른 죄를 용서받으면 그뿐이었습니다.

### 약혼하지 않은 처녀(신 22:28-29)

> 만일 남자가 약혼하지 아니한 처녀를 만나 그를 붙들고 동침하는 중에 그 두 사람이 발견되면 그 동침한 남자는 그 처녀의 아버지에게 은 오십 세겔을 주고 그 처녀를 아내로 삼을 것이라 그가 그 처녀를 욕보였은즉 평생에 그를 버리지 못하리리(신 22:28-29)

한편 남자가 처녀를 범했을 때에도 신부의 아버지에게 신부 값으로 은 오십 세겔을 배상하고 아내로 삼고 대신 평생 버리지 않으면 문제되지 않았던 이유가 무엇일까요? 아직 처녀로 이웃의 아내가 아니라 이웃의 결혼을 망가뜨린 것은 아니기 때문입니다.[9] 구약의 율법이 여성 인권을 무시하고 남자에게만 관대한 가부장적인 제도는 아닌가요? 민수기 5장을 보면 남자가 외도했다는 의심이 들 때는 아내가 아무런 조치를 취할 수 없으나, 아내는 외도한 의심만 있어도 남편이 아내를 데려가 하나님 앞에서 맹세를 하게 했습니다.

### 이웃의 아내(신 22:22; 레 20:10)

> 누구든지 남의 아내와 간음하는 자 곧 그의 이웃의 아내와 간음하는 자는 그 간부와 음부를 반드시 죽일지니라(레 20:10)
>
> 어떤 남자가 유부녀와 동침한 것이 드러나거든 그 동침한 남자와 그 여자를 둘 다 죽여 이스라엘 중에 악을 제할지니라(신 22:22)

'간음하다'(נאף, 나아프)가 동사의 어근과 연관된 단어가 무려 네 번이나 나옵니다. 목적어가 '남의 아내', '그의 이웃의 아내'입니다. 결국 '간음'이란 '한 남자가 남의 아내 혹은 그의 이웃의 아내와 성적인 관계'를 갖는 겁니다. 물론 여자가 주어라면 간음의 대상은 '남의 남편 혹은 이웃

의 남편'일 수 있습니다.[10)]

### 가족과 친족(레 20:11-12)

> 누구든지 그의 아버지의 아내와 동침하는 자는 그의 아버지의 하체를 범하였은즉 둘 다 반드시 죽일지니 그들의 피가 자기들에게로 돌아가리라 누구든지 그의 며느리와 동침하거든 둘 다 반드시 죽일지니 그들이 가증한 일을 행하였음이라 그들의 피가 자기들에게로 돌아가리라(레 20:10-12)

간음의 대상을 보시면 남의 아내, 그의 이웃의 아내, 아버지의 아내, 그의 며느리 등과 같이 가까운 친족 관계에 있는 사람들입니다. 고대 시대는 의식주에 필요한 생필품 모두를 자급자족하는 경제 구조였기 때문에 3대 혹은 5대의 대식구가 함께 살았습니다. 그러다 보니 가족이라는 공동체 안에서 이런 몹쓸 죄악이 벌어졌습니다.

### 동성(同姓)과 동물(레 20:13-16)

> 누구든지 여인과 동침하듯 남자와 동침하면 둘 다 가증한 일을 행함인즉 반드시 죽일지니 자기의 피가 자기에게로 돌아가리라 누구든지 아내와 자기의 장모를 함께 데리고 살면 악행인즉 그와 그들을 함께 불사를지니 이는 너희 중에 악행이 없게 하려 함이니라 남자가 짐승과 교합하면 반드시 죽이고 너희는 그 짐승도 죽일 것이며 여자가 짐승에게 가까이 하여 교합하면 너는 여자와 짐승을 죽이되 그들을 반드시 죽일지니 그들의 피가 자기들에게로 돌아가리라(레 20:13-16)

13절 "누구든지 여인과 동침하듯 남자와 동침하면" 동성간음[11)]과 14절 "아내와 자기의 장모를 함께 데리고" 사는 일도 있었고, 수간(獸姦)도 언급할 정도로 상상을 초월합니다. 성경은 단호하게 이런 죄들은 어떻게 하라고요? "둘 다 반드시 죽이라."고 명령합니다.

### 약혼한 처녀(신 22:23-27)

> 처녀인 여자가 남자와 약혼한 후에 어떤 남자가 그를 성읍 중에서 만나 동침하면 너희는 그들을 둘 다 성읍 문으로 끌어내고 그들을 돌로 쳐죽일 것이니 그 처녀는 성안에 있으면서도 소리 지르지 아니하였음이요 그 남자는 그 이웃의 아내를 욕보였음이라 너는 이같이 하여 너희 가운데에서 악을 제할지니라(신 22:23-24)

유대인들에게 '약혼한 처녀'는 '아내'의 위치와 같지만 범행 장소가 어디냐에 따라 처벌 여부가 달라졌습니다. 구약 시대에는 성읍이나 주택의 규모가 작았기 때문에 여자가 도와 달라고 소리를 지르면 사람들의 도움을 받을 수 있었습니다. 만약 성읍 안에서 성관계를 가질 때 소리를 지르지 않았다는 것은 여자가 암묵적으로 동의한 것으로 간주하고 결국은 간음죄를 진 것으로 여겨 사형에 처했습니다.[12)]

> 만일 남자가 어떤 약혼한 처녀를 들에서 만나서 강간하였으면 그 강간한 남자만 죽일 것이요 처녀에게는 아무것도 행하지 말 것은 처녀에게는 죽일 죄가 없음이라 이 일은 사람이 일어나 그 이웃을 쳐죽인 것과 같은 것이라 남자가 처녀를 들에서 만난 까닭에 그 약혼한 처녀가 소리질러도 구원할 자가 없었음이니라(신 22:25-27)

약혼한 처녀, 남의 아내가 될 사람을 들에서 강간한 경우에는 여자는 살려 주고 남자만 죽였습니다. 십계명과 오경에서 사용된 '간음'이라는 단어의 문자적인 기본 뜻을 정리해 볼까요? 오늘날 인식처럼 십계명의 "간음하지 말라."의 일차적인 의미는 '성과 관련된 모든 죄'를 규제한 게 아닙니다. 구약의 관점에서 보면 누가 간음을 한 사람입니까? 남의 아내와 잠을 잔 남자입니다. 남자는 결혼을 했거나 미혼이거나 상관이 없습니다. 결혼한 남자든 결혼하지 않은 남자든, 처녀와 관계를 가지는 것은 간음으로 간주되지 않았습니다. 이미 남편이 있는 여자나 약혼한 처녀와 관계했을 때 간음죄가 성립됩니다.[13] 그러면 간음한 남자는 누구에 대해 간음죄가 성립됩니까? 다윗의 범죄는 밧세바의 남편 우리아에 대한 범죄였습니다.

왜냐하면 당시 아내는 남편의 소유로 일종의 소유권에 대한 침해로 봤습니다. 이 논리를 연장해서 보자면, 남편이 있는 여자가 아내가 있는 남자와 잠을 잤다면 그 자신의 남편에 대해서 죄를 지은 게 됩니다(삼하 12:9-12).[14] 그렇다면 간음은 남의 아내의 소유권을 침해만의 문제 일까요? 그렇다면 제8계명에 도적질하지 말라는 계명이 왜 필요할까요?

고대 사회의 통념은 그럴지라도 제7계명에서 보여주는 것은 남자와 여자의 관계가 단지 소유 관계가 아니라 그 이상을 보여주기 위해서입니다. 물건을 훔치면 배상을 했지만 '이웃의 아내'를 범하면 배상하는 게 아니라 돌로 쳐 죽였습니다. 간음은 타인의 재산권 침해에 그치는 게 아니라 타인의 명예에 대한 침해이고 나아가서는 하나님이 세우신 거룩한 결혼 질서에 대한 침해라고 보았기 때문입니다.[15] 간음은 제6계명인 살인보다 더 심각할 수 있습니다. 왜냐하면 살인은 한 사람의 생명력을 박탈하는 범죄지만, 간음은 한 가정의 생명력을 박탈하는 죄이기 때문입니다.[16]

구약의 입장에서 "간음하지 말라"는 동침한 남자의 결혼 여부가 전혀 문제되지 않습니다. 단지 여자의 결혼 여부만 중요한 고려의 대상이었습니다. 왜냐하면 유부녀와 동침하면, 그 여자의 남편의 결혼을 깨뜨린 것이고, 이웃의 권리를 훼손한 것이기 때문입니다.[17] 제7계명의 간음하지 말라는 곧 이웃의 결혼 관계를 파괴하지 말고 목숨 걸고 잘 지키라는 강력한 의미를 담습니다. '이웃의 결혼'이 깨어지는 것을 막고 '이웃의 자유와 혈족의 순수성을 보호 받을 권리'를 갖는 데 취지가 있습니다.[18] 제7계명은 혈족의 순수성을 보호받을 권리를 존중하라는 계명으로 '이웃의 결혼 보호'하는 게 목표입니다.

### 간음을 저지르는 이유; 인간성의 역설(렘 5:7-8, 렘 29:23)

간음을 삶과 죽음의 문제로 간주하고 사형에 해당하는 중죄로 정죄했는데도 이스라엘 역사에서 간음은 쉽게 사라지지 않았습니다.

> 내가 어찌 너를 용서하겠느냐 네 자녀가 나를 버리고 신이 아닌 것들로 맹세하였으며 내가 그들을 배불리 먹인즉 그들이 간음하며 창기의 집에 허다히 모이며 그들은 두루 다니는 살진 수말 같이 각기 이웃의 아내를 따르며 소리 지르는도다(렘 5:7-8)
>
> 이는 그들이 이스라엘 중에서 어리석게 행하여 그 이웃의 아내와 간음하며 내가 그들에게 명령하지 아니한 거짓을 내 이름으로 말함이라 나는 알고 있는 자로서 증인이니라 여호와의 말씀이니라 하시니라(렘 29:23)

간음한 사람을 사형으로 다스려도 간음을 쉽게 막을 수는 없었던 게 이스라엘 역사입니다.

## 신약 시대, 예수님의 7계명 확대 해석

예수님의 제7계명의 해석과 적용을 살펴볼까요? 당시 유대인들은 율법을 주신 하나님의 의도를 이해하지 못한 채 율법의 문자적인 의미에만 매달렸습니다. 그래서 그들은 간음도 다른 사람의 육체를 실제로 범하지만 않으면 간음하지 않은 것이라고 여겼습니다. 예수님은 율법에 대한 사람들의 피상적이고 왜곡된 이해를 바로 잡아 주셨습니다.

> 나는 너희에게 이르노니 음욕을 품고 여자를 보는 자마다 마음에 이미 간음하였느니라(마 5:28)
> 간음한 여인들아 세상과 벗된 것이 하나님과 원수 됨을 알지 못하느냐 그런즉 누구든지 세상과 벗이 되고자 하는 자는 스스로 하나님과 원수 되는 것이니라(약 4:4)

다른 사람의 육신을 실제로 범하지 않았다 하더라도 그의 마음에 음욕을 품은 것이 이미 그의 육신을 범한 것이나 마찬가지입니다. 야고보는 간음에 대해 한층 높은 차원으로 설명합니다. 타락한 세상을 벗삼아 살아가는 것이 간음이며, 그것은 하나님과 원수가 되게 하는 악한 행위로 규정합니다.[19] 그렇다면 예나 지금이나 얼마나 많은 사람들이 제7계명을 어기고 있겠습니까? 단순히 육체적 간음뿐 아니라 마음으로도 간음해서는 안 된다는 주님의 말씀을 지키는 게 쉽습니까? 그냥 용서해 달라고 그냥 기도만 하면 될까요? 아니면 어차피 매력적인 사람을 보고 음욕을 품는 게 어쩔 수 없는 인간의 본성이요, 아직 남성성이나 여성성이 살아 있다는 증거이기에 큰 문제가 안 되는 걸까요?[20]

> 만일 네 오른 눈이 너로 실족하게 하거든 빼어 내버리라 네 백체 중 하나가 없어지고 온 몸이 지옥에 던져지지 않는 것이 유익하며(마 5:29)

이어서 예수님은 눈과 손이 죄를 범하면 없애 버리라고 하십니다. 물론 이 같은 요구를 문자적으로 따를 수는 없습니다. 예수께서는 단순히 문자적인 간음이 아니라, 그 밑에 깔려 있는 "마음에서 나오는 음욕, 음욕할 목적"이 더 큰 문제임을 과장법을 사용하여 지적하셨습니다.[21] 그런데 교회사 속에는 이 말씀을 문자적으로 지킨 사람이 있었습니다.

오리겐이라는 교부는 거세를 하기도 했습니다. 예수님은 단순히 여자에 대한 성적 갈망이나 육적인 욕망을 경계하라고 한 게 아닙니다. 주님께서는 결혼을 전제로 이야기하십니다. 왜냐하면 우리가 지금까지 살펴본 대로, 구약에서 간음은 일차적으로 남의 아내와 성적인 관계를 갖는 것을 의미하기 때문입니다.

## 성은 하나님의 선물임 - 결혼 성욕을 해결하는 합법적인 수단

하나님께서는 우리를 성욕을 가진 존재로 지으셨습니다. 하지만 하나님께서는 또한 이 성욕을 풀 수 있는 합법적인 수단을 정하셨습니다. 바로 결혼입니다. 죄는 한 남자와 그 아내의 가장 아름다운 관계를 엉망으로 만들었습니다. 하지만 하나님께서는 그 은혜로 그리스도 안에서 다시 결혼 관계를 회복하셨습니다.

> 네 샘으로 복되게 하라 네가 젊어서 취한 아내를 즐거워하라 그는 사랑스러운 암사슴 같고 아름다운 암노루 같으니 너는 그의 품을 항상 족하게 여기며 그의 사랑을 항상 연모하라(잠 5:18-19)

부부가 서로 가장 친밀한 사귐을 갖는 성생활은 하나님의 선물입니다. 하나님의 뜻에 일치하는 성생활을 하는 게 부부가 영적인 싸움에서 이기는데 매우 중요한 한 가지 요소입니다.[22] 성 관계의 일차적인 목적은 부부가 반복하여 서로를 '앎으로써' 서로 상대에게만 속한 사람임을 알아 그 부부의 관계를 풍성하게 합니다. 따라서 부부의 관계를 서로에게 충실한 사랑의 관계로 이끌어주어, 성 관계 자체도 더욱 풍성해십니다.[23] 바울은 결혼과 관련하여 남자와 여자의 상호적인 권리와 의무를 분명히 합니다.

> 남편은 그 아내에 대한 의무를 다하고 아내도 그 남편에게 그렇게 할지라 아내는 자기 몸을 주장하지 못하고 오직 그 남편이 하며 남편도 그와 같이 자기 몸을 주장하지 못하고 오직 그 아내가 하나니(고전 7:3-4)

남편이 다른 여자와 잤을 경우 그리고 그 여자에게 남편이 있을 경우 그 여자의 남편에 대해서 죄를 지었을 뿐 아니라 자기 아내에 대해서도 죄를 지었다는 게 신약에서 이해되는 간음죄입니다. 여자의 권리가 남자의 권리 못지않게 동등하게 인정됩니다.

오늘날 결혼은 현시대와 맞지 않는 앞뒤 꽉 막힌 사회 관습입니다. 죽음이 서로를 갈라놓기 전까지 서로 충실한 남편과 아내라는 개념은 시대에 뒤떨어진 도덕의 예로서 비웃음거리가 되었습니다. "함께 인생을 즐길 수 있는 사람이 수도 없이 많은 데 굳이 한 배우자랑 수십 년을 같이 살아야 하나요? 그러니까 한 여자만을 위한 한 남자라는 유치한 관습은 갖다 버리고, 마음껏 성생활을 즐기자고요." 하지만 분명히 성도가 따를 것은 시대정신이 아니라 성경의 가르침입니다.

> 예수께서 대답하여 이르시되 사람을 지으신 이가 본래 그들을 남자와 여자로 지으시고 말씀하시기를 그러므로 사람이 그 부모를 떠나서 아내에게 합하여 그 둘이 한 몸이 될지니라 하신 것을 읽지 못하였느냐 그런즉 이제 둘이 아니요 한 몸이니 그러므로 하나님이 짝지어 주신 것을 사람이 나누지 못할지니라 하시니(마 19:4-6)

이 말씀에 다른 주석이나 설명이 더 필요합니까? 이해 안 되는 부분이 있습니까? 성경은 이렇게 명백하고 선명하게 기준을 말합니다. 성관계는 부부 사이에서만 허락되었습니다.[24] 성경의 가르침에 따르면 결혼은 단순히 사람과 사람 사이의 계약이 아닙니다. 사람들의 필요에 따라, 상호 합의에 따라 성립되는 게 아닙니다. 결혼은 하나님께서 친히 제정하신 최초의 제도입니다. 그래서 결혼은 신성합니다. 결혼은 거룩합니다.[25)]

하나님께서는 백성들에게 당신의 사랑이 어떠한 것인지 알리기 위해, 무슨 이미지를 사용할까 여기저기 찾다가 언약에 헌신할 것을 요구하며 당신에게 돌아오도록 하기 위해 결혼제도를 만드신 게 아닙니다. 하나님은 결혼 안에서의 사랑의 힘을 간과한 채 성적인 관계를 강력한 도구로 사용하신 게 아닙니다. 하나님께서는 그와는 정반대의 것을 계획하셨습니다. 여호와께서는 창조를 통하여 우리로 하여금 우리를 향한 당신의 질투하시는 사랑과 그를 향한 사랑의 기쁨을 깨닫게 하시기 위하여 우리에게 성적인 정서를 부여하셨습니다.[26)]

부부 관계 외에 모든 육체적인 관계는 간음입니다. 이것을 기억하면서 "지켜 내겠습니다. 순종하겠습니다. 버텨 내겠습니다. 그렇게 살겠습니다."하는 새로운 각오와 결심과 헌신이 성도의 일상에 주님 오시는 그날까지 이어져야 합니다.

음행을 피하기 위하여 남자마다 자기 아내를 두고 여자마다 자기 남편을 두라(고전 7:2)
서로 분방하지 말라 다만 기도할 틈을 얻기 위하여 합의상 얼마 동안은 하되 다시 합하라 이는 너희가 절제 못함으로 말미암아 사탄이 너희를 시험하지 못하게 하려 함이라(고전 7:5)
만일 절제할 수 없거든 결혼하라 정욕이 불 같이 타는 것보다 결혼하는 것이 나으니라(고전 7:9)

고린도교회에 보낸 편지에서 사도 바울은 결혼에 관한 교훈은 로맨틱하게 들리지 않을 수 있습니다. 그리스도인들은 결혼 여부에 앞서 '거룩'으로 부름을 받은 자들입니다. "하나님이 거룩하니 너희도 거룩하라."는 명령은 성경이 일관되게 가르치는 가장 근본적인 소명입니다. 결혼은 하나님께서 제정하신 거룩한 제도이므로 무절제의 추악을 벗어버릴 수 있게 해주지만, 결혼이라는 제도를 틈타서 무절제를 격발하면 안 됩니다. 합법적인 결혼 관계 안에서라면 남편과 아내는 무슨 짓을 해도 무방하다는 생각은 제7계명을 내신 하나님의 본의에 비추어 볼 때 명백하게 잘못된 일입니다.[27)]

## "이혼하지 말라"(신 24:1-4; 마 5:31-32)

사람이 아내를 맞이하여 데려온 후에 그에게 수치되는 일이 있음을 발견하고 그를 기뻐하지 아니하면 이혼 증서를 써서 그의 손에 주고 그를 자기 집에서 내보낼 것이요 그 여자는 그의 집에서 나가서 다른 사람의 아내가 되려니와 그의 둘째 남편도 그를 미워하여 이혼 증서를 써서 그의 손에 주고 그를 자기 집에서 내보냈거나 또는 그를 아내로 맞이한 둘째 남편이 죽었다 하자 그 여자는 이미 몸을 더럽혔은즉 그를 내보낸 전남편이 그를 다시 아내로 맞이하지 말지니 이 일은 여호와 앞에 가증한 것이라 너는 네 하나님 여호와께서 네게 기업으로 주시는 땅을 범죄하게 하지 말지니라(신 24:1-4)

이혼에 관하여 구약의 율법은 세 가지를 말합니다. ❶ 이혼이 가능한 경우는 수치 되는 일이 발견 될 때이다. ❷ 이런 상황 속에서 이혼을 원한다면 이혼 증서를 줘야 한다. ❸ 이혼한 전 사람과 다시 결혼해서는 안 된다.

구약의 율법은 결혼의 신성함을 지키는 데 궁극적인 목적이 있습니다. 사회적 약자인 여인들이 합당한 사유로 이혼했다는 증거를 가지고 있다가 다시 결혼할 수 있게 하려는 의도였습니다.

그런데 예수님 당시 랍비들은 모세 율법에 이혼이 조건인 '수치 되는 일'을 다르게 이해를 했습니다.

샴마이(Shammai) 학파는 수치 되는 일은 오직 간음에만 해당한다고 봤습니다. 그러나 힐렐(Hillel) 학파는 내가 음식에 소금을 너무 많이 넣어 음식을 망쳤을 때, 아내가 길거리에서 다른 남자와 이야기했을 때, 심지어 랍비 아카바는 다른 여자가 자기 아내보다 더 예쁘게 보이면 아내와 이혼할 수 있다고까지 했습니다.[28] 남성 중심의 세계관에서 당연히 샴마이 학파보다는 힐렐 학파의 해석이 마음에 들지요. 따라서 힐렐 학파의 개방적인 생각이 대세를 이루자 이혼이 봇물 터지듯 합니다. 이에 예수님은 이혼에 대한 명확한 지침을 주셨습니다.

> 또 일렀으되 누구든지 아내를 버리려거든 이혼 증서를 줄 것이라 하였으나 나는 너희에게 이르노니 누구든지 음행한 이유 없이 아내를 버리면 이는 그로 간음하게 함이요 또 누구든지 버림받은 여자에게 장가드는 자도 간음함이니라(마 5:31-32)

"음행한 이유 없이"는 간음(렘 3:9), 매춘(나 3:4, 고전 6:13, 18), 근친상간(고전 5:1), 행음(창 38:24; 요 8:41) 등을 가리킵니다. 오히려 그들은 이혼 증서를 써 주는 것은 이혼하기 쉽게 할 수 있도록 악용을 했습니다.[29] 예수님은 자기 아내를 이혼으로 버리는 것도 간음이라고 말합니다. 왜냐하면 남편과 아내 사이의 언약이 파기되었기 때문입니다.[30]

믿음의 동역자 여러분! 오늘날 교회에서 이혼에 대하여 말하는 것 역시 매우 부담스러운 주제입니다. 이는 불신자들뿐만 아니라 신자들도 이혼을 하고, 그 숫자가 점점 늘기 때문입니다. 그렇다면 신자들의 경우에 배우자가 간통했다면 무조건 이혼하라는 건가요. 그렇지 않습니다. 성경은 설사 배우자가 음행을 하면 이혼할 수 있다고 말하지, 반드시 이혼하라는 명령이 아닙니다(참고, 신 24:1-4; 말 2:16; 마 19:8).[31] 예수님의 말씀의 의도 속에는 배우자의 부정행위라 할지라도 용서해 줄 수 있으면 용서해 주고 이혼하지 않기를 바라는 마음을 담고 있습니다. "목사님! 이게 우리 실력으로 가능한 일입니까? 안 당해 봐서, 잘 몰라서 그런 소리를 쉽게 하시는 겁니다."라고 말할 수 있습니다.

목양을 하다 보면 때로는 적절치 못한 관계에 빠진 이들을 만나 상담을 합니다. "목사님! 시간을 되돌릴 수만 있다면 정말 좋겠습니다."라며 진심 어린 회개를 하는 분도 있는가 하면, "목사님! 제 남편 잘 아시잖아요. 집사라고 하지만 늘 술 먹고 폭력을 휘두르는 것 한 두 번 보신 게 아니잖아요. 하나님이 저에게 진짜 사랑이 무엇인지 경험해 보라고 주신 선물이니까 상관하지 마세요."라고 말하는 분도 있습니다.

이런 상담을 하고 나면 며칠 동안은 밥을 제대로 먹기도 힘듭니다. 믿음의 동역자 여러분! 예수님이 간음하다 현장에서 잡혀 온 여인을 바로 정죄하지 않는 이유는 무엇일까요? 정죄와 처벌만으로는 성적 탐욕에서 빠져 나올 수 없음을 아셨기 때문입니다. 아무리 인간적으로 애를 쓰고 노력해도 성적인 탐욕에서 나올 가능성은 인간에게 없기 때문입니다.

> 예수께서 일어나사 여자 외에 아무도 없는 것을 보시고 이르시되 여자여 너를 고발하던 그들이 어디 있느냐 너를 정죄한 자가 없느냐 대답하되 주여 없나이다 예수께서 이르시되 나도 너를 정죄하지 아니하노니 가서 다시는 죄를 범하지 말라 하시니라(요 8:10-11)

예수께서 땅바닥에 글을 쓰신 것은 사람들로 하여금 간음한 여인을 쳐다보지 않고 대신 모든 것을 용서하시는 하나님을 바라보고 그 사랑에 따라 움직이도록 이끄시기 위해서였습니다. 이혼 자체가 하나님의 뜻이 아니기에 이혼하지 말아야겠지만, 이혼으로부터 발생하는 수많은 해악들, 특히 이혼이 자녀들에게 미치는 악한 영향 때문에라도 이혼하지 말아야 합니다. 혹시 우리 중에 은밀한 죄로 혹은 부정을 저지른 자는 하나님께 나아가서 눈물로 회개하기를 바랍니다. 자신의 배우자에게 무릎을 꿇고 그를 고통스럽게 한 것에 대해서 진심으로 사과할 수 있도록 성령 하나님의 자비를 덧입기를 바랍니다. 지금부터 우리 믿음의 선배들은 어떻게 제7계명을 적용했는지 볼까요?

## 하이델베르크 요리문답에 나타난 제7계명의 요구

### 독신생활과 이중 윤리

하이델베르크 요리문답

제 108문 제 7계명에서 우리에게 가르치는 것은 무엇입니까?

답 하나님께서 모든 음란을 정죄하심으로, 우리는 진심으로 모든 음란을 미워해야 하고, 거룩한 결혼생활이나 독신생활에 있어서 순결하고, 절제 있는 생활을 해야 한다는 것입니다.

제108문답에 따르면 제7계명 음행에 관하여 '금하여야 할 것'과 '행하여야 할 것'을 비교하여 제시합니다. "하나님께서 모든 음란을 정죄하심으로 우리는 진심으로 모든 음란을 미워해야 합니다." 거룩한 결혼 관계에서나 독신 생활에서 마찬가지입니다. 결혼도 은사이며 독신도 은사입니다. 모든 성직자의 독신 생활을 의무화하는 로마 가톨릭의 성직제도로 인해 개신교도들은 독신에 대하여 부정적인 선입견을 갖고 있을 필요가 없습니다. 성직자의 독신 제도는 성경이 가르치는 것이라기보다는 헬라적인 영육이원론과 관련이 깊습니다.[32] 결혼은 하나님께서 그리스도인들이 거룩하고 단정하게 살아가도록 하기 위하여 내신 방도입니다. 결혼 자체가 의무가 아닙니다. 오직 "주 안에서 결혼하는 것"이 의무입니다.[33]

> 하나님의 뜻은 이것이니 너희의 거룩함이라 곧 음란을 버리고 각각 거룩함과 존귀함으로 자기의 아내 대할 줄을 알고 하나님을 모르는 이방인과 같이 색욕을 따르지 말고(살전 4:3-5)

이 계명은 단순히 부부관계에 한정되는 것이 아니라 '독신으로 있든지 혼인 관계에 있든지' "우리가 우리 자신을 순결하고, 거룩하게 지키는 것이 바로 하나님의 뜻입니다."[34] 참으로 하나님께서는 모든 부정한 것을 싫어하셔서 저주하십니다. 따라서 우리는 하나님이 싫어하시는 부정을 진심으로 미워해야 하며 바르고 순결하게 살아야 합니다.[35]

제108문답은 제7계명에서 하나님이 원하시는 것을 정확하게 한 단어로 '순결'입니다. 순결이야말로 하나님이 신자에게 바라시는 삶의 가치입니다. 순결이란 하나님의 교훈에 따라 살아가며 육체와 영혼을 순전히 보존하고, 무절제한 정욕으로 비롯되는 혼인 외적인 성적 관계를 하지 않는 덕목을 가리킵니다. 절제(temperance)는 정숙한 마음으로 순결을 지키기 위하여 육체와 영혼에 부정한 일을 행하지 않도록 한계를 지키는 덕을 말합니다. 절제가 없이는 순결을 지킬 수 없습니다.[36] 하나님은 우리가 얼마나 순결하시기를 원하십니까? 그에 대한 질문이 하이델베르크 요리문답 제109문입니다.

## 얼마나 순결해야 하는가?

하이델베르크 요리문답

제 109문 이 계명에서, 하나님께서는 간음과 이와 유사한 부끄러운 죄만을 금하십니까?

답 우리의 몸과 영혼이 성령의 전이기 때문에, 우리가 우리 자신을 순결하고, 거룩하게 지키는 것이 바로 하나님의 뜻입니다. 그러므로 하나님께서는 모든 음란한 행위, 몸짓, 말, 생각, 욕망과 우리를 음란에 빠지게 하는 것은 무엇이든지 다 금하십니다.

이에 대한 하나님 말씀의 근거를 살펴볼까요?

음행을 피하라 사람이 범하는 죄마다 몸 밖에 있거니와 음행하는 자는 자기 몸에 죄를 범하느니라 너희 몸은 너희가 하나님께로부터 받은 바 너희 가운데 계신 성령의 전인 줄을 알지 못하느냐 너희는 너희 자신의 것이 아니라 값으로 산 것이 되었으니 그런즉 너희 몸으로 하나님께 영광을 돌리라(고전 6:18-20)

왜 "음행하는 자는 자기 몸에 죄를 범한다."고 했을까요? 먼저 "우리의 몸과 영혼이 성령의 전"으로 하나님이 일하시는 곳이기 때문입니다.[37] 음행은 성적 관계를 나누는 대상자와 연합을 한다는 특별한 의미를 갖습니다. 때문에 육체적인 연합으로 음행은 바로 성령 하나님과의 연합의 관계를 부정하는 의미에서 몸에 죄를 범하는 것입니다.[38] 자신을 피로 값 주고 사신 하나님의 소유권을 부정하는 행위가 됩니다.

우리가 거듭나서 하나님의 자녀로 새롭게 태어났을 때, 우리는 단순히 "죽어서 천국에 갈 운명"이 되는 데 그친 게 아닙니다. 삶의 의미와 정체성이 완전히 변했습니다. 이제 신자로서 우리는 자신의 뜻, 자신의 주장으로 사는 이들이 아니라, 성령께서 활동하시는 터전이 되는 본질적인 변화를 경험했습니다.[39]

신자들은 그 분 안에서 받은 세례를 통해 얻은 정결함으로 말미암아 그분이 우리에게 요구하시는 정결한 삶을 살아갈 수 있습니다. 우리의 성적 생활과 구세주를 향한 견고한 사랑에 있어서 꺼지지 않는 촛불처럼 우리의 정결함을 실천하고 유지시킬 수 있게 하는 것은 오직 그리스도의 완전하심에 대한 소망과 그의 정결하신 성령의 능력 때문입니다.[40)]

그렇다면 어느 정도 순결한 삶을 살아야 할까요? 간통과 같은 실제적인 행위만 하지 않으면 순결한 삶을 살 수 있다고 할 수 있을까요? 제109문은 분명한 답을 제시합니다. "그러므로 하나님께서는 모든 음란한 행위, 몸짓, 말, 생각, 욕망과 우리를 음란에 빠지게 하는 것은 무엇이든지 다 금하십니다." 교리문답이 언급하는 내용은 매우 구체적입니다.

우리는 겉으로 드러난 간음죄는 저지르지 않았지만, 숨겨진 죄가 있을 수 있습니다. 아니 어쩌면 이미 마음으로 간음한 자들인지 모릅니다. 인간의 힘으로 아무리 애를 써도 해결할 수 없는 깊은 간음과 음행의 덫에 빠져 있는지 모릅니다. 눈에 드러나지 않아서 그렇지 가슴에 주홍글씨 'A'가 새겨져 있는지 모릅니다. 우리 모두가 성령의 능력 안에서 나의 연약함을 알고 겸손해져서 참된 회개와 회복으로 나아가야 합니다.

### 실제적인 지침

오늘날은 어디에나 안전지대가 없습니다. 교회 안도 마찬가지입니다. 믿음의 식구들끼리라도 조심해야 합니다. 유혹의 틈을 사전에 차단해야 합니다. 특히 교역자들은 한 사람만 이성이 있는 곳에 심방을 가면 그날로 사표입니다.

음행과 온갖 더러운 것과 탐욕은 너희 중에서 그 이름조차도 부르지 말라 이는 성도에게 마땅한 바니라 누추함과 어리석은 말이나 희롱의 말이 마땅치

아니하니 오히려 감사하는 말을 하라(엡 5:3-4)
음행을 피하라 사람이 범하는 죄마다 몸 밖에 있거니와 음행하는 자는 자기 몸에 죄를 범하느니라(고전 6:18)

"음행을 피하라"는 말은 반대쪽으로 가능한 빨리 달아나라는 의미입니다. 적극적으로 피해야 합니다. "나는 괜찮아, 나는 그 정도는 유혹을 받지 않아, 그럴 리가 없어 나는 그런 사람이 아니야. 나는 이 나이에 그럴 사람이 아니야." 누구도 믿어서는 안 되고 나를 믿어서도 안 됩니다. 스스로 속지 마십시오. 무조건 피해야 합니다.

❶ 신자들은 어떠한 음탕한 말이나 저속한 성적 농담이라도 하지 말아야 합니다. 심지어 부부 간에서 하지 말아야 합니다. 그리고 성경 공부를 하거나 같은 구역이나 찬양대에 속했다고 할지라도 "커피 한 잔 하자."는 메시지로 오해를 불러일으켜서는 안 됩니다.

❷ 신자들은 음란 동영상을 보지 말아야 합니다. 저는 일부러 컴퓨터와 휴대폰에 비밀번호를 걸지 않습니다. 목양실을 열자마자 컴퓨터 모니터가 제일 먼저 눈에 띄도록 두었습니다. 오늘날 인터넷이나 스마트폰으로 음란 동영상이나 사진을 내려 받는 일은 아주 쉽습니다. 인터넷과 싸울 수 있는 방법을 강구해야 합니다. 전세계의 음란 싸이트를 차단하고 법적 제한을 만들 수 있는 인터넷 선교사가 생겨야 합니다.

❸ 젊은이들은 혼전순결을 중요하게 여겨야 합니다. 오늘날 젊은이들은 '사랑하면 그만이지'라거나 '어차피 결혼할 사이인데'라면서 혼전순결을 가볍게 생각합니다. 그러나 혼전순결은 매우 중요하고 고결합니다. 교회는 젊은이들에게 혼전순결을 강조해야 하며, 젊은이

들은 혼전순결의 중요성을 명심해야 합니다.

❹ 오늘날 동성애(homosexuality, 同性愛)가 늘고 있는 것은 대단히 우려스러운 일입니다. 근래에 들어 우리나라에서도 '퀴어축제'로 동성애자들이 시내 한복판에서 버젓이 행사를 벌이고 있습니다. 동성애를 죄악으로 분명하게 가르치는 성경의 일관된 교훈과 원칙입니다(레 18:22-23; 20:13; 롬 1:26-27).[41] 이외에도 대리모(surrogate), 인공수정(Intrauterine Insemination), 자녀들의 성교육 등 제7계명과 관련된 중요한 주제들은 많이 있습니다.

❺ 자신의 우월한 지위와 능력을 이용하여 죄책감 없이 성희롱을 하거나 성폭력을 하는 일이 있어서는 안 됩니다. 하나님은 능력이나 업적 이전에 거룩함을 원하십니다. 하나님이 능력이 없으셔서 능력 있는 사람이 꼭 필요한 것이 아닙니다. 하나님은 사람들을 협력자로 허용하시어 그들을 통해 일하실 뿐입니다. 신자들은 거룩하신 하나님이 거룩함을 요구하시는 줄 알고 무슨 일을 하든 거룩하게 해야 합니다.[42]

## 마지막 해결책: 하나님의 용서와 하나님을 향한 사랑

요셉과 다윗이 간음의 현장에 맞닥뜨렸을 때 어떻게 반응을 했습니까?

이 집에는 나보다 큰 이가 없으며 주인이 아무것도 내게 금하지 아니하였어도 금한 것은 당신뿐이니 당신은 그의 아내임이라 그런즉 내가 어찌 이 큰 악을 행하여 하나님께 죄를 지으리이까 여인이 날마다 요셉에게 청하였으나 요셉이 듣지 아니하여 동침하지 아니할 뿐더러 함께 있지도 아니하니라(창 39:9-10)

요셉은 보디발의 아내의 유혹에 적극적으로 피했습니다. 그는 간음을 하는 죄가 "하나님께 큰 죄를 짓는다."는 분명한 신앙고백이 있었습니다. 다윗이 우리아의 아내를 범한 뒤에도 하나님의 꾸짖음은 분명합니다.

> 그러한데 어찌하여 네가 여호와의 말씀을 업신여기고 나 보기에 악을 행하였느냐 네가 칼로 헷 사람 우리아를 치되 암몬 자손의 칼로 죽이고 그의 아내를 빼앗아 네 아내로 삼았도다 이제 네가 나를 업신여기고 헷 사람 우리아의 아내를 빼앗아 네 아내로 삼았은즉 칼이 네 집에서 영원토록 떠나지 아니하리라 하셨고(삼하 12:9-10)

그렇습니다. 우리가 간음의 현장을 피하는 것으로 끝나서는 안 되고 은혜의 세계에 빠져 들어가야 합니다. 우리가 더 거룩한 삶을 드리도록 훈련을 해야 합니다. 우리 믿음의 선배들이 삼일 기도회를 왜 만들었을까요? 매일 새벽기도를 왜 만들었을까요? 힘들고 어렵운 수없는 사건과 문제가 있어도 새벽기도에서 하나님 은혜로 다 녹습니다. 새벽기도는 우리 삶이 녹록치 않고 은혜 받지 않으면 세상 속에서 버텨 낼 재간이 없기 때문에 은혜를 축척하는 시간입니다.

하나님은 우리의 성적인 유혹이나 알코올 중독이나 어떤 극악한 죄가 지닌 힘보다도 더욱 위대한 권능을 지니신 분입니다. 오직 사랑이 풍성하시며 전능하신 하나님을 온전히 의지할 때, 우리는 이 모든 사악한 세력을 물리칠 수 있습니다. 예수님을 죽음에서 다시 일으키신 하나님은 또한 당신을 변화시킬 수 있습니다.[43]

우리의 신랑 되시는 예수님은 제7계명을 새롭게 하셨습니다. 그는 당신과 우리를 연합시킴으로 우리를 높여주셨고 하나님의 천상적인 사랑을 경험케 하셨습니다. 성적 결합을 통해 한 몸이 되는 기쁨은 나이가 들면서 점점 사라지고 지속되지 않지만 신부의 사랑과 교회를 향한 사랑은 영원히 주님께 있습니다. 오직 그 사랑만이 우리의 마음을 정결케 합니다.[44]

여러분 안에 성령 하나님이 내주하고 계십니까? 쉽게 대답하기 어렵나요? 여러분은 친한 사람이 옆에 있다면 인터넷에서 쉽게 포르노를 볼 수 있습니까? 예수님이 여러분과 함께 계시는데 그런 죄를 지을 수 있나요? 우리가 홀로 있을 때 내가 누구인지 분명히 드러납니다.

성경은 부부의 관계가 그리스도와 교회의 관계를 드러내기 위해 의도되었다고 말씀합니다. 어느 누가 이 천상의 신비를 다 알 수 있을까요? 오늘날 결혼의 진짜 위기는 돈이 없어서, 성의 문란 때문에 생기는 게 아니에요. 결혼의 가장 큰 위기는 바울이 말하는 "비밀"을 알지 못하기 때문입니다. 바울의 처방을 볼까요?

> 남편들아 아내 사랑하기를 그리스도께서 교회를 사랑하시고 그 교회를 위하여 자신을 주심 같이 하라 이는 곧 물로 씻어 말씀으로 깨끗하게 하사 거룩하게 하시고(엡 5:25-26)

예수 그리스도께서 나무 십자가에 매달렸을 때 로마 군병들에 의해 옆구리가 창에 찔리셨습니다. 결국 그리스도의 심장에서부터 흘러나온 피와 물을 통해 교회가 탄생 되었습니다. 예수 그리스도의 심장에서 나온 물과 피로 거룩하게 되었고 깨어진 관계가 회복되었습니다. 이게 바울이 말하는 '부부 행복의 큰 비밀'입니다. "만세반석 열리니 내가 들어갑니다. 창에 허리 상하여 물과 피를 흘린 것 내게 효험(效驗) 되어서 정결하게 하소서."

불륜과 간통이 일상화되고 있는 이 세상 속에서 소금과 빛의 역할을 하는 것은 쉬운 일이 아닙니다. 창에 찔린 채 십자가 위에 달리신 그리스도의 심장에서 지금도 흘러내리는 하나님의 사랑을 경험하고, 하나님의 입맞춤에 전 생애를 걸고 목숨까지 바치는 사랑의 투쟁만이 우리를 순결한 그리스도의 신부가 되게 합니다.

또한 성적인 타락은 사실 도덕적, 윤리적 문제 이전에 영적인 문제입니다.

> 그들이 감각 없는 자가 되어 자신을 방탕에 방임하여 모든 더러운 것을 욕심으로 행하되(엡 4:19)
>
> 남편들아 이와 같이 지식을 따라 너희 아내와 동거하고 그를 더 연약한 그릇이요 또 생명의 은혜를 함께 이어받을 자로 알아 귀히 여기라 이는 너희 기도가 막히지 아니하게 하려 함이라 또는 그 아내를 더 연약한 그릇 같이 여겨 지식을 따라 동거하고(벧전 3:7)

남편과 아내가 함께 사는 조건으로 "지식을 따라 너희 아내와 동거하고"라며 가르칩니다. 결혼의 기본 동기가 '감정'이 아니라 "함께 신앙으로 하나님의 나라로서의 가정을 만드는 것"이라는 생각을 갖고 결혼하는 청년이 많아야 합니다. 제7계명의 목표인 "결혼"은 하나님의 말씀을 따를 때 비로소 거룩하고 아름답게 지어집니다.[45)]

간음의 죄, 성적인 죄는 우리의 삶과 가정과 심지어 공동체까지 깨뜨리는 위험한 공격입니다. 우리는 전쟁터에 살고 있습니다. 안전지대도 없고 안전한 사람도 없습니다. 한번 물리면 그 대가는 혹독합니다. 쾌락은 짧고 고통은 깁니다. 한 사람의 불행으로 끝나는 게 아니고 많은 사람의 불행으로 연결시키는 성적 죄악이 봇물처럼 터지는 시대를 우리가 살고 있습니다. 마음 놓고 여기에 대해서 소극적으로 대하다가는 큰 코 다칩니다.

제 인생이 끝나는 날 저의 영정 사진 앞에서 "비록 너의 아버지가 화려한 인생을 살지 않았지만, 돈과 간음과 명예에 무너지지 않고 잘 견뎌내서 하나님의 하시는 일을 끝까지 선포했다. 너희들도 아버지가 먼저 밟은 눈길의 발자국을 밟고 따라가거라."라고 누군가가 저의 세 자녀에게 말해준다면 더 바랄 것이 없습니다.

여러분 모두 제7계명 말씀의 본의를 잘 깨달아 치유와 회복이 일어나고 선한 영향력이 자녀에게도 일어나기를 바랍니다. '간음하지 말라. 나의 아내를 극진히 사랑하라.'는 말씀이 하나님의 엄격한 경계선이며 만고불변의 원칙임을 기억하면서 배신에서 신뢰로의 여정을 게을리하지 않는 성도들이 되시길 바랍니다.

설교 시청 가이드

2019년 10월 27일(주일),
사월교회당의 공예배에서 강론된
"제7계명, 배신에서 신뢰로"(출20:14)는
대한예수교장로회 사월교회 홈페이지(www.sawolch.com)와
오른쪽의 QR코드를 통해 언제든지 시청할 수 있습니다.

A Guide to Sermon Video

# 미주

1) 김지찬, 『데칼로그: 십계명, 어떻게 이해할 것인가』(서울: 생명의말씀사, 2016), 334-335.

2) 황원하, 『하이델베르크 요리문답 해설』(평택: CNB, 2015), 484.

3) Kevin DeYoung, *Good news we almost forgot*, 신지철 역, 『왜 우리는 하이델베르크 교리문답을 사랑하는가』(서울: 부흥과개혁사, 2012), 349.

4)Cornelis Pronk, *Ten Commandments*, 임정민 역, 『하이델베르크 교리문답으로 보는 십계명』(수원: 그책의사람들, 2013), 112.

5) 김지찬, 『데칼로그: 십계명, 어떻게 이해할 것인가』, 341.

6) 강영안, 『강영안 교수의 십계명 강의: 십계명이 열어 보인 삶의 길, 자유의 길』(서울: IVP, 2009), 237-238.

7) 이상원, 『21세기 십계명 여행』(서울: 토기장이, 2006), 167. "이 명령에서 매춘을 금할 때는 주로 당시 가나안 부족들 사이에 성행하고 있었던 성전에서의 매춘 의식을 염두에 둔 거다." "네 딸을 더럽혀 창녀가 되게 하지 말라 음행이 전국에 퍼져 죄악이 가득할까 하노라"(레 19:29)

8) 김지찬, 『데칼로그: 십계명, 어떻게 이해할 것인가』, 343.

9) 강영안, 『강영안 교수의 십계명 강의』, 239-240.

10) 김지찬, 『데칼로그: 십계명, 어떻게 이해할 것인가』, 342.

11) 필자는 동성애라는 표현이 약하다 생각되어 동성간음이라는 표현을 쓰고자 한다.

12) 강영안, 『강영안 교수의 십계명 강의』, 240; 김지찬, 『데칼로그: 십계명, 어떻게 이해할 것인가』, 347.

13) 이상원, 『21세기 십계명 여행』, 166.

14) 강영안, 『강영안 교수의 십계명 강의』, 238.

15) 강영안, 『강영안 교수의 십계명 강의』, 242.

16) 이광호, 『에세이 상산수훈』(평택: CNB, 2005), 95.

17) 김지찬, 『데칼로그: 십계명, 어떻게 이해할 것인가』, 346-347.

18) Frank Crusemann, *Bewahrung der Freiheit : das Thema des Dekalogs in sozialgeschichtlicher Perspektive*, 이지영 역, 『자유의 보존 : 사회사적 관점에서 본

십계명의 주제』(양평: 크리스천헤럴드, 1999), 86-87.

19) 이광호, 『출애굽기』(평택: CNB, 2013), 219.

20) 김지찬, 『데칼로그: 십계명, 어떻게 이해할 것인가』, 340.

21) 황원하, 『하이델베르크 요리문답 해설』, 485.

22) Kevin DeYoung, 『왜 우리는 하이델베르크 교리문답을 사랑하는가』, 352.

23) J. I. Packer, *Growing in Christ*, 김진웅 역, 『십계명』(서울: 아바서원, 2012), 80-81.

24) 송태근, 『쾌도난마 십계명』(서울: 지혜의샘, 2015), 110-111.

25) 손재익, 『담임목사가 되기 전에 알아야 할 7가지』(서울: 세움북스, 2016), 249-250.

26) Edmund P. Clowney, *How Jesus transforms the ten commandments*, 신호섭 역, 『예수님은 십계명을 어떻게 해석하셨는가』(서울: 크리스챤, 2009), 142-143.

27) 김진흥, 『교리문답으로 배우는 장로교 신앙』(서울: 생명의 양식, 2017), 318.

28) Michael Scott Horton, *(The) law of perfect freedom*, 윤석인 역, 『십계명의 렌즈를 통해서 보는 삶의 목적과 의미』(서울: 부흥과개혁사, 2005), 212.

29) 예수님은 음행의 연고를 이혼의 합당한 사유로 인정하셨습니다(마 5:32; 19:9). 그런데 사도 바울은 가부장적인 로마사회에서 신앙의 차이로 이하여 버림을 받을 경우 이혼을 허락합니다(고전 7:15-16). 재혼에 관해서는 성경에 명시적으로 말씀하지 않지만, 합당한 이혼의 사유들을 인정하는 개신교 입장에서는, 그런 경우일 때 재혼의 가능성 인정한다고 해석할 수 있다. 그러나 합당하지 않은 이혼의 경우는 결코 자유롭게 재혼할 상태가 아니다(고전 7:10-11)

30) 강영안, 『강영안 교수의 십계명 강의』, 243.

31) 백금산·김종두, 『(기독교 윤리의 핵심을 보여주는) 만화 십계명』(서울: 부흥과개혁사, 2008), 178.

32) 김진흥, 『교리문답으로 배우는 장로교 신앙』, 318-319.

33) 하나님의 선물을 무거운 짐(의무)로 변질시킨 이런 제도는 목회서신에서 가르치는 목회자의 자격 조건과 오히려 배치된다(딤전 3:2-7; 딛 1:5-9).

34) 김진흥, 『교리문답으로 배우는 장로교 신앙』, 315.

35) 황원하, 『하이델베르크 요리문답 해설』, 490.

36) 김병훈, 『(소그룹 양육을 위한) 하이델베르크 요리문답 II』(수원: 합신대학원출판부,

2012), 226-227.

37) 윤석준, 『하이델베르크 요리문답 설교 3: 삼위 하나님과 우리의 위로』(서울: 부흥과개혁사, 2016), 171.

38) 김병훈, 『(소그룹 양육을 위한) 하이델베르크 요리문답 II』, 229-230.

39) 윤석준, 『하이델베르크 요리문답 설교 3』, 172.

40) Edmund P. Clowney, 『예수님은 십계명을 어떻게 해석하셨는가』, 144.

41) Kevin DeYoung, *What Does the Bible Really Teach about Homosexuality?*, 조계광 역, 『성경이 동성애에 답하다』(서울: 지평서원, 2016)을 참조하라.

42) 정요석, 『하이델베르크 교리문답, 삶을 읽다(하)』(서울: 새물결플러스, 2018), 358.

43) Kevin DeYoung, 『왜 우리는 하이델베르크 교리문답을 사랑하는가』, 359.

44) Edmund P. Clowney, 『예수님은 십계명을 어떻게 해석하셨는가』, 151.

45) 윤석준, 『하이델베르크 요리문답 설교 3: 삼위 하나님과 우리의 위로』, 177.

## 도둑질하지 말라

לא תגנב

# X

# 제8계명,
# 절도에서
# 관대함으로

도둑질하지 말라

출 20:15

# X. 제8계명, 절도에서 관대함으로

도둑질하지 말라

출 20:15

## 형법상 절도죄는 나와는 상관없는 계명?

우리가 제8계명이 다루는 '도둑질'이라는 말을 들을 때 머릿속에 떠오르는 생각이 무엇입니까? 대부분은 은행털이, 날치기, 횡령, 위조 등을 떠올립니다. '나는 형법에서[1] 다루는 명백한 절도죄를 지은 적이 없다. 그러니 다른 계명은 몰라도 제8계명은 나와 상관없는 계명이야.'라고 생각하지 않습니까?

길거리를 지나다 "야! 이 도둑놈아!" 누가 뒤에서 그렇게 부른다면 백 사람 가운데 아흔아홉은 뒤를 돌아봅니다. 그런데 돌아보지 않는 한 명이 있는데 누굴까요? 도둑질을 하지 않은 사람들이 아닌 바로 간 큰 도둑입니다.

## 좀도둑에는 엄하고 큰 도둑에는 너그러운 사회적 분위기

오늘날 우리 사회, 특별히 기득권층은 좀도둑에는 엄하고 큰 도둑에는 너그러운 모습을 보입니다. 그러다 보니 도둑질에 대한 일반인의 태도가 매우 흐려진 게 사실입니다. 그리스도인조차 '세상을 봐! 온통 도둑놈으로 가득 차 있다! 큰 도둑은 마음껏 거리를 활보하는데, 나의 사소한 도둑질이 뭐 그리 대단하단 말인가?'라는 생각을 갖기 쉽습니다.[2] 혹시 해외여행을 다닐 때 비행기에서만 사용하는 기내용 담요를 기념품으로 챙기거나, 군대 제대할 때 일명 깔깔이를 챙기거나, 예전에 새벽기도 갔다 오시는 길에 남의 밭 깻잎도 따고, 고추를 따도, 수박과 참외 서리 정도 한 번씩은 하시지 않았나요? 이렇게 사방이 도둑들이기 때문에 사소한 도둑질은 큰 문제가 되지 않는다는 생각을 쉽게 합니다. 이 점을 1936년 10월3일자 『새터데이 이브닝 포스트(The Saturday Evening Post)』의 표지에 실린 '저울 한 쪽 건드리기'(Tipping the Scales)라는 그림이 아주 잘 드러냅니다.

한 시골 정육점에서 여인이 닭을 사는 모습인데 겉으로는 온순하게 보이는 정육점 주인과 나이가 든 여자 손님이 닭이 올려진 저울을 사이에 두고 양쪽에 서서 저울 눈금을 쳐다봅니다. 그런데 두 사람 모두 얼굴에 야릇한 미소가 번져 있습니다. 이들이 서로 미소를 짓는 이유가 뭘까요? 그 비밀은 그들의 손을 주목하면 알 수 있습니다. 정육점 주인은 모르는 척 손으로 저울을 아래로 살짝 누르고 있고, 부인은 손가락으로 저울 밑을 살짝 떠받치고 있습니다. 저울을 보고 있기에 상대방이 속고 있음을 모르고, 자신이 이익을 보고 있다고 생각하여 두 사람 모두 미소를 짓습니다. 이 그림은 우리가 도둑질하게 되는 근본 이유가 다른 사람에게 손해를 끼치더라도 이익을 챙기려는 데 있음을 보여줍니다.[3)]

## 제8계명의 본문

| 출애굽기 20:13 | 사역(私譯) | 신명기 5:19 | 사역(私譯) |
|---|---|---|---|
| לֹא תִגְנֹב | 도둑질하지 말라 | וְלֹא תִגְנֹב | 또 도둑질하지 말라 |

제8계명은 출애굽기 20장이나 신명기 5장 모두 동일하게 두 단어로 이루어져 있습니다. 앞서 살핀 제6계명과 제7계명과 마찬가지로 말씀이 참 간결하고 주어와 목적어가 명시되지 않았습니다. 따라서 도둑질이 정확하게 무엇인지 알기 위해서 'גנב'(가나브) 동사의 용례를 상세하게 살펴봐야 합니다.

> 이스라엘이 범죄하여 내가 그들에게 명령한 나의 언약을 어겼으며 또한 그들이 온전히 바친 물건을 가져가고 도둑질하며 속이고 그것을 그들의 물건들 가운데에 두었느니라(수 7:11)

이스라엘 백성들이 약속의 땅을 선물로 수여 받고 가나안 땅을 밟던 때입니다. 아간이 여리고 성 전투 후에 전리품을 몰래 훔쳐 자기 장막 가운데 숨겨 놓은 행위를 합니다. 이때 '도둑질하다'는 동사를 사용했습니다. 도둑질이란 "다른 사람의 물건을 동의를 받지 않고 부당한 방법으로 은밀하게 취하는 일체의 행위"를 가리키는 용어입니다.[4)]

## 도둑질의 대상

여러분은 도둑질의 대상이 무엇이라고 생각하십니까? 막연하게 남의 물건이라고 생각하지 않나요? 구약 성경에서 인간들이 도둑질하는 내용을 보면 우리의 상상을 초월합니다. 성경을 통해 도둑질의 대상들이 무엇인지를 보면 아주 흥미롭습니다.[5)]

| | 도둑질 대상 | 본문과 용례 |
|---|---|---|
| 1 | 소, 양, 염소 | (출 22:1)사람이 소나 양을 도둑질하여 잡거나 팔면 그는 소 한 마리에 소 다섯 마리로 갚고 양 한 마리에 양 네 마리로 갚을지니라 |
| 2 | 은과 금 | (창 44:8)우리 자루에 있던 돈도 우리가 가나안 땅에서부터 당신에게로 가져왔거늘 우리가 어찌 당신의 주인의 집에서 은금을 도둑질하리이까 |
| 3 | 돈이나 물품 | (출 22:7)사람이 돈이나 물품을 이웃에게 맡겨 지키게 하였다가 그 이웃 집에서 도둑을 맞았는데, 그 도둑이 잡히면 갑절을 배상할 것이요 |
| 4 | 사람 | (출 21:16)사람을 납치한 자가 그 사람을 팔았든지 자기 수하에 두었든지 그를 반드시 죽일지니라 |
| 5 | 사람의 시신 | (삼하 21:12)다윗이 가서 사울의 뼈와 그 아들 요나단의 뼈를 길르앗 야베스 사람에게서 가져가니 이는 전에 블레셋 사람들이 사울을 길보아에서 죽여 블레셋 사람들이 벧산 거리에 매단 것을 그들이 가만히 가져온 것이라 |
| 6 | 사람의 마음 | (삼하 15:6)이스라엘 무리 중에 왕께 재판을 청하러 오는 자마다 압살롬의 행함이 이와 같아서 이스라엘 사람의 마음을 압살롬이 훔치니라(도둑하니라) |
| 7 | 하나님께 바친 물건 | (수 7:11)이스라엘이 범죄하여 내가 그들에게 명령한 나의 언약을 어겼으며 또한 그들이 온전히 바친 물건을 가져가고 도둑질하며 속이고 그것을 그들의 물건들 가운데에 두었느니라 |

| | | |
|---|---|---|
| 8 | 드라빔, 신 | (창 31:19) 그 때에 라반이 양털을 깎으러 갔으므로 라헬은 그 아버지의 드라빔을 도둑질하고<br>(창 31:30) 이제 네가 네 아버지 집을 사모하여 돌아가려는 것은 옳거니와 어찌 내 신을 도둑질하였느냐 |
| 9 | 여호와의 말씀 | (렘 23:30) 보라 서로 내말을 도둑질하는 선지자들을 내가 치리라 |
| 10 | 목적어 없이 | (출 20:15) 도둑질하지 말라 |

십계명의 다른 계명은 다 죽음에 처하지만 제8계명은 사건마다 적절한 배상법을 적용하므로 비교적 온건합니다(출 22:1-9). 절도범은 이웃의 사유재산권을 침해한 행위에 큰 대가를 치러야 했고, 분배정의와 보복정의에 책임을 집니다.[6] 하지만 모세 당시만 해도 가장 비싼 재산으로 취급되었던 노예를 삼기 위해 인신매매를 해서 '사람'을 도둑질을 하면 예외적으로 사형에 처했습니다.[7] 더욱 흥미로운 것은 인간은 '사람의 시신'까지 훔치기도 했습니다. 또한 다른 사람의 마음과 신상까지 훔쳤습니다. 위의 용례에서 보듯 '다른 사람의 물건'이란 돈을 비롯한 모든 종류의 소유를 뜻합니다. 이어서 '도둑질하지 말라'는 계명에 내포된 의미가 무엇인지 알아볼까요?

## 도둑질 금지 계명에 내포된 의미

### 사유 재산(Private Property)의 인정

도둑질하지 말라(출 20:15)

네 이웃의 집을 탐내지 말라 네 이웃의 아내나 그의 남종이나 그의 여종이나 그의 소나 그의 나귀나 무릇 네 이웃의 소유를 탐내지 말라(출 20:17)

'도둑질'은 '다른 사람의 것'과 '나의 것'의 구분이 있어야 가능하다는 점에서 제8계명은 '사유재산 인정'을 합니다.[8] 제10계명의 말씀에도 '나의 것', '이웃의 것'이 있습니다.[9] 창세기 1장에서 하나님께서는 사람을 자기 형상대로 지으시고, 사람에게 땅을 다스릴 권한을 주셨습니다. 하나님께서는 인류에게 공통으로 땅을 주셨을 뿐 아니라, 각 사람에게 땅의 한몫을 주시므로 재산을 소유할 권리를 인정하셨습니다.[10] 주기도문에도 "오늘날 우리에게 일용할 양식을 주시옵고."를 언급한 것도 사유재산의 근거가 됩니다.[11]

> 믿는 무리가 한마음과 한 뜻이 되어 모든 물건을 서로 통용하고 자기 재물을 조금이라도 자기 것이라 하는 이가 하나도 없더라(행 4:32)
> 아나니아라 하는 사람이 그의 아내 삽비라와 더불어 소유를 팔아(행 5:1)
> 땅이 그대로 있을 때에는 네 땅이 아니며 판 후에도 네 마음대로 할 수가 없더냐 어찌하여 이 일을 네 마음에 두었느냐 사람에게 거짓말한 것이 아니요 하나님께로다(행 5:4)

현대의 일부 급진주의자들은 초기 기독교회가 사유재산제도를 인정하지 않고 사회주의나 공산주의의 모습이었다고 합니다. 하지만 초대교회 시절에 아나니아와 삽비라 부부는 재산을 자신의 것으로 헌금을 하거나 감추거나 자기 마음대로 할 수 있었습니다. 그리고 신약성경, 특히 사도행전과 서신서는 초기 기독교회 역시 사유재산을 인정했음을 보여줍니다. 초기 기독교인들은 하나님께 헌금을 드리되 자발적으로 들렸으며 강제로 드리지 않았습니다. 그러므로 그리스도인은 하나님 말씀에 어긋나는 모든 형태의 사회주의나 공산주의를 거부합니다.[12]

하나님은 왜 '사유재산'을 인정하신 걸까요? 이스라엘 백성들이 애굽에서 종노릇하던 때는 사유재산이란 게 없었습니다. 출애굽하여 자유인이 될 때 사유재산을 갖게 됩니다. 인간은 자기 소유의 땅과 재산을 가지고 있을 때 비로소 완전한 자유인이 될 수 있습니다. 하나님의 백성은 다른 이의 재산을 도둑질함으로써 재산을 잃고 끝내는 자유를 상실하지 않도록 조심해야 합니다. 그래서 하나님이 자유롭게 된 이스라엘 백성들에게 십계명 안에 "도둑질하지 말라"는 계명을 주셨습니다.[13)]

그렇다고 해서 '사유재산은 절대적 권리'라고 생각하고 '내 것이니까 내 마음대로 써도 된다. 남의 재산을 마구 침범해도 된다.'고 생각해서는 안 됩니다.[14)] 구약에서 굶주린 자는 포도밭에 들어가 허기를 채울 수 있지만, 율법의 관대함이나 주인의 동정심을 이용하여 그릇에 담거나 낫으로 이삭을 수확하면 안 됩니다. 이렇게 절도 행위에 대해 관용하는 태도를 보이면서도, 한편으로는 잠언에서 절도를 들키면 처벌을 면할 수 없다고 규정합니다.[15)]

## 모든 재산은 하나님께 속함: 청지기 의식(stewardship)

제8계명이 전제하는 사유재산은 상대적 의미에서만 그렇습니다. 절대적 의미에서는 모든 재산은 하나님께로 부터 왔으며, 하나님의 소유입니다. 각 사람이 가진 모든 것은 자신에게 비롯된 것이 아니라 온 세상의 주인이신 하나님에게서 비롯된 겁니다(출 19:5; 신 10:14; 욥 41:11; 시 24:1; 5010-12; 잠 8;18; 대상 29:11-12, 14, 16). 하나님이 그의 기쁘시고 선하신 뜻에 따라 각 사람에게 주셨습니다(대상 29:14, 16). 그러기에 각 사람의 소유는 '자신의 것이기 이전에 하나님의 것'입니다. 그리고 하나님의 것이지만 세상에 사는 동안 우리에게 맡겨 주셨습니다.[16)]

우리는 이 세상의 주인이 아니라 하나님의 소유를 관리해 주는 청지기

(steward)입니다. 청지기의 주된 관심사는 자기 주인을 위해 돈 버는 사람입니다.[17] 은행 직원들이 하루에 얼마나 많은 돈을 만집니까? 하지만 그 돈의 주인은 아닙니다. 단지 돈의 주인이 맡겨 놓은 것을 관리하는 관리인일 뿐입니다. 그런데 은행 직원이 고객의 돈을 자기 마음대로 사용한다면 어떻게 되겠습니까? 쇠고랑을 차겠지요. 우리의 가진 돈, 생명, 은사, 능력도 마찬가지입니다. 하나님이 맡기셨기 때문에 하나님이 원하는 대로 사용해야 합니다.

모든 사람들은 자신에게 맡기신 하나님의 선물을 어떻게 잘 경영하였는지 주인 앞에 내어놓고 평가를 받아야 합니다. 달란트 비유, 므나 비유에서 우리 주님은 그 사실을 거듭 강조하여 가르쳐 주셨습니다.[18] 혹여나 심중에라도 타인의 소유를 훔치고 싶은 마음이 생겼을 때, 그 순간 하나님의 소유를 도둑질 하고 있다는 생각을 해 보셨습니까? 이웃의 재산권과 사유재산을 침해하는 행위는 단지 이웃의 소유만을 훔치는 게 아니라 그것을 주신 하나님의 소유를 훔치는 일이라고 생각해야 합니다.[19] 그러면 우리 믿음의 선배들은 어떻게 제8계명을 적용하는지 하이델베르크 요리문답을 볼까요?

## 하이델베르크 요리문답에 나타난 제8계명의 요구

하이델베르크 요리문답의 다른 계명들의 해석은 "하나님이 무엇을 요구하시느냐?"고 묻습니다. 그런데 제8계명은 먼저 "하나님이 금하신 것이 무엇인지"를 먼저 다룬 뒤, "하나님이 무엇을 요구하시는지"를 묻습니다.

하이델베르크 요리문답

제 110문 하나님께서 제 8계명에서 금하신 것이 무엇입니까?

답 하나님께서는 제 8계명에서 도적질과 강도짓만을 금하신 것이 아니라, 무게를 조작하여 측정하거나, 속여서 물건을 팔거나, 돈을 위조하거나, 비싼 이자를 받는 것과 같은 악한 음모와 의도도 금하십니다. 우리는 우리의 이웃에게 힘에 의해서나, 권력에 의해서나, 다른 어떤 방식으로도 속여 빼앗으려고 해서는 안 됩니다. 또한, 하나님께서는 모든 탐심과 당신이 주신 선물을 악용하거나 낭비하는 것을 금하십니다.

## 어디까지가 도둑질인가?

하이델베르크 요리문답 제110문답에서 어디까지가 도둑질인가 그 예들이 상세하게 나옵니다. "무게를 조작하여 측정하거나, 속여서 물건을 팔거나, 돈을 위조하거나, 비싼 이자를 받는 것과 같은 악한 음모와 의도도 금하십니다. 우리는 우리의 이웃에게 힘에 의해서나, 권력에 의해서나, 다른 어떤 방식으로도 속여 빼앗으려고 해서는 안 됩니다." 여기에는 단순히 우리가 '도둑질'하는 것뿐 아니라, 아주 광범위한 의미에서 "재물의 노예가 될 수 있는 모든 상황, 즉 이웃의 소유를 자기의 것으로 삼으려는 모든 시도"를 도둑질로 규정합니다.

| 제8계명이 금지하는 것 | 제8계명이 요구하는 것[20] |
|---|---|
| ① 인신매매 | ① 진실과 공의에 기초한 계약과 거래 |
| ② 장물 소유 | ② 각자의 몫을 정당하게 주는 것 |
| ③ 속이는 저울이나 측정기 | ③ 물건을 정당하게 배상 |
| ④ 지계표 제거 | ④ 재능을 타인에게 주기 |
| ⑤ 고리대, 위조화폐 | ⑤ 재물욕 절제 |

| | |
|---|---|
| ⑥ 뇌물 | ⑥ 물건들의 보호와 연구 |
| ⑦ 소송 남용 | ⑦ 근면한 직업 수행 |
| ⑧ 불법적 봉쇄와 추방 | ⑧ 검소 |
| ⑨ 매점매석 | ⑨ 불필요한 소송과 보증을 피함 |
| ⑩ 임금 지급 거부와 체불 | |
| ⑪ 재물을 과도하게 사랑함 | |
| ⑫ 재물에 관한 산만한 염려와 노력 | |
| ⑬ 타인의 번영에 대한 질투 | |
| ⑭ 게으름과 방탕 | |
| ⑮ 표절 | |
| ⑯ 커닝 | |
| ⑰ 불법 복제 | |

오늘날의 시대로 적용을 해 볼까요?[21)] 하나님 나라 백성인 우리는 '세상의 법이 옳다고 말하니까 괜찮아!'라는 생각에 주의해야 합니다. 세상의 법이 무죄라고 다 무죄가 아닙니다.

여러분은 어떤 도둑질을 해 보셨나요? 저희 집이 장사를 했기 때문에 참기름 판 돈 500원을 어머니에게 주지 않고 과자를 사먹었습니다. 이때 과자는 실컷 먹었는데 얼마나 가슴을 떨었는지요. 여러분이 과거에 도둑놈이었던 목사의 설교를 듣습니다. 엄마 아빠가 잘하는 거짓말이 "엄마, 아빠는 다 알아! 그러니까 사실대로 말해!"입니다. 이 말을 듣고 사실대로 말했다가 눈물이 쏙 빠지도록 야단맞았던 기억이 있습니다.

길을 가다가 1억원을 주웠습니다. 여러분이 가지시겠습니까, 아니면 주인을 찾아 돌려주겠습니까? 대부분의 성도는 돌려주겠지요. 큰 돈은 돌려주는데, 만약 500원을 줍는다면 어떨까요? 귀찮기도 하고 별 것 아니라 생각합니다. 음식점에 가서 5만원치를 먹었는데 신용카드 500원이 찍혔다면 어떻게 할까요? 이건 하나님의 은혜라고 생각하지 않습니까?

교통사고가 났을 때 가짜 환자로 입원하게 될 때, 나에게 손해도 안 되고 누구에게도 손해가 되지 않으니 얻을 수 있는 대로 얻어도 된다고 생각할 수 있습니다. 교회가 정품 소프트웨어를 쓰지 않고 불법 복제된 컴퓨터 프로그램을 쓰기도 합니다. 성경은 뇌물을 바치는 것을 통해 더 많은 것을 얻는 것, 부정직한 상거래, 고리대금에 대해 무섭게 질책합니다.

우리는 습관적으로 지각하고 일찍 퇴근하고 근무 시간에 동료들과 잡담을 하거나 인터넷을 하는 등으로 시간을 도둑질 할 수도 있습니다.[22] 내 이웃의 연약함을 이용해 재산을 늘리려고 할 때, 소득 신고서에 소득을 정직하게 신고하지 않을 때, 제품을 거짓으로 광고할 때, 도둑질한 겁니다. 고용을 받은 사람이 그날 해야 하는 일을 정직하게 하지 않은 것도 도둑질입니다.[23]

## 탐식 그리고 하나님의 선물의 악용과 낭비?

그리고 하이델베르크 요리문답 제110문답의 마지막을 봅시다.[24] "또한, 하나님께서는 모든 탐심과 당신이 주신 선물을 악용하거나 낭비하는 것을 금하십니다." 참 흥미로운 해설입니다. 왜냐면 물질에 대한 탐욕이 죄악임을 가르칠 뿐 아니라, 자신의 은사를 남용, 허비하는 일까지 포함합니다. 남의 소유를 속여 빼앗는 것과 연결이 되세요?

> 너희가 만일 남의 것에 충성하지 아니하면 누가 너희의 것을 너희에게 주겠느냐(눅 16:12)

이 말씀에 보아 알 수 있듯이 요리문답이 은사의 남용이나 허비를 제8계명에 대한 불순종으로 보는 까닭은 은사가 바로 본래부터 자신의 것이 아니라 하나님께서 그에게 맡기신 것이라는 사실 때문입니다. 주인의 소유를 충성스럽게 관리하지 않고 허비하는 것은 주인에 손해를 끼치는 것이며 이는 곧 주인의 것을 도둑질 하는 것과 다를 바가 없습니다.[25]

우리 믿음의 선배들은 물질관에 대해 정확하게 '모든 물질을 하나님의 선물'이며 땅에 존재하는 모든 게 하나님이 우리를 위해 주신 선물이라고 언급합니다. 그런데 이 선물은 나의 욕심을 만족시키기 위해 주어진 게 아니라, 하나님의 뜻과 은혜를 위해 사용하도록 우리에게 주어졌습니다.[26] 이어서 하이델베르크 요리문답 제111문에서 이 계명이 적극적으로 요구하는 것을 무엇이라고 합니까?

## 도둑질 하지 말라는 것에 더 적극적인 명령

하이델베르크 요리문답

제 111문 하나님께서 이 계명에서 요구하시는 것은 무엇입니까?

답 내가 내 이웃의 선을 위해 내가 할 수 있고, 허용하는 것은 무엇이든지 하도록 노력해야 할 것과 다른 사람이 나에게 해 주기를 바라는 것처럼, 내가 다른 사람에게 해 줄 것과 내가 가난한 사람들을 도와 줄 수 있도록 성실하게 노력할 것을 요구하십니다.

"내가 내 이웃의 선을 위해 내가 할 수 있고, 허용하는 것은 무엇이든지 하도록 노력해야 할 것과 다른 사람이 나에게 해 주기를 바라는 것처럼, 내가 다른 사람에게 해 줄 것" 하이델베르크 요리문답 제111문은 예수님께서 주신 황금률[27]을 언급하면서 각 사람이 이웃에게 마땅히 행하여야 할 의무를 행하지 않는 것도 제8계명을 불순종하는 것으로 규정합니다.[28]

돈을 사랑함이 일만 악의 뿌리가 되나니 이것을 탐내는 자들은 미혹을 받아 믿음에서 떠나 많은 근심으로써 자기를 찔렀도다(딤전 6:10)

사람들은 이 물질주의 세상에서 소유를 행복의 가치로 여기기 때문에 소유함으로 만족을 얻고자 하고, 원하는 것을 소유하면 능력 있다고 말합니다. 그래서 내가 가진 게 곧 능력이 되고 그것은 그 사람을 규정하는 존재가 됩니다. 소유가 곧 존재로 연결되어 버립니다.

## 도둑질 안 하는 방법

### 탐심을 버리는 자족하는 마음

물질주의적 사고방식과 가치관이 맹위를 떨치는 세상에서 "도둑질 하지 말라"는 계명을 우리는 과연 지킬 수 있을까요?

곧 헛된 것과 거짓말을 내게서 멀리 하옵시며 나를 가난하게도 마옵시고 부하게도 마옵시고 오직 필요한 양식으로 나를 먹이시옵소서 혹 내가 배불러서 하나님을 모른다 여호와가 누구냐 할까 하오며 혹 내가 가난하여 도둑질하고 내 하나님의 이름을 욕되게 할까 두려워함이니이다(잠 30:8-9)

우선 잠언의 지혜자는 부요와 가난 사이에 중용(中庸)의 길을 걷게 해 달라고 기도합니다. 더 나아가 "도둑질하지 말라."의 긍정적인 명령은 탐심을 버리고 자족하는 마음입니다. 도둑질은 하나님께서 자신에게 주신 것으로 만족하지 못하는 데서 비롯됩니다. 그렇기에 성경은 지족(知足, contentment)을 가르칩니다.[29] 신자의 삶에서 나타나야 할 자족하는 태도에 대해서는 다음 구절이 잘 설명해 줍니다.

> 내가 궁핍하므로 말하는 것이 아니니라 어떠한 형편에든지 나는 자족하기를 배웠노니(빌 4:11)
> 위의 것을 생각하고 땅의 것을 생각하지 말라(골 3:2)
> 돈을 사랑하지 말고 있는 바를 족한 줄로 알라 그가 친히 말씀하시기를 내가 결코 너희를 버리지 아니하고 너희를 떠나지 아니하리라 하셨느니라(히 13:5)
> 그러나 자족하는 마음이 있으면 경건은 큰 이익이 되느니라(딤전 6:6)

그리스도인은 땅의 소유에 완전히 관심을 끄고 살라는 의미가 아닙니다. 우리 역시 이 땅의 소유 없이 살아갈 수 없지요. 그리스도인이나 그리스도밖에 있는 사람들이나 먹을 쌀과 입을 옷과 살 집이 필요합니다. 다른 점이 있다면 그리스도인은 자기가 가진 것에서 자족할 줄 압니다. 자족은 그냥 일어나는 게 아니라 그리스도의 학교에서 배워야 합니다. 하늘의 부요를 상속받은 자녀라는 사실을 깨달을 때 자족의 은혜를 누릴 수 있습니다.

> 또 나라를 그들의 앞에서 쫓아내시며 줄을 쳐서 그들의 소유를 분배하시고 이스라엘의 지파들이 그들의 장막에 살게 하셨도다(시 78:55)
> 여호와는 나의 산업과 나의 잔의 소득이시니 나의 분깃을 지키시나이다 내게 줄로 재어 준 구역은 아름다운 곳에 있음이여 나의 기업이 실로 아름답도다(시 16:5-6)

믿음의 동역자 여러분! 무엇이 부족하기 때문에 어려운 게 아닙니다. 하나님 안에서 자족의 원리를 배우면 어떤 환경 속에서도 우리가 흔들리지 않고 자족할 수 있습니다. 이게 비밀입니다. 그러나 감추어진 비밀이 아닙니다. 그리스도인이라면 누구나 누릴 수 있는 비밀입니다. 그러나 하늘의 부요를 모르는 세상 사람들은 모릅니다.

환경에 떠밀려 환경에 놀아나는 게 아니라 '환경을 이기는 힘', 이것이 신앙의 맛입니다. 있으면 있는 대로 없으면 없는 대로 그런 삶을 우리가 체득한다면 얼마나 멋진 삶을 살 수 있겠습니까? 영적인 힘을 가지면 세상의 것들에 거룩한 무관심이 일어납니다. 신앙의 힘, 즉 영권으로 세상의 방식에 저항하며 승리할 수 있기를 바랍니다.

### 절도에서 정직한 노동과 관대(구제)함으로

믿음의 동역자 여러분! 도둑질 하지 않는 능동적인 방법은 정직한 노동입니다.

> 또 너희에게 명한 것 같이 조용히 자기 일을 하고 너희 손으로 일하기를 힘쓰라 이는 외인에 대하여 단정히 행하고 또한 아무 궁핍함이 없게 하려 함이라(살전 4:11-12)
> 도둑질하는 자는 다시 도둑질하지 말고 돌이켜 가난한 자에게 구제할 수 있도록 자기 손으로 수고하여 선한 일을 하라(엡 4:28)

제8계명의 긍정명령인 노동을 통한 재산증식이 아닌 불로소득(不勞所得, Unearned Income)에 관심을 가진다면 제8계명을 어기는 겁니다. 대표적인 불로소독은 도박과 복권 등이 있습니다. 그 외에도 주가조작, 매점매석(買點賈惜), 각종 투기, 담합(談合), 독과점(獨寡占) 등도 도둑질입니다. 주변 시세보다 지나치게 낮은 금액으로 판매하는 행위 역시 도둑질입니다. 예컨대, 주변에 위치한 커피 전문점의 가격이 있는데 교회가 지나치게 싸게 팔아서 다른 상점에 해를 입힌다면 도둑질이 될 수 있습니다.[30]

십계명은 우리 각자가 이웃에게 기대할 수 있는 권리가 아니라, 우리 모두가 이웃에게 해야 하는 의무를 강조합니다.[31] 십계명을 받은 이스라엘은 '언약 공동체'이기 때문에 공동체에서 나의 자유가 제한된다는 전제를 깔고 있습니다. 그래서 나의 소유권 행사가 공동체를 세우고 공동체에 덕이 되는 방향으로 흐르게 해야 합니다. 하나님의 뜻에 맞게 나의 소유가 사용되고 있는지를 의식적으로 점검할 필요가 있습니다.[32]

> 상전들아 의와 공평을 종들에게 베풀지니 너희에게도 하늘에 상전이 계심을 알지어다(골 4:1)
>
> 너는 네 이웃을 억압하지 말며 착취하지 말며 품꾼의 삯을 아침까지 밤새도록 네게 두지 말며(레 19:13)
>
> 불의로 그 집을 세우며 부정하게 그 다락방을 지으며 자기의 이웃을 고용하고 그의 품삯을 주지 아니하는 자에게 화 있을진저(렘 22:13)
>
> 보라 너희 밭에서 추수한 품꾼에게 주지 아니한 삯이 소리 지르며 그 추수한 자의 우는 소리가 만군의 주의 귀에 들렸느니라(약 5:4)

오늘날에 인턴이나 임시직, 비정규직이라는 제도를 통해서 마땅한 임금을 제공하지 않는 것은 도둑질입니다. 다른 사람의 노동력을 사용해 놓고 그에 적합한 임금을 지급하지 않는 것은 결국 그 사람의 몫을 빼앗는 행위이기 때문입니다.

피고용인의 노동에 합당한 임금을 지불하지 않는 것도 도둑질입니다. 예컨대, 피고용인의 노동을 통해 얻는 수입이 1,000만원인데 그 사람에게 200만원 정도의 월급만 준다면 그 사람의 노동적 가치에 대한 도둑질입니다. 노동자에게 합당한 보수를 주지 않는 것, 노동착취, 노동자에 대한 복지, 휴가비 지급, 각종 축하금 지급 등을 저절히 제공하지 않는다면 도둑질입니다.[33]

우리가 부지런히 일을 해야 하는 이유는 자신의 재정적인 독립만이 아니라 적극적으로 다른 사람에게 나눠 주기 위해서입니다. 성도들이 자신이 가진 재산을 잘 관리하는 방법 중의 하나는 바로 구제하는 삶입니다.[34] 우리는 도둑질에서 노동으로, 노동에서 구제로 나아가야 합니다. 구제(救濟)는 제8계명의 또 다른 긍정명령입니다. "자기 것을 도둑질 하는 행위"는 "나누지 않는 삶"을 뜻합니다.[35]

믿음의 동역자 여러분! 돈을 사랑하는 것의 반대는 무엇일까요? 청빈(淸貧)이 아니라 관대(寬大)함입니다. 예수님은 부자들보다는 가난한 사람들에게 더 많은 배려를 하시는 듯합니다. 그러나 다른 한편으로 신구약 성경에는 경건한 부자들에 대한 이야기도 소개됩니다. 예를 들면, 아브라함과 욥은 훌륭한 믿음을 지녔지만, 동시에 부자였습니다. 몇몇의 부요한 여인들은 예수님을 따르며 예수님을 섬겼습니다. 그리고 아리마대 사람인 부자 요셉은 예수님의 시신을 가져다가 무덤에 안치했습니다. 세상에는 세 종류의 사람이 있습니다. ❶ "네 것이 내 것이다." ❷ "내 것이 내 것이다." ❸ "내 것은 하나님의 것이다. 그래서 나는 이제 나누겠다." 재물을 계속해서 쌓아 올리려고 하는 대신에 재물을 필요한 사람들에게 기꺼이 나누어 주어야 합니다. 창고를 더욱더 크게 짓는 대신에 더욱더 너그러운 마음을 머금고 관대한 생각을 행동으로 펼치는 겁니다. 무엇인가를 소유하려고 주의를 기울여서 바라보는 대신에 좋은 목적과 일을 위해 어떻게 하면 자신이 지니고 있는 것을 줄 수 있을지를 추구해야 합니다.

> 사람이 어찌 하나님의 것을 도둑질하겠느냐 그러나 너희는 나의 것을 도둑질하고도 말하기를 우리가 어떻게 주의 것을 도둑질하였나이까 하는도다 이는 곧 십일조와 봉헌물이라(말 3:8)

구약성경에서 하나님께 드리는 헌금은 주로 십일조라는 형태로 제시되었습니다. 우리의 수입은 하나님으로부터 왔음을 인정하여 드리는 게 십일조입니다. 이 십일조 헌금을 드리지 않는 백성들은 하나님의 것을 도둑질 하는 겁니다. 요즘 들어 "십일조는 구약의 산물이고 교회를 배부르게 하는 거다."라는 소리를 해요. 교회가 목회자가 "여러분! 십일조와 헌금을 제대로 하세요." 할 때 거부감이 드는 이유가 뭘까요? 교회 안에도 도둑질이 만연하므로 그 중요한 가치를 잃어버리지 않았나요? 여러분은 정말 정직한 십일조를 드리고 있으신가요?

이스라엘 백성들이 십일조를 하지 않는 것보다 더 근본적인 문제는 하나님과의 관계가 깨어짐입니다. 하나님으로 만족하지 못할 때 물질에 더 집착하는 삶이 문제였습니다. 오늘날 돈의 문제는 물질의 문제가 아니라 영적인 문제입니다. 십일조를 할 때, 헌금을 드릴 때 우리는 거대한 맘몬신을 무릎 꿇게 합니다.

헌금을 하되 나머지 돈은 자기 마음대로 쓴다면 어떨까요? 그것은 헌금의 정신과 전혀 맞지 않습니다. 예배당에서는 헌금을 통해서 "나의 모든 것이 하나님의 것입니다."라고 고백한 뒤, 집에 오면 "이제 남은 돈은 내 맘대로 써야지!"라고 생각하면서 살아간다면, 그것은 하나님을 욕되게 하는 겁니다.[36)]

은혜와 사랑이 풍성하신 하나님은 우리에게 가장 좋은 것을 베풀어 주셨습니다. 하나님은 우리를 이 땅에 태어나게 하셨습니다. 가정을 이루게 하셨습니다. 먹을 것과 마실 것과 입을 것을 주셨습니다. 믿음과 죄사함과 거듭남을 선물하셨습니다. 성령님을 보내 주셔서 우리 안에 사시게 하셨습니다. 또한 장차 영광스러운 하나님의 나라를 기업으로 물려받는다는 약속을 주셨습니다. 그렇다면 우리도 우리의 도움을 필요로 하는 사람들에게 무엇인가를 주어야만 하지 않겠습니까?[37)]

예수님의 죽음과 부활은 제자들과 다른 사람들에게 예수 그리스도께서 전혀 다른 종류의 기업을 가져오실 것을 분명히 보여줍니다.[38] 그리스도의 권세와 사랑 안에서 우리들은 다른 사람들의 것을 도적질하지 않을 뿐 아니라 오직 그리스도께 붙어 있음으로 우리가 가진 보화를 더욱 증가시킬 수 있다는 것을 배워야 합니다. 그것을 아까워하지 말고 오직 우리를 위하여 하늘에 간직된 보화이신 그리스도를 바라보며, 우리 주위에 있는 사람들에게 하나님께서 우리에게 주신 보화를 나누어 주십시오.[39]

자신의 수입 가운데 얼마를 불우한 이웃들을 위해 사용하느냐 하는 것은 각자의 신앙의 분량, 양심의 분량대로 할 일입니다. 중요한 것은 양보다 동기입니다. 사유재산을 인정하면서도 청지기 정신이 없다면 참된 구제는 불가능합니다. 혹여나 구제 한다고 하더라도 자기의 것을 준다는 생각을 갖기 쉽습니다. 구제란 자기의 것을 다른 사람에게 주는 게 아닙니다. 하나님이 자신에게 주신 것을 다른 사람에게 주는 게 구제입니다. 구제는 시혜(施惠)가 아니라 의무입니다. 윤리의 문제가 아니라 신앙의 문제입니다. 구제는 자랑거리가 될 수 없습니다.[40]

오늘날 교회들은 어떻게든 세상을 따라잡으려고 안달하고 있습니다. 자신을 천상으로부터 내려온 선물이 아니라 지상의 종교의 복제품에 불과한 것처럼 생각합니다.[41] 과연 이런 교회가 세상을 뒤엎는 신선하고 참신한 문화를 일굴 수 있을까요?

교회는 도둑을 양산하는 문화에 대항하여 은혜를 고백하는 문화를 일구어야 합니다. 그게 소위 말하는 '무상증여의 문화'입니다. 기독교는 은혜의 종교이고, 은혜는 거저 주는 겁니다. 은혜는 자격 없는 자에게 주어지는 선물입니다.[42]

집단적 사회를 이루면 구조적으로 기득권이 지배하는 현상이 일어날 수밖에 없습니다. 세상은 힘을 가진 자들에게 유리하게 돌아갑니다. 상대적인 약자들은 어쩔 수 없이 피해자가 됩니다. 돈이 돈을 벌기에 부자가 더 큰 부자 되기가 훨씬 쉽습니다. 가난한 사람은 부를 얻기 힘들고 가난이 대물림이 됩니다. 이런 구조 속에서 가진 사람들은 나누어야 하고 그래야 사회가 건강한 순환을 하게 됩니다. 만약 자신의 것을 나누지 않으면 사회적 동맥경화증을 앓게 됩니다.

물질의 복을 달라고 하나님께 간구하는 그리스도인들은 많습니다. 하지만 자신이 가지고 있는 돈을 가난한 사람들을 위해서 사용할 수 있게 해달라고 하는 그리스도인들은 드뭅니다. 여러분, 나누지 않으면 당장 탐욕의 줄이 나의 목을 조릅니다. 나누지 않고 쌓기만 하면 좀과 동록이 나를 해하며 사고가 납니다. 나눔은 소유욕으로부터 병든 심령을 치유하는 능력이 있습니다. 나눌 때 소유욕으로부터 자유를 얻습니다. 나누는 과정 속에 나에게도 치유가 일어나고 상대에게도 천국이 임합니다.

우리가 어떻게 해야 탐심을 물리칠 수 있을까요? 세상의 탐욕을 이길 수 있는 유일한 방법은 정욕과 탐심을 십자가에 못 박는 것 외에는 다른 방법이 없습니다.

> 그리스도 예수의 사람들은 육체와 함께 그 정욕과 탐심을 십자가에 못 박았느니라(갈 5:24)

온 세상이 도둑으로 들끓든 아니든 간에 최소한 그리스도인이라면 '말씀과 기도'로 우리 안에 있는 탐심을 물리치면서 남은 생애를 하나님께서 그리스도 안에서 우리에게 하사하신 진정한 '자유와 생명'을 누릴 수 있어야 합니다.[43]

혹독한 가난이라는 시련을 통과하는 가운데 하나님을 만나 교만하지 않게 되고 영원한 것의 가치를 알 수 있고 오직 하나님만 바라볼 수 있는 은혜를 얻었다면 그건 복입니다. 우리의 마음이 세상의 것으로 초조해하지 말고 무리한 욕심을 부리지 말고 영적 부요함 속에서 언제나 나누어 주기를 힘쓰는 삶이 되십시오.

> 나의 하나님이 그리스도 예수 안에서 영광 가운데 그 풍성한 대로 너희 모든 쓸 것을 채우시리라(빌 4:19)

사람들은 왜 도둑질을 할까요? 빌립보서의 말씀에 대한 믿음과 확신이 없기 때문입니다. 모든 쓸 것을 채우시는 하나님에 대한 믿음과 확신 말입니다. 만물의 소유주이신 하나님은 우리의 모든 쓸 것을 채우시는 분이십니다. 이 믿음과 확신이 없을 때, 죄성을 가진 인간은 여러 가지 수단과 방법을 동원하여 도둑질하며 살아갈 수밖에 없습니다.[44)]

그리스도께서만 사람을 원래의 청지기 직분으로 돌려놓으실 수 있습니다. 그리스도를 믿음으로 우리는 다시 하나님 아버지의 자녀가 됩니다. 그때 우리는 다시 하나님의 세상에서 일하게 되고, 우리 자신과 우리의 모든 것을 기쁨으로 하나님을 섬기는 데 바치게 됩니다. 우리가 하나님의 은혜로 그리스도 안에서 새로운 피조물이 되면, 우리는 다시 하나님의 뜻을 사랑하기 시작합니다. 그 뜻은 십계명에 표현되어 있습니다.[45)]

## 하나님 사랑으로 채우라

이스라엘 백성이 계명을 범할 때 생명의 상실이 아니라, 여호와의 임재의 상실이라는 더욱 비참한 상황에 이릅니다.[46)] 그리스도인이 언제나 완벽할 수는 없습니다. 믿는 사람은 여전히 옛 본성과 맞서 싸워야 합니다. 우리의 가장 큰 상급은 땅에서 무엇을 누리는지가 아니라 천국에서 그리스도를 보며 누리는 일입니다. 이것을 내다보고 다윗과 바울은 이렇게 노래를 했습니다.

> 나는 의로운 중에 주의 얼굴을 뵈오리니 깰 때에 주의 형상으로 만족하리이다(시 17:15)
>
> 자기 아들을 아끼지 아니하시고 우리 모든 사람을 위하여 내주신 이가 어찌 그 아들과 함께 모든 것을 우리에게 주시지 아니하겠느냐(롬 8:32)

하나님만을 신뢰하고 일상 속에서 그분을 의지할 때, 그분이 베풀어 주시는 그 풍성함을 경험할 때, 우리 신앙은 추상성을 떠나 실제성을 경험합니다. 하나님에 시선을 집중하고 하나님을 사랑하는 마음으로 채워지면 우리의 생각과 삶이 단순해지고 만족한 삶을 살 수 있습니다.

여러분! 하나님 안에서 영적 부요를 우리 마음에 가득 채웁시다. 그리스도인들이 영적인 괴력을 발휘하여 이 세상에 추파를 던지지 않고 매일의 삶 속에서 넉넉히 승리하기를 간절히 기대합니다.

설교 시청 가이드

2019년 11월 3일(주일),
사월교회당의 공예배에서 강론된
"제8계명, 절도에서 관대함으로"(출20:15)는
대한예수교장로회 사월교회 홈페이지(www.sawolch.com)와
오른쪽의 QR코드를 통해 언제든지 시청할 수 있습니다.

A Guide to Sermon Video

# 미주

1) 우리나 형법 제329조(절도) 타인의 재물을 절취한 자는 6년 이하의 징역 또는 1천만원 이하의 벌금에 처한다. <개정 1995. 12. 29.>

2) 김지찬, 『데칼로그: 십계명, 어떻게 이해할 것인가』(서울: 생명의말씀사, 2016), 370-373.

3) 김지찬, 『데칼로그: 십계명, 어떻게 이해할 것인가』, 372-373.

4) John Durham, *Word biblical commentary Exodus*, 손석태, 채천석 역, 『출애굽기』(서울: 솔로몬, 2000), 487; 김지찬, 『데칼로그: 십계명, 어떻게 이해할 것인가』, 378.

5) 김지찬, 『데칼로그: 십계명, 어떻게 이해할 것인가』, 379-380.

6) Michael Scott Horton, *(The) law of perfect freedom*, 윤석인 역, 『십계명의 렌즈를 통해서 보는 삶의 목적과 의미』(서울: 부흥과개혁사, 2005), 232-233.

7) Brevard S. Childs, *Exodus*(Louisville, Kentucky: Westminster John Knox Press, 1995), 423-424. "사람이 자기 형제 곧 이스라엘 자손 중 한 사람을 유인하여 종으로 삼거나 판 것이 발견되면 그 유인한 자를 죽일지니 이같이 하여 너희 중에서 악을 제할지니라"(신 24:7)

8) 손재익, 『십계명 언약의 10가지 말씀: 해설서』(서울: 디다스코, 2016), 322.

9) 김용규, 『데칼로그: 십계, 키에슬로프스키, 그리고 자유에 관한 성찰』(서울: 바다출판사, 2002), 399.

10) Cornelis Pronk, *Ten Commandments*, 임정민 역, 『하이델베르크 교리문답으로 보는 십계명』(수원: 그책의사람들, 2013), 126-127.

11) 송태근, 『쾌도난마 십계명』(서울: 지혜의샘, 2015), 129.

12) 황원하, 『하이델베르크 요리문답 해설』(평택: CNB, 2015), 499; 백금산·김종두, 『(기독교 윤리의 핵심을 보여주는) 만화 십계명』(서울: 부흥과개혁사, 2008), 186.

13) 김지찬, 『데칼로그: 십계명, 어떻게 이해할 것인가』, 399-400.

14) 김지찬, 『데칼로그: 십계명, 어떻게 이해할 것인가』, 376.

15) "도둑이 만일 수릴 때에 배를 채우려고 도둑질하면 사람이 그를 멸시하지는 아니하려니와 들키면 칠 배를 갚아야 하리니 심지어 자기 집에 있는 것을 다 내주게 되리라"(잠 6:30-31)

16) 손재익, 『십계명 언약의 10가지 말씀(해설서)』, 323.

17) Cornelis Pronk, 『하이델베르크 교리문답으로 보는 십계명』, 127.

18) 김진흥, 『교리문답으로 배우는 장로교 신앙』(서울: 생명의 양식, 2017), 330.

19) Michael Scott Horton, 『십계명의 렌즈를 통해서 보는 삶의 목적과 의미』, 235.

20) Zacharias Ursinus, *Commentary on the Heidelberg catechism*, 원광연 역, 『하이델베르크 요리문답해설』(경기: 크리스챤다이제스트, 2006), 928-933. "우루시누스(Zacharias Ursinus)는 요리문답을 해설하면서 제8계명을 지키기 위해 일곱 가지 덕목을 소개한다. ① 상호 교차적 정의(commutative justice)- 경제적인 이익을 취하면서 재물의 매매, 차용, 교환, 대여, 기부, 보증, 신탁 등에 있어서 보상과 대가를 공평하게 정당한 법에 따라 행하는 경제활동의 정의. 횡령, 착복, 매매상의 속임수, 고리대금 등은 '상호공평한 정의'를 어그러뜨리는 대표적인 예이다. ② 만족(contentment)- 만족이 없으면 탐욕으로 인해 도둑질할 위험성이 높아진다. ③ 신의(fidelity)- 다른 이가 손실을 보거나 상해를 당하지 않도록 자신이 할 바를 해야 한다. ④ 후한 마음(liberality)- 가난한 사람에게 자신이 가진 재물을 나주어 주는 덕목이다. ⑤ 친절(hospitality)- 후한 마음의 한 표현입니다. 나그네와 같은 이들, 복음으로 어려움을 겪는 이들을 배려하고 이들에게 후한 마음으로 친절을 베푼다. ⑥ 근검(parsimony)- 불필요한 소비를 감가며 자신을 위하여 적절한 정도만을 보유하며 필요 정도 이상을 탐하거나 남용하지 않는 덕목이다. ⑦ 절약(frugality) - 대체로 가정의 일과 관련한 덕목으로 이미 가지고 있는 것을 적절하게 유익하게 사용한다."

21) 정요석, 『하이델베르크 교리문답, 삶을 읽다(하)』(서울: 새물결플러스, 2018), 380.

22) 김지찬, 『데칼로그: 십계명, 어떻게 이해할 것인가』, 371.

23) Cornelis Pronk, 『하이델베르크 교리문답으로 보는 십계명』,130-131.

24) 윤석준, 『하이델베르크 요리문답 설교 3: 삼위 하나님과 우리의 위로』(서울: 부흥과개혁사, 2016), 184.

25) 김병훈, 『(소그룹 양육을 위한) 하이델베르크 요리문답 II』(수원: 합신대학원출판부, 2012), 240-241.

26) 윤석준, 『하이델베르크 요리문답 설교 3: 삼위 하나님과 우리의 위로』, 184.

27) "그러므로 무엇이든지 남에게 대접을 받고자 하는 대로 너희도 남을 대접하라 이것이

율법이요 선지자니라"(마 7:12)

28) 김병훈, 『(소그룹 양육을 위한) 하이델베르크 요리문답 II』, 241.

29) Thomas Watson, *(The) Ten commandmants*, 이기양 역, 『십계명 해설』(서울: 기독교문서선교회, 1984), 288-289.

30) 손재익, 『십계명 언약의 10가지 말씀(해설서)』, 337.

31) Michael Scott Horton, 『십계명의 렌즈를 통해서 보는 삶의 목적과 의미』, 231.

32) 권율, 『올인원 십계명』(서울: 세움북스, 2019), 97.

33) 황봉환, 『기독교 경제윤리』(서울: 예영커뮤니케이션, 2003), 20.

34) 백금산, 김종두, 『(기독교 윤리의 핵심을 보여주는) 만화 십계명』, 192.

35) 송태근, 『쾌도난마 십계명』, 131.

36) 이성호, 『특강 하이델베르크 요리문답(하)』(서울: 흑곰북스, 2013), 131.

37) Kevin DeYoung, *Good news we almost forgot*, 신지철 역, 『왜 우리는 하이델베르크 교리문답을 사랑하는가』(서울: 부흥과개혁사, 2012), 366.

38) Edmund P. Clowney, *How Jesus transforms the ten commandments*, 신호섭 역, 『예수님은 십계명을 어떻게 해석하셨는가』(서울: 크리스챤, 2009), 162-163.

39) Edmund P. Clowney, 『예수님은 십계명을 어떻게 해석하셨는가』, 173..

40) 손재익, 『십계명 언약의 10가지 말씀(해설서)』, 342.

41) 안재경, 『십계명, 문화를 입다』(서울: SFC출판부, 2016), 136.

42) 안재경, 『십계명, 문화를 입다』, 137.

43) 김지찬, 『데칼로그: 십계명, 어떻게 이해할 것인가』, 407.

44) 송태근, 『쾌도난마 십계명』, 130.

45) Cornelis Pronk, 『하이델베르크 교리문답으로 보는 십계명』, 129-130.

46) John Durham, 『출애굽기』, 488.

네 이웃에 대하여 거짓 증거하지 말라

לא־תענה ברעך עד שקר

# XI
# 제9계명, 기만에서 진실됨으로

네 이웃에 대하여 거짓 증거하지 말라

출 20:16

# XI. 제9계명, 기만에서 진실됨으로

네 이웃에 대하여 거짓 증거하지 말라

출 20:16

## 거짓말을 피할 수 있을까!

갑상선 암 수술을 하게 된 사모님이 목사님에게 묻습니다. “여보 혹시 내가 먼저 죽으면 당선 재혼할 거야 아니면 혼자 살 거야.” 그 목사님은 어떻게 대답했을까요? “그런 질문을 왜 하는데? 정답을 듣기 원해? 아니면 솔직한 대답을 듣기 원해?” 물론 듣기 좋은 말로 “당신만 생각하며 혼자 살거야.”라고 말할 수 있습니다. 하지만 이 목사님은 주위에 70세 가까운 목사님도 아내를 여읜지 6개월 만에 재혼하는 모습을 보면서 쉽게 말하지 못했다고 합니다.[1)]

인간으로 태어나서 살아가는 동안 거짓말을 한 번도 하지 않고 살았다고 자신할 수 있을까요? 중국집에 배달이 늦다고 전화를 하면 “예, 지금 막 떠났습니다.”, 의사 선생님이 찾아온 환자에게 “조금만 늦었으면 큰일 날 뻔 했습니다.”, 간호사들이 주사를 놓으면서 “이 주사는 하나도 안 아파요.”, 옷 가게 점원이 손님에게 “사모님, 이렇게 딱 맞을 수가 없어요.”, 시어머니가 일어서실 때 며느리가 “아니 어머니 벌써 가시려고요?

좀 더 있다가 가시지 왜 이렇게 일찍 가세요?", 초등학교 선생님이 반 아이 어머니에게 "머리는 좋은데 공부를 잘 안 해요.", 교우들이 예배드리고 나오면서 "목사님 오늘 설교에 큰 은혜 받았습니다.", 국회의원들이 자주하는 거짓말 "존경하는 OOO의원님, 질의하십시오.", 권사님이 비싼 돈을 주고 머리를 하고 왔을 때 "권사님! 퍼머가 아주 잘 나왔네요.", 우리는 이런 말들 속에서 살아갑니다.

사실 거짓말 중에는 모두의 유익을 위해 하는 하얀 거짓말(White lie)도 있습니다.[2] 예컨대 의사가 생존 가능성이 거의 없는 환자에게 그의 정신건강을 위해 "괜찮습니다."하는 경우, 또 선교사들이 공산국가나 이슬람 국가에 성경을 가지고 들어갈 때 성경이 없다고 말하는 경우, 배가 고픈 중에 심방을 했는데 폐를 끼칠까봐 밥을 먹어 배부르다고 말하는 경우, 악의는 없지만 필요에 따라 거짓말을 해야 하는 경우가 있습니다. 누군가 "잘 지냅니까?"라고 인사치레로 물었는데, "잘 못 지내요."라고 말하면, 인사한 사람이 머쓱해하니까, "그냥 잘 지냅니다."라고 거짓말하는 것이 편합니다.

"거짓말이란 사회생활을 원활하게 하고 내 마음대로 행동하고자 하는 나의 욕구를 적절하게 절제할 수 있도록 해준다는 점에서 매우 필요한"[3] 것일까요? 지금부터 "거짓말하지 말라"는 제8계명의 의미가 무엇인지 말씀의 숲 안으로 함께 들어가 보실까요?

## 제9계명의 본문

제9계명도 6, 7, 8계명과 마찬가지로 짧은 문장으로 되어 있습니다. 출애굽기와 신명기는 약간의 차이가 있습니다. 출애굽기에는 '거짓된, 거

| 출 20:16 | 사역(私譯) | 신 5:20 | 사역(私譯) |
|---|---|---|---|
| לֹא־תַעֲנֶה בְרֵעֲךָ עֵד שָׁקֶר | 대답하지 말라 / 거짓증인인 네 이웃과 함께 | וְלֹא־תַעֲנֶה בְרֵעֲךָ עֵד שָׁוְא | 또 대답하지 말라 / 헛된 증인인 네 이웃과 함께 |

짓의 증인/증거'라는 뜻이 강한 'עֵד שָׁקֶר'(에드 샤케르)라고 되어 있는 반면, 신명기에는 '헛된, 공허함의 증인/증거'는 뜻이 강한 'עֵד שָׁוְא'(에드 샤웨)라고 표현했습니다. 그러나 두 단어는 동의어로 큰 차이가 나지 않습니다.[4] 그리고 "네 이웃"라는 단서가 붙어 있습니다. 그렇다면 그들이 속한 공동체를 보호하는데 제9계명의 초점이 있습니다.[5] 제9계명을 직역을 하면 "네 이웃에게 불리하게 거짓 증인으로 대답하지 말라."는 의미로 '거짓말을 하지 말라', '거짓 증거, 거짓말'이 아니라 '거짓말하는 사람이 되지 말라', 즉 '거짓말하는 사람'이 강조점입니다.

## 구약에서 거짓말의 1차적 의미

### 법정에서

제9계명은 일차적으로 '거짓 증거를 금하는 것'으로, 곧 증인(證人, witness)과 '법정의 재판(裁判) 혹은 송사(訟事)'라는 특정 정황과 관련됩니다.[6]

> 너는 거짓된 풍설을 퍼뜨리지 말며 악인과 연합하여 위증하는 증인이 되지 말며 다수를 따라 악을 행하지 말며 송사에 다수를 따라 부당한 증언을 하지 말며 가난한 자의 송사라고 해서 편벽되이 두둔하지 말지니라(출 23:1-3)
> 너희가 행할 일은 이러하니라 너희는 이웃과 더불어 진리를 말하며 너희 성문에서 진실하고 화평한 재판을 베풀고 마음에 서로 해하기를 도모하지 말

며 거짓 맹세를 좋아하지 말라 이 모든 일은 내가 미워하는 것이니라 여호와의 말이니라(슥 8:16-17)

국가 체제를 갖추기 전에는 재판 장소는 주로 성문(신 21:19, 암 5:10 참조)이나 성소(출 21:6; 22:7, 삿4:5, 삼상 7:16, 렘 26:10 참조)였습니다. 법정 분쟁이 생기면 장로들이나 왕이 재판장이 되어 판결과 형 집행을 했습니다. 그런데 고대에서는 오늘날 재판처럼 검사도 없고, 변호사가 있었을까요? 이른바 지문 채취, DNA 등 '과학적 수사기법과 증거수집'이 있었을까요? 없었습니다. 당연히 재판에 있어 실체적 진실을 찾는 가장 중요한 수단으로, 영향을 미치는 것은 '증인들'이었습니다.[7]

사람의 모든 악에 관하여 또한 모든 죄에 관하여는 한 증인으로만 정할 것이 아니요 두 증인의 입으로나 또는 세 증인의 입으로 그 사건을 확정할 것이며 만일 위증하는 자가 있어 어떤 사람이 악을 행하였다고 말하면 그 논쟁하는 쌍방이 같이 하나님 앞에 나아가 그 당시의 제사장과 재판장 앞에 설 것이요(신 19:15-27)

유죄 판결에는 증인을 세우되 한 사람으로는 충분하지 않고 최소한 두 사람 이상 증인이 필요했습니다.

재판장은 자세히 조사하여 그 증인이 거짓 증거하여 그 형제를 거짓으로 모함한 것이 판명되면 그가 그의 형제에게 행하려고 꾀한 그대로 그에게 행하여 너희 중에서 악을 제하라 그리하면 그 남은 자들이 듣고 두려워하여 다시는 그런 악을 너희 중에서 행하지 아니하리라 네 눈이 긍휼히 여기지 말라 생명에는 생명으로, 눈에는 눈으로, 이에는 이로, 손에는 손으로, 발에는 발로이니라(신 19:18-21)

제9계명은 증인뿐만 아니라 증인의 말을 참고하는 재판장도 지켜야 할 계명입니다.

> 만일 누구든지 저주하는 소리를 듣고서도 증인이 되어 그가 본 것이나 알고 있는 것을 알리지 아니하면 그는 자기의 죄를 져야 할 것이요 그 허물이 그에게로 돌아갈 것이며(레 5:1)
> 이런 자를 죽이기 위하여는 증인이 먼저 그에게 손을 댄 후에 뭇 백성이 손을 댈지니라 너는 이와 같이 하여 너희 중에서 악을 제할지니라(신 17:7)

증인은 그러했을 것이라는 추측이나, 상상을 동원하거나, 일의 일부만 말하므로 진실을 왜곡시켜서는 안 됩니다.[8] 또한 증인은 자기가 본 것이나 아는 일이 있으면 반드시 진술해야 했습니다. 따라서 증언하지 않으면 그것은 죄요 허물로서 반드시 자신이 책임져야 합니다. 증인은 거짓 증거한만큼 자신의 증언에 대해 책임을 져야 했습니다. 그만큼 증인의 말은 피고가 유죄냐 무죄냐, 사느냐 죽느냐에 결정적인 영향을 미쳤기 때문입니다.[9] 그렇다면 제9계명은 재판정(裁判廷)에서 적용되는 것일까요? 그렇지 않습니다.

### 법정 외에 일상적인 삶 속에서

> 너희는 도둑질하지 말며 속이지 말며 서로 거짓말하지 말며(레 19:11)
> 정직하게 행하며 공의를 실천하며 그의 마음에 진실을 말하며 그의 혀로 남을 허물하지 아니하고 그의 이웃에게 악을 행하지 아니하며 그의 이웃을 비방하지 아니하며(시 15:2-3)
> 오직 저주와 속임과 살인과 도둑질과 간음뿐이요 포악하여 피가 피를 뒤이음이라(호 4:2)

우리 일생생활에서 나누는 개인적인 대화, 그 외에 삶의 모든 정황에서도 할 수 있는 모든 종류의 거짓말을 금하는 계명입니다. 종교개혁자 루터나 칼뱅은 이 계명의 뜻을 보다 폭넓게 해석했습니다. 이제 신약에서 확장된 의미를 살펴볼까요?

## 신약에서 확장된 거짓말에 대한 교훈

그런즉 거짓을 버리고 각각 그 이웃과 더불어 참된 것을 말하라 이는 우리가 서로 지체가 됨이라(엡 4:25)

제9계명은 단순히 법정에서 "네 이웃에 대하여 거짓 증거하지 말라."는 소극적인 명령에서부터 모든 일상에서도 거짓말 하지 말라는 것뿐만 아니라, "네 이웃에 대하여 참된 증언을 하라. 너의 모든 말에서 항상 참된 것을 말하라."는 적극적인 명령으로 바뀝니다. 특히 칼뱅은 제9계명에서 언급된 거짓 증거를 단지 법정에만 한정하지 않고 우리 일상생활로 확장하여 이웃의 명예와 이익을 침해하는 모든 언급을 금하는 것으로 해석했습니다.[10] 하이델베르크 요리문답을 통해 우리 믿음의 선배들은 어떻게 적용했는지 볼까요?

## 하이델베르크 요리문답에 나타난 제9계명의 요구

하이델베르크 요리문답

제 112문 제 9계명에서 무엇을 요구하고 있습니까?

답 내가 누구를 대하든지 거짓증언을 하지 않고, 남의 말을 왜곡시키지 않으며, 험담하거나 욕을 하지 않고, 분별없이 잘 알지도 못하면서 다른 사람을 비난하는 일에 가담하지 않아야 하고, 내가 모

> 든 거짓말과 속임을 하나님의 무서운 형벌을 마땅히 받아야 하는 마귀의 일로 생각하고 피해야 하고, 재판과 그 외에 모든 일에 있어서, 내가 항상 진리를 사랑해야 하고, 정직하게 말하고, 고백해야 하며, 이웃의 명예와 세평을 지켜주고, 높여주어야 한다는 것입니다.

하이델베르크 요리문답 112문답에 제9계명이 단지 거짓말하는 문제만을 풀이하지 않고, 곧 모든 영역에서 진실을 말해야 한다는 사실이 잘 나타나 있습니다.[11]

**소극적인 명령**

1. 누구를 대하든지 거짓증언을 하지 않는 것(왕상 21:12-15)

금식을 선포하고 나봇을 백성 가운데 높이 앉히매 때에 불량자 두 사람이 들어와 그의 앞에 앉고 백성 앞에서 나봇에게 대하여 증언을 하여 이르기를 나봇이 하나님과 왕을 저주하였다 하매 무리가 그를 성읍 밖으로 끌고 나가서 돌로 쳐죽이고 이세벨에게 통보하기를 나봇이 돌에 맞아 죽었나이다 하니 이세벨이 나봇이 돌에 맞아 죽었다 함을 듣고 이세벨이 아합에게 이르되 일어나 그 이스르엘 사람 나봇이 돈으로 바꾸어 주기를 싫어하던 나봇의 포도원을 차지하소서 나봇이 살아 있지 아니하고 죽었나이다(왕상 21:12-15)

아합 왕이 사는 궁궐 옆에 좋은 포도원이 있었습니다. 주인이었던 나봇에게 팔 것을 권유했지만, 조상들에게 물려받은 땅을 팔 수 없다며 일언지하(一言之下) 거절합니다. 아합이 식음을 전폐하고 드러눕자 아내 이세벨이 거짓 증인들 세워 나봇의 포도원은 물론 생명까지 빼앗는 어처구니없는 일이 납니다.

더욱 충격적인 것은 일생에 한 번도 거짓을 말해보지 않은 무죄한 한

예수 그리스도께서 법정에 서신 일입니다. 산헤드린공회는 예수님을 대적하여 거짓 증거 하도록 증인을 돈으로 매수했습니다.[12)]

대제사장들과 온 공회가 예수를 죽이려고 그를 칠 거짓 증거를 찾으매 거짓 증인이 많이 왔으나 얻지 못하더니 후에 두 사람이 와서 이르되 이 사람의 말이 내가 하나님의 성전을 헐고 사흘 동안에 지을 수 있다 하더라 하니 대제사장이 일어서서 예수께 묻되 아무 대답도 없느냐 이 사람들이 너를 치는 증거가 어떠하냐 하되 예수께서 침묵하시거늘 대제사장이 이르되 내가 너로 살아 계신 하나님께 맹세하게 하노니 네가 하나님의 아들 그리스도인지 우리에게 말하라 예수께서 이르시되 네가 말하였느니라 그러나 내가 너희에게 이르노니 이 후에 인자가 권능의 우편에 앉아 있는 것과 하늘 구름을 타고 오는 것을 너희가 보리라 하시니 이에 대제사장이 자기 옷을 찢으며 이르되 그가 신성 모독 하는 말을 하였으니 어찌 더 증인을 요구하리요 보라 너희가 지금 이 신성 모독 하는 말을 들었도다 너희 생각은 어떠하냐 대답하여 이르되 그는 사형에 해당하니라 하고(마 26:59-66)

예수님은 로마 총독 빌라도 앞에서 심문과 사형판결을 받으셨습니다. 한 마디로 말해 예수님은 제9계명 법정의 위증 때문에 십자가에 죽임을 당하셨습니다.

2. 남의 말을 왜곡시키지 않으며(창 2:16-17; 3:1)

그런데 뱀은 여호와 하나님이 지으신 들짐승 중에 가장 간교하니라 뱀이 여자에게 물어 이르되 하나님이 참으로 너희에게 동산 모든 나무의 열매를 먹지 말라 하시더냐(창 3:1)

여호와 하나님이 그 사람에게 명하여 이르시되 동산 각종 나무의 열매는 네가 임의로 먹되 선악을 알게 하는 나무의 열매는 먹지 말라 네가 먹는 날에는 반드시 죽으리라 하시니라(창 2:16-17)

하나님께서는 모든 나무의 열매를 먹지 말라 하신 적이 없습니다. 뱀이 여자에게 과장법을 써서 '모든'이라는 말을 첨가합니다. 가짜 뉴스의 원조가 되었습니다.

3. 분별없이 험담하거나 욕을 하지 않고(민 12, 21장)

모세가 구스 여자를 취하였을 때 미리암과 아론은 "여호와께서 모세와만 말씀하셨느냐? 우리와도 말씀을 하셨지 않느냐?"라며 따지며 모세를 비방(誹謗)했습니다. 이 비방으로 말미암아 미리암은 하나님께 벌을 받아 나병에 걸렸습니다(민 12장). 또 출애굽한 이스라엘 백성은 길로 말미암아 마음이 상하자 "어찌하여 우리를 애굽에서 인도하여 내어 광야에서 죽게 하는가? 이곳에는 먹을 것도 없고 물도 없다. 이 하찮은 음식을 싫어하노라."라고 불평하고 원망하자 하나님은 불뱀을 보내어 백성들을 물게 하시므로 많은 사람이 죽었습니다(민 21장).[13]

말이란 예민한 것이어서 조금만 다르게 전달하면 다른 뜻이 됩니다. 실로 같은 말이라도 다른 감정으로 전달하면 전혀 다른 의미가 됩니다. 그렇기 때문에 우리는 다른 삶의 말을 바꾸거나 첨가하거나 삭제하거나 자신의 감정을 주입하여 전하지 않도록 주의해야 합니다.[14]

이웃에 대하여 악한 의도로 거짓 소문을 퍼트리는 것도 거짓말입니다. 사실 소문에는 거짓말과 과장이 많이 섞여 있습니다. 특히 그 소문이 나와 별로 좋지 않은 관계에 있는 사람이라면 사실과 상관없이 침을 튀기며 동조하게 됩니다. 우리의 죄성은 자신에 대해서는 매우 우호적이고 남에게 대해서는 나쁘게 폄훼하려는 속성이 있기 때문입니다. 또한 이웃이 없는 자리에서 수군거리며 뒷담화를 하고, 이간질을 하고, 헐뜯거나 중상(中傷)과 모략(謀略)을 하는 것도 제9계명의 죄입니다.[15]

우리는 이웃에 대한 소문을 성급하게 판단하고 경솔하게 정죄해서는 안 됩니다. 자신이 직접 경험하고 확인한 바가 아니면 다른 사람에 대한 판단은 조심해야 합니다.[16] 사실을 확인하지 않고 짐작이나 추측을 통해 이야기하다 보면 나도 모르게 거짓말을 할 수 있습니다.

다윗이 골리앗을 물리치고 돌아올 때, 이를 환영하는 여인들은 "사울이 죽인 자는 천천이요, 다윗은 만만이로다."는 노래를 할 때 사울은 심히 분노했습니다. 다윗이 나라를 빼앗을 마음이 없었음에도 경솔하게 판단을 해서 충성스러운 부하를 적으로 둡니다.[17] 요나단의 아들 므비보셋의 하인 시바가 자기 아버지의 나라, 자기 할아버지의 나라를 자신이 되돌려 받겠다는 말을 므비보셋이 했다며 주인을 모함했습니다. 다윗은 이것에 대해 정확히 알아보지도 않고 시바의 말을 그대로 믿었습니다. 성급한 판단을 했습니다. 하나님은 이런 죄악의 결과를 어떻게 다루실까요?

> 남의 말하기를 좋아하는 자의 말은 별식과 같아서 뱃속 깊은 데로 내려가느니라(잠 18:8)
> 자기의 이웃을 은근히 헐뜯는 자를 내가 멸할 것이요 눈이 높고 마음이 교만한 자를 내가 용납하지 아니하리로다(시 101:5)
> 비판을 받지 아니하려거든 비판하지 말라 너희가 비판하는 그 비판으로 너희가 비판을 받을 것이요 너희가 헤아리는 그 헤아림으로 너희가 헤아림을 받을 것이니라(마 7:1-2)

이웃에 대한 증거가 올바로 이루어질 때 그 공동체는 굳건하게 세워질 수 있지만 그렇지 못할 때 그 공동체는 언젠가 무너질 수밖에 없습니다.[18] 내부 고발자 혹은 공익제보자는 중상모략과 구별됩니다. 표면적으로 다른 사람의 비밀을 불법적으로 까밝혔다는 점에서는 동일하지만, 공

익을 위한 폭로는 이타적인 동기에 근거하고 있기 때문입니다.[19]

4. 모든 거짓말과 속임은 하나님의 무서운 형벌을 마땅히 받아야 하는 마귀의 일(요 8:44; 요일 3:12)

하이델베르크 요리문답이 거짓말에 대해 너무 심하게 규정한 것은 아닐까요? 전혀 그렇지 않습니다. 거짓 증거는 단지 윤리적인 문제가 아닙니다. 존재론적인 문제와 직결되어 마귀 새끼일 수밖에 없다고 예수님은 말씀하셨습니다.[20]

> 너희는 너희 아비 마귀에게서 났으니 너희 아비의 욕심대로 너희도 행하고자 하느니라 그는 처음부터 살인한 자요 진리가 그 속에 없으므로 진리에 서지 못하고 거짓을 말할 때마다 제 것으로 말하나니 이는 그가 거짓말쟁이요 거짓의 아비가 되었음이라(요 8:44)

'거짓 증거를 일삼는 자'는 하나님께 속하지 않았다는 뜻입니다. 사람이 거짓말을 하는 이유는 마귀의 유혹에 넘어갔기 때문입니다. 많은 사람이 거짓말을 쉽게 하는 이유는 하나님에 대한 두려움이 없기 때문입니다.[21] 아우 아벨을 쳐 죽인 가인은 하나님이 "네 아우 아벨이 어디 있느냐?"라고 물으실 때 "내가 알지 못합니다. 내가 아우를 지키는 자입니까?"라고 답했습니다.

> 가인 같이 하지 말라 그는 악한 자에게 속하여 그 아우를 죽였으니 어떤 이유로 죽였느냐 자기의 행위는 악하고 그의 아우의 행위는 의로움이라(요일 3:12)

불신자들의 아비인 마귀는 처음부터 살인자이고 거짓말쟁이로서 거짓의 아비입니다. 마귀는 진리가 그 속에 없으므로 진리에 서지 못합니다. 내 자신이 사탄의 지배 아래 있다면 나는 거짓말을 하지 않으려고 해도, 거짓된 행동을 하지 않으려고 해도 하지 않을 수 없습니다.

### 적극적인 명령

1. 재판과 그 외에 모든 일에 있어서, 항상 진리를 사랑해야 하고 정직하게 말하고, 고백해야 하며(레 19:15; 슥 8:16-17)

> 너희는 재판할 때에 불의를 행하지 말며 가난한 자의 편을 들지 말며 세력 있는 자라고 두둔하지 말고 공의로 사람을 재판할지며(레 19:15)
> 너는 말 못하는 자와 모든 고독한 자의 송사를 위하여 입을 열지니라 너는 입을 열어 공의로 재판하여 곤고한 자와 궁핍한 자를 신원할지니라(잠 31:8-9)

하나님의 백성들은 재판하는 일과 다른 모든 일에 있어서 진실을 사랑하고 정직하게 말하고 고백해야 합니다. 그리스도인조차도 참된 증거를 하는 게 쉬운 일이 아닙니다. 극단적인 사례이지만 무고한 자를 위해 증언하다가 자기가 피해를 볼까 두려운 게 사실입니다. 약자의 편에 서서 옳은 것을 말해줄 때 그 약자는 얼마나 기뻐하고 고마워하겠습니까? 진실의 소리가 묵살된다면 자신과 상관이 없더라도 약자들을 위해 입을 열어야 합니다.

> 거짓 입술은 여호와께 미움을 받아도 진실하게 행하는 자는 그의 기뻐하심을 받느니라(잠 12:22)
> 그러나 두려워하는 자들과 믿지 아니하는 자들과 흉악한 자들과 살인자들과 음행하는 자들과 점술가들과 우상 숭배자들과 거짓말하는 모든 자들은 불과 유황으로 타는 못에 던져지리니 이것이 둘째 사망이라(계 21:8)

거짓말이 마귀의 속성이므로 거짓말 하는 자들이 당할 마지막 운명도 마귀의 것과 같게 됩니다. 우리는 진실을 드러내지 않거나, 진실을 대충 덮으려 하거나, 당장의 어려움에서 벗어나기 위해서 정직함을 포기해서는 안 됩니다. 우리는 진리를 가슴에 품고 살아가는 사람들이며 진리를 보존하고 전파해야 할 의무와 책임을 부여받은 사람들입니다. "나는 진리요 생명이라."고 하신 주님을 따르기로 한 진리의 백성인 우리의 말과 혀에 관해 어떤 모습을 보여야 할까요?

기독교는 제대로 된 '서약문화'를 만들 책임이 있습니다. 거창하게 문화라는 말을 쓰지 않더라도 서약한 대로 사는 것이 필요합니다. 남을 속이기 위해 맹세를 남발하는 것이 아니라 "예, 아니요."라고 분명하게 말하는 것만으로도 충분합니다. 서약 없이도 서약한 것처럼 살 때, 세상이 교회를 보면서 약속한 것은 반드시 지킨다고 말할 수 있을 때, 비로소 하나님께서 영광을 받으실 겁니다.[22] 우리는 수도 없이 약속합니다. 하나님께든 사람에게든 약속을 할 때 신중해야 합니다. 교회에서 직분을 받을 때, 헌금, 공적 집회에 관련된 서약을 했다면 반드시 지켜야 합니다.

2. 이웃의 명예와 세평을 지켜주고, 높여주어야 한다(삼상 19:4-5)

제9계명의 교훈은 법정에서 거짓 증언을 하지 않고 정직하게 진술하여야 할 뿐만 아니라, 이웃의 명예와 평판을 보호하고 높여 주기 위하여 최선을 다하라는 적극적인 명령입니다.[23] "네 이웃에 대하여 거짓 증거하지 말라"라는 제9계명은 네 이웃의 명예, 권리, 소유, 그리고 행복에 해를 끼치는 말을 하지 말라, 또는 인간들로 하여금 사랑 안에서 서로 도우며 살도록 하시려는 하나님의 뜻에 합당하게 말하라는 의미입니다.[24]

그런 점에서 제일 무서운 거짓말은 '침묵'입니다. "조용히 해. 너만 떠나면 교회는 조용해."하는 아주 무서운 말이 '은혜'라는 이름으로 벌어질 수 있음을 기억해야 합니다. 침묵하는 것은 가장 적극적인 거짓말입니다.[25] 분명히 좋다고 평가할 만한데 언급을 회피하거나 모호한 태도를 보임으로 사실상 좋은 것을 부정해 버리는 태도, 그 침묵은 거짓이 될 수 있습니다. 내가 아는 것은 아는 만큼만 말하고 모르는 것은 모른다고 말하는 게 진실입니다.

> 만일 누구든지 저주하는 소리를 듣고서도 증인이 되어 그가 본 것이나 알고 있는 것을 알리지 아니하면 그는 자기의 죄를 져야 할 것이요 그 허물이 그에게로 돌아갈 것이며(레 5:1)

사울 왕의 아들 요나단은 아버지를 이어 왕이 될 수 있었지만, 사적 욕심을 버리고 무엇이 옳고 무엇이 그른지에 따라 행동했습니다. 그 결과 다윗에게 적의를 드러내는 아버지 앞에서 다윗의 무죄를 변호하고 다윗을 해치지 말라고 조언합니다.[26]

> 요나단이 그의 아버지 사울에게 다윗을 칭찬하여 이르되 원하건대 왕은 신하 다윗에게 범죄하지 마옵소서 그는 왕께 득죄하지 아니하였고 그가 왕께 행한 일은 심히 선함이니이다 그가 자기 생명을 아끼지 아니하고 블레셋 사람을 죽였고 여호와께서는 온 이스라엘을 위하여 큰 구원을 이루셨으므로 왕이 이를 보고 기뻐하셨거늘 어찌 까닭 없이 다윗을 죽여 무죄한 피를 흘려 범죄하려 하시나이까(삼상 19:4-5)

오늘날 특히 중요하게 생각할 것은 명예훼손(libel)입니다. 현대사회는 경쟁사회로 남을 깍아 내려야 자신이 높아지다 보니, 명예훼손을 아무렇지 않게 하는 경우가 많습니다. 인터넷에 실시간으로 달리는 악플로 인해 사람의 목숨까지 앗아갑니다. 칼뱅의 기독교 강요에서 이렇게 말합니다.

"우리는 다른 사람들의 악행을 찾아내어 폭로하는 데에서 마치 독약이 묻은 쾌감 같은 것을 느낀다... 이 계명이 그저 거짓을 막기 위한 것이긴 하지만, 거기에는 우리 이웃의 명예를 보존하기를 힘쓸 것을 장려하려는 의미가 포함되어 있는 것이다. 하나님께서 이처럼 이 일에 관심을 갖고 계신다는 사실만으로 우리는 분발하여 이웃의 명예를 안전하게 지키려고 힘써야 할 것이다."[27)]

현대 사회에서 언론의 중요성은 매우 큽니다. 언론인은 옳은 것을 보도하고 옳은 관점을 제공해야 합니다. 자신에게 이득을 주는 자들의 입맛에 맞는 것만 전하면 안 됩니다. 우리가 사는 시대를 '루머의 시대'라고 말하기도 합니다. 실제로 무엇이 일어났는지 직접 가 볼 수도 없고 확인할 수도 없기 때문에 약간씩은 조작된 이야기들이 마치 사실인 양 알려지곤 합니다. 신문을 읽거나 방송을 들을 때, 또는 인터넷을 통해 기사나 소식을 접할 때, 우리는 신중하게 판단을 내려야 합니다. 그래서 기자들을 믿지 못하는 속된 말로 기자와 쓰레기를 합친 말로 '기레기'라는 신조어가 생겼습니다.

목사는 더욱 깨어서 성경이 말하는 내용만을 전해야지, 성경의 일부 내용을 인용하여 자신이 하고 싶은 말을 하면 안 됩니다. 목사일수록 더욱 물질과 명예와 권력에 초연하여 하나님의 진리를 전함으로 맑은 물을 흘려보내야 합니다.[28)] 하나님의 말씀을 잘 가르칠 뿐 아니라 말씀대로 철저하게 살아가는 분을 정말 좋은 목사님으로 생각하기보다는 설교를 재미있게 하고, 교인 수를 크게 늘리는 목사님을 좋은 목사로 생각하는 일이 우리의 풍조가 되었습니다.[29)]

설교자가 잘못 전하는 것도 무서운 거짓말입니다. 오늘날 말씀과 강단을 책임질 목회자들은 "성도가 듣고 싶은 설교를 할 것이냐, 들어야 하는 설교를 할 것이냐?" 사이에서 고민합니다. 성도가 원하는 설교를 하고 싶은 유혹이 누구에게나 있지만 하나님의 말씀, 복음을 제대로 전하는 게 옳은 길입니다.

## 히브리 산파와 기생 라합의 거짓말

성경에도 거짓말을 한 인물들이 많습니다. 아브라함이 자신의 목숨을 부지하기 위해 바로를 속이거나, 야곱이 삼촌 라반의 재물을 탈취하기 위해 속이는 일이 있었습니다. 베드로는 세 번이나 거짓말을 하고, 아나니아와 삽비라는 헌금을 속이다 죽기까지 합니다. 반면, 애굽의 압제 속에서 히브리 남자 아기를 살리기 위해 거짓말을 했던 산파, 이스라엘 정탐꾼을 숨겨주고 살려주기 위해 거짓말을 했던 가나안 기생 라합이 있습니다.

진실을 말하면 이웃의 생명이 위험에 빠지게 될 것이 분명한 상황에서 이웃의 생명을 살리기 위하여 거짓말 하는 경우, 하나님 나라를 위하여 하나님의 영광을 위하여 할 수밖에 없는 거짓말의 경우는 어떻게 해야 할까요?[30] 먼저 성경의 평가를 볼까요?

> 산파가 바로에게 대답하되 히브리 여인은 애굽 여인과 같지 아니하고 건장하여 산파가 그들에게 이르기 전에 해산하였더이다 하매 하나님이 그 산파들에게 은혜를 베푸시니 그 백성은 번성하고 매우 강해지니라(출 1:19-20)
>
> 믿음으로 기생 라합은 정탐꾼을 평안히 영접하였으므로 순종하지 아니한 자와 함께 멸망하지 아니하였도다(히 11:31)
>
> 또 이와 같이 기생 라합이 사자들을 접대하여 다른 길로 나가게 할 때에 행

함으로 의롭다 하심을 받은 것이 아니냐(약 2:25)

성경은 단 한 번도 라합의 거짓말을 정죄하지 않습니다. 오히려 바로의 명령을 거부한 산파들에게 "하나님이 그 산파들에게 은혜를 베푸시고", 기생 라합의 행동을 "의롭다"고 합니다. 그렇다면 "그리스도인들도 마음껏 거짓말을 해도 된다."는 의미일까요? 과연 진실을 말하면 이웃의 생명이 위험에 빠질 때가 인생에 몇 번이나 마주할까요? 불가피한 거짓말은 용인된다고 생각하여 자신에게 유리한 대로 제9계명을 해석하고 적용하는데 너무 쉽게 단정하는 것은 아닐까요? 루터는 "그것을 거짓말로 부르는 것은 적절치 못하다. 오히려 그것은 사탄의 광분을 잠재우고 타인의 명예와 생명과 유익에 이바지하는 미덕이요 훌륭한 배려다." 아우구스티누스는 "거짓말은 본래 하나님에게서가 아니라 마귀한테서 나온 것이므로, 하나님의 백성은 어떤 경우이라도 거짓말을 해서는 안 된다."[31] 우르시누스는 "우리가 이익을 목적으로 악을 행할 수 없기 때문에, 예의상 사용된 거짓말도 용서받지 못한다."고 말합니다.[32] 이상원 교수의 정리를 볼까요?

> 이와 같은 한계 상황에서 거짓말이 묵인될 수 있다는 사실을 일반화시키거나 보편화시켜서 이웃이나 믿음을 위해서는 항상 거짓말을 해도 된다는 보편적인 격률을 만들어내서는 안 됩니다. 예외는 어디까지나 예외조항으로 머물러야 하며, 면제 조항은 어디까지나 면제 조항으로 머물러야 합니다. 하나님이 이들을 칭찬하신 것은 이들이 거짓말을 했다는 사실 때문이 아니라, 이들이 믿음을 가지고 행동했다는 사실 때문이었습니다. 곧 이들은 하나님을 믿는 믿음을 행동과 실천으로 옮긴 것입니다.[33]

선의의 거짓말이 허용되었으니 언제나 선한 의도의 거짓말은 마음대로 해도 될까요? 그렇지 않습니다. 사실을 말하라는 계명보다 더 강하게 요구되는 하나님의 요구가 함께 나타나지 않는 한, 항상 사실대로만 이야기해야 합니다.

## 거짓말 하는 자의 심판

거짓 증인은 벌을 면하지 못할 것이요 거짓말을 하는 자도 피하지 못하리라(잠 19:5)

개들과 점술가들과 음행하는 자들과 살인자들과 우상 숭배자들과 및 거짓말을 좋아하며 지어내는 자는 다 성 밖에 있으리라(계 22:15)

믿음의 동역자 여러분! 우리가 이런 심판에 벗어날 실력과 근거와 자신이 있습니까? 여기에 근본적인 존재의 변화가 있어야 합니다. 인류가 거짓에 속아 타락한 이후부터 이 세상은 거짓 세상이 되어 있습니다. 행복을 찾아 이 길 저 길을 기웃거리지만 거짓투성이입니다. 그런데 웬 은혜로 웬 사랑으로 우리에게 참 소망이시고 참 길이신 예수 그리스도께서 찾아와 주셨습니다. 십자가를 통한 예수 그리스도의 화해는 우리와 하나님 사이의 막힌 담을 열어 하나님과 우리를 화목케 하신 일일뿐 아니라 그렇게 해서 우리 자신의 존재를 어둠에서 빛으로 완전히 변화시킨 사건입니다. 그러므로 예수 그리스도의 십자가와 함께 죽고, 예수 그리스도의 부활과 함께 살아나는 경험을 하지 않고서는 우리는 거짓으로부터 벗어날 수 없습니다.[34] 예수 그리스도께서는 거짓말하는 죄를 위해서도 죽으셨습니다. 우리에게 내려야 할 하나님의 무서운 진노가 그리스도께로 떨어졌습니다. 그리스도께서는 제9계명을 어긴 자기 백성의 죄를 속하

시려고 세상에 오셨습니다.[35)]

신자의 성품이나 결심 역시 불신자와 크게 다르지 않습니다. 그럼에도 불구하고 신자는 들은 것이 있습니다. 신자는 참 증인, 곧 마지막 죽음의 순간까지 하나님을 부인하지 않았던 참 사람에 대해 들었습니다. 바로 예수 그리스도입니다. 신자가 불신자와 똑같으면서도 동시에 전혀 다른 사람이 될 수 있는 것은 이러한 참 증인이신 예수 그리스도를 알기 때문입니다. 죽기까지 하나님을 부인하지 않았던 예수님으로 인해 신자는 거짓증인의 자리를 벗어날 수 있습니다.[36)]

우리를 증인으로 사용하시겠다고 약속하시는 하나님에 대해 우리가 알아야 할 기쁨이 무엇일까요? 우리는 종종 베드로처럼 사람들을 두려워하는 시험에 빠진 나머지 우리 하나님을 증거하는 일에 실패하게 됩니다. 그럼에도 예수님은 그러한 실패까지도 담당하셨습니다. 나아가 예수님은 사람들이 그의 이름을 비방하고 거짓말하는 모든 고난을 담당하셨습니다.[37)]

예수 그리스도 안에 있으면 우리는 자신의 거짓말과 잘못과 위선과 속임과 험담과 비방으로 인해 책망 받지 않습니다. 우리는 제9계명을 어겼지만 하나님 앞에서 그와 같은 자격을 누리기 때문에, 우리는 스가랴 선지자의 예언(슥 8:3)이 예수 그리스도의 재림으로 성취되고 더 이상 진리가 거리에서 짓밟히지 않을 그 날이 속히 오기를 기대하면서 각기 이웃으로 더불어 진실을 말하며 성문에서 진실하고 화평한 재판을 베풀어야 합니다(슥 8:16).[38)]

## 다시 빌라도의 법정과 십자가로

빌라도가 이르되 그러면 네가 왕이 아니냐 예수께서 대답하시되 네 말과 같이 내가 왕이니라 내가 이를 위하여 태어났으며 이를 위하여 세상에 왔나니 곧 진리에 대하여 증언하려 함이로라 무릇 진리에 속한 자는 내 음성을 듣느니라 하신대(요 18:37)

이로써 예수는 세상에서 말하는 왕이 아니라 오직 진리를 증언하려고 태어난 진리의 왕이라는 것을 분명히 밝히셨습니다. 그 절정으로 꽃피웠던 현장이 바로 십자가입니다. 예수님의 죽음이 거짓이라는 말이 아니라 예수님의 십자가 처형을 결정하는 그 모든 과정과 방법이 불법과 거짓으로 점철되어 있습니다. 예수님께서 아담이 저지른, 거짓의 유혹에 넘어간 죄악의 뿌리를 십자가에서 거둬내십니다. 예수님은 우리를 구원하기 위해서 그 불법과 거짓을 뒤집어쓰시고 십자가에서 죽으십니다.[39] 우리가 소유하고 있는 가장 분명하고 확실한 증거는 예수 그리스도와 그의 십자가 사역에 관한 증거입니다. 따라서 하나님의 자녀들은 그에 대한 증인이 됩니다.

또 이르시되 이같이 그리스도가 고난을 받고 제삼일에 죽은 자 가운데서 살아날 것과 또 그의 이름으로 죄 사함을 받게 하는 회개가 예루살렘에서 시작하여 모든 족속에게 전파될 것이 기록되었으니 너희는 이 모든 일의 증인이라(눅 24:46-48)

오직 성령이 너희에게 임하시면 너희가 권능을 받고 예루살렘과 온 유대와 사마리아와 땅 끝까지 이르러 내 증인이 되리라 하시니라(행 1:8)

나 여호와가 말하노라 너희는 나의 증인, 나의 종으로 택함을 입었나니 이는 너희가 나를 알고 믿으며 내가 그인 줄 깨닫게 하려 함이라 나의 전에 지음

> 을 받은 신이 없었느니라 나의 후에도 없으리라(사 43:10)

부활하신 예수님께서는 승천하시기 전 제자들에게 어떤 명령을 하시나요? 내 증인이 되라고 하십니다. 증인이란 법정에서 사건의 진상을 사실 그대로 증언하는 자를 말합니다. 십계명의 제9계명은 단순히 윤리나 도덕적인 차원에서 거짓말을 하지 말라는 말씀이 아닙니다. 적극적인 의미로 그리스도의 증인이 되라고 하시는 초대입니다.[40]

그렇습니다. 우리가 이웃에 대해 거짓말을 할 때, 거짓의 증인이 되는 게 문제입니다. 이스라엘 백성이 단순히 거짓말 하는 것이 문제가 아니라 거짓말을 함으로써 거짓의 증인이 된다면 결코 진리의 증인이 될 수 없기 때문입니다.

> 만일 우리가 사람들의 증언을 받을진대 하나님의 증거는 더욱 크도다 하나님의 증거는 이것이니 그의 아들에 대하여 증언하신 것이니라 하나님의 아들을 믿는 자는 자기 안에 증거가 있고 하나님을 믿지 아니하는 자는 하나님을 거짓말하는 자로 만드나니 이는 하나님께서 그 아들에 대하여 증언하신 증거를 믿지 아니하였음이라(요일 5:9-10)

우리는 진리요 생명이신 예수 그리스도의 증인입니다. 신자는 주일마다 교회로 모여서 다른 이들과 함께한 목소리로 신앙고백을 하며 하나님의 신실하심을 거듭 말합니다. 신자는 자신이 홀로 있지 않음을, 증거공동체에 속해 있음을 확인합니다. 참 증인이신 예수 그리스도로 인해 신자는 비로소 옳은 것은 옳고, 그른 것은 그르다고 말할 수 있는 용기를 얻습니다.

하나님께서는 언젠가 야곱에게 "네 이름이 무엇이냐?"(창 32:27)고 물으셨습니다. 야곱은 "야곱입니다."하고 대답했습니다. 야곱은 속이는 자라는 뜻입니다. 이것은 또한 저와 여러분의 이름입니다. 그러니까 이 사실을 빨리 시인할수록 좋습니다. 진리의 성령 하나님께 이 끔찍한 죄와 맞서 싸울 수 있게 도와 달라고 간구하십시오. 하나님의 영광과 이웃의 행복을 위해 여러분의 혀를 쓸 수 있게 해달라고 부르짖으십시오.[41)]

## 하나님을 믿는 흔적, 말과 행동의 구별

여호와여 주의 장막에 머무를 자 누구오며 주의 성산에 사는 자 누구오니이까 정직하게 행하며 공의를 실천하며 그의 마음에 진실을 말하며 그의 혀로 남을 허물하지 아니하고 그의 이웃에게 악을 행하지 아니하며 그의 이웃을 비방하지 아니하며(시 15:1-3)

여호와여 내 입에 파수꾼을 세우시고 내 입술의 문을 지키소서 내 마음이 악한 일에 기울어 죄악을 행하는 자들과 함께 악을 행하지 말게 하시며 그들의 진수성찬을 먹지 말게 하소서(시 141:3-4)

당신의 약속에 신실하신 하나님의 견고한 표지는 바로 당신이 제정하신 성례입니다. 우리는 그의 언약에 대해 신실하신 하나님을 기념하는 표지가 되는 세례와 성찬을 가지고 있습니다. 우리는 말씀을 바로 알아서 하나님이 하나님 되게, 말씀이 말씀되게 살아가는 증인이 되어야 합니다. 진정으로 증인된 삶을 살아가는 사람이 진실로 주일을 지키는 사람입니다. 주일 하루만이 아니라 매일의 삶속에서 하나님의 흔적, 표저을 드러내는 삶입니다. 말과 행동에서 구별되는 삶을 사는 사람이 그리스도인입니다. 여러분은 지금 하나님을 믿는 흔적이 있습니까?

내가 두 가지 일을 주께 구하였사오니 내가 죽기 전에 내게 거절하지 마시옵소서 곧 헛된 것과 거짓말을 내게서 멀리 하옵시며 나를 가난하게도 마옵시고 부하게도 마옵시고 오직 필요한 양식으로 나를 먹이시옵소서 혹 내가 배불러서 하나님을 모른다 여호와가 누구냐 할까 하오며 혹 내가 가난하여 도둑질하고 내 하나님의 이름을 욕되게 할까 두려워함이니이다(잠 30:7-9)

저는 아굴의 기도에 큰 도전을 받았습니다. 가난과 부요를 위한 기도를 하기 전에 "곧 헛된 것과 거짓말을 내게서 멀리 하옵시며" 생애 가장 중요한 기도제목이었습니다.

거짓과 허구로 덮여 있는 세상의 한 가운데에서 하나님의 백성이 빛과 소금의 역할을 감당하는 핵심이 우리의 혀에 있습니다. 기만에서 진실됨으로 이웃의 명예와 생명을 해하지 않도록 우리의 입술을 지킬 뿐만 아니라 진리를 말하고, 예수 그리스도의 복음을 전하는 산 증인이 되십시오.

설교 시청 가이드

2019년 11월 10일(주일),
사월교회당의 공예배에서 강론된
"제9계명, 기만에서 진실됨으로"(출20:16)는
대한예수교장로회 사월교회 홈페이지(www.sawolch.com)와
오른쪽의 QR코드를 통해 언제든지 시청할 수 있습니다.

A Guide to Sermon Video

# 미주

1) 김지찬, 『데칼로그: 십계명, 어떻게 이해할 것인가』(서울: 생명의말씀사, 2016), 414-415.

2) 김진흥, 『교리문답으로 배우는 장로교 신앙』(서울: 생명의 양식, 2017), 350-351. J. Douma의 십계명에서 참조. 기독교윤리학에서는 전통적으로 거짓말을 네 가지 형태로 나눈다." ① 이웃에 해를 끼치는 악의의 거짓말(mendacium pemiciosum)은 잘못이지만, 다른 사람에게 상처를 주지 않는 목적으로 하는 ② 유머 목적의 거짓말(mendacium iocosum), ③ 예의상의 거짓말(mendacium humilitatis), ④ 불가피한 거짓말(mendacium officiosum)등은 일부 용인할 수 있다."

3) 차준희, 『교회 다니면서 십계명도 몰라』(서울: 국제제자훈련원, 2012), 173.

4) John Durham, *Word biblical commentary Exodus*, 손석태, 채천석 역, 『출애굽기』(서울: 솔로몬, 2000), 498.

5) Duane L. Christensen, *Word Biblical Commentary Deuteronomy*, 정일오 역, 『신명기 상』(서울: 솔로몬, 2003), 338; 송태근, 『쾌도난마 십계명』(서울: 지혜의샘, 2015), 135.

6) 손재익, 『십계명 언약의 10가지 말씀: 해설서』(서울: 디다스코, 2016), 357-358.

7) 강영안, 『강영안 교수의 십계명 강의: 십계명이 열어 보인 삶의 길, 자유의 길』(서울: IVP, 2009), 313; 김용규, 『데칼로그: 십계, 키에슬로프스키, 그리고 자유에 관한 성찰』(서울: 바다출판사, 2002), 450-451.

8) 손재익, 『십계명 언약의 10가지 말씀(해설서)』, 358.

9) 백금산·김종두, 『(기독교 윤리의 핵심을 보여주는) 만화 십계명』(서울: 부흥과개혁사, 2008), 204.

10) 김용규, 『데칼로그: 십계, 키에슬로프스키, 그리고 자유에 관한 성찰』, 455.

11) Zacharias Ursinus, *Commentary on the Heidelberg catechism*, 원광연 역, 『하이델베르크 요리문답해설』(경기: 크리스챤다이제스트, 2006), 937-940에 우루시누스는 요리문답을 해설하면서 ① 진실함(truth or veracity ② 공정함(condor) ③ 단순함(simplicity) ④ 일관성(constancy) ⑤ 유순함(docility) ⑥ 과묵(**寡默**, taciturnity) ⑦ 친절(affability) ⑧ 세련(urbanity)의 항목으로 나누어 설명했다.

12) Edmund P. Clowney, *How Jesus transforms the ten commandments*, 신호섭 역, 『예수님은 십계명을 어떻게 해석하셨는가』(서울: 크리스챤, 2009), 179.

13) 정요석, 『하이델베르크 교리문답, 삶을 읽다(하)』(서울: 새물결플러스, 2018), 388.

14) 황원하, 『하이델베르크 요리문답 해설』(평택: CNB, 2015), 512.

15) 김병훈, 『(소그룹 양육을 위한) 하이델베르크 요리문답 II』(수원: 합신대학원출판부, 2012), 253; Kevin DeYoung, *Good news we almost forgot*, 신지철 역, 『왜 우리는 하이델베르크 교리문답을 사랑하는가』(서울: 부흥과개혁사, 2012), 373; 황원하, 『하이델베르크 요리문답 해설』, 512.

16) 손재익, 『십계명 언약의 10가지 말씀(해설서)』, 368.

17) 김진흥, 『교리문답으로 배우는 장로교 신앙』, 345; 정요석, 『하이델베르크 교리문답 (하)』, 388.

18) 이성호, 『특강 하이델베르크 요리문답(하)』(서울: 흑곰북스, 2013), 138.

19) 김진흥, 『교리문답으로 배우는 장로교 신앙』, 350.

20) 강영안, 『강영안 교수의 십계명 강의』, 328

21) 이성호, 『특강 하이델베르크 요리문답 (하)』, 139.

22) 안재경, 『십계명, 문화를 입다』(서울: SFC출판부, 2016), 153.

23) 김병훈, 『(소그룹 양육을 위한) 하이델베르크 요리문답 II』, 252.

24) 김용규, 『데칼로그: 십계, 키에슬로프스키, 그리고 자유에 관한 성찰』, 463.

25) 송태근, 『쾌도난마 십계명』, 143.

26) 정요석, 『하이델베르크 교리문답, 삶을 읽다(하)』, 390.

27) John Calvin, 『기독교 강요 상』, II, viii, 48.

28) 정요석, 『하이델베르크 교리문답 (하)』, 394.

29) 강영안, 『강영안 교수의 십계명 강의』, 319.

30) 강영안, 『강영안 교수의 십계명 강의』, 339.

31) 김진흥, 『교리문답으로 배우는 장로교 신앙』, 348.

32) Michael Scott Horton, *(The) law of perfect freedom*, 유석인 역, 『십계명의 렌즈를 통해서 보는 삶의 목적과 의미』(서울: 부흥과개혁사, 2005), 267-268.

33) 이상원, 『21세기 십계명 여행』(서울: 토기장이, 2006), 213-215.

34) 강영안, 『강영안 교수의 십계명 강의』, 328-330.

35) Cornelis Pronk, *Ten Commandments*, 임정민 역, 『하이델베르크 교리문답으로 보는 십계명』(수원: 그책의사람들, 2013), 145.

36) 안재경, 『십계명, 문화를 입다』, 151-152.

37) Edmund P. Clowney, 『예수님은 십계명을 어떻게 해석하셨는가』, 195.

38) Michael Scott Horton, 『십계명의 렌즈를 통해서 보는 삶의 목적과 의미』, 276.

39) 송태근, 『쾌도난마 십계명』, 137.

40) 송태근, 『쾌도난마 십계명』, 140.

41) Cornelis Pronk, 『하이델베르크 교리문답으로 보는 십계명』, 145.

네 이웃의 집을 탐내지 말라

네 이웃의 아내나 그의 남종이나 그의 여종이나

그의 소나 그의 나귀나

무릇 네 이웃의 소유를 탐내지 말라

---

לא תחמד בית רעך

לא־תחמד אשת רעך ועבדו ואמתו

ושורו וחמרו

וכל אשר לרעך

# XII
# 제10계명, 시기에서 자족으로

네 이웃의 집을 탐내지 말라 네 이웃의 아내나 그의 남종이나 그의 여종이나 그의 소나 그의 나귀나 무릇 네 이웃의 소유를 탐내지 말라

출20:17

# XII. 제10계명, 시기에서 자족으로

네 이웃의 집을 탐내지 말라
네 이웃의 아내나 그의 남종이나 그의 여종이나
그의 소나 그의 나귀나 무릇 네 이웃의 소유를 탐내지 말라
출 20:17

## 욕망의 공화국에 살면서

“네 이웃의 집을 탐내지 말라.” 이웃집에 초대되어 식사를 함께 하고 난 뒤, “여보, 그 집에 멋있는 가구들이 너무 많아요. 우리 집도 그런 가구들로 꾸몄으면 참 좋겠어요. 집이 얼마나 넓은지 우리도 그렇게 넓은 집에 살았으면 얼마나 행복할까요?”

“네 이웃의 아내를 탐내지 말라.” 부부끼리 작은 일로 말다툼이 있은 후 “내가 그때 큰 실수를 했지 왜 이런 여자랑 결혼을 했을까? 이웃집 부인은 항상 상냥한 미소로 남편을 대하고, 아이들은 얼마나 얌전하고 예의 바른지. 내가 이웃집 부인 같은 여성과 결혼했어야 하는데.”

“그의 남종이나 그의 여종이나 그의 소나 그의 나귀를 탐내지 말라. 무릇 네 이웃의 소유를 탐내지 말지니라.” 이런 생각이 들죠. “세상은 참 불공평해. 내가 저 친구처럼 키도 크고 잘 생기고 공부를 잘 했다면, 내가 예쁘고 날씬한 몸매를 가졌다면, 지금보다 훨씬 나을 텐데.”

우리나라는 돈을 벌려고 위장 전입하여 절대 농지를 사들이고, 아파

트를 계약할 때 양도소득세를 탈세해 이익을 남기려고 '다운계약서'를 쓰고, 자녀를 좋은 학군에 보내기 위해 주민 등록지를 옮기고, 너도나도 성형수술을 하는 욕망 공화국입니다.[1] 과연 그리스도인들이 '욕망의 전차가 쉬지 않고 달리는 세상'에서 인간의 욕망을 뿌리채 뽑아 버리고 "탐내지 말라."는 계명을 어떻게 지킬 수 있는지 말씀의 숲 안으로 함께 들어가 보실까요?

## 제10계명의 본문

| 출애굽기 20:17 | 사역(私譯) | 신명기 5:21 | 사역(私譯) |
|---|---|---|---|
| לא תחמד בית רעך | 탐내지 말라 / 네 이웃의 집 | ולא תחמד אשת רעך | 또 탐내지 말라 / 네 이웃의 아내 |
| לא־תחמד אשת רעך | 표시하지 말라 / 네 이웃의 아내 | ולא תתאוה בית רעך שדהו | 또 표시하지 말라 / 네 이웃의 집, 그의 땅 |
| ועבדו ואמתו ושורו וחמרו | 남종, 여종, 소, 나귀 | ועבדו ואמתו ושורו וחמרו | 남종, 여종, 소, 나귀 |
| וכל אשר לרעך | 네 이웃에게 속한 모든 것 | וכל אשר לרעך | 네 이웃에게 속한 모든 것 |

## 구약에서 '탐내다'(חמד, 하마드)의 뜻은 무엇인가?

제10계명의 동사 '하마드'(חמד)는 자기의 유익을 위하여 어떤 사람이나 어떤 물건을 "원하다, 갖기를 갈망하다, 간절히 바라다(desire), 탐내다(covet), 탐심을 가지다."는 의미입니다.[2] '하마드'는 단순히 내적인 염원뿐만 아니라 외적인 탐욕의 행동까지 가리킵니다. 탐심이 얼마나 심각한지를 인간 최초의 범죄인 '선악을 알게 하는 나무의 사건'은 물론 가나안 입성 후 최초의 범죄인 아간의 도둑질에서 '하마드'가 사용된 것을 보면 알 수 있습니다.[3)]

## '탐내지 말라'의 대상으로 출애굽기와 신명기의 차이 : 집을(출애굽기)? 아내를(신명기)?

제10계명은 무엇을 탐하지 말라는 걸까요? 그런데 출애굽기와 신명기의 본문은 탐내지 말아야 할 대상을 나열하면서 차이를 보입니다.

**'탐내지 말라'의 대상으로 출애굽기와 신명기의 차이**

| 출애굽기 | 집, 아내, 남종, 여종, 소, 나귀, 그 밖의 모든 소유물 |
|---|---|
| 신명기 | 아내, 집, 밭, 남종, 여종, 소, 나귀, 그 밖의 모든 소유물 |

첫째는 신명기에는 출애굽기에 나오지 않는 '밭'이 첨가되었습니다. 둘째는 출애굽기에는 '집'을 먼저 언급하고 신명기는 '아내'를 '집'보다 먼저 언급하며 다른 소유물을 말합니다.[4)] 이런 차이와 함께 '~을 탐하지 말라'가 두 번 나오기 때문에 로마 가톨릭 교회와 루터파 교회는 제10계명을 '네 이웃을 탐내지 말라'(제9계명), '네 이웃의 집과 소유를 탐내지 말라'(제10계명)로 나눕니다. 물론 형식상 둘로 나눌 수 있지만, 두 개의 계명으로 볼 결정적 이유는 없습니다.[5)]

## 집은 건물인가? 집안인가?

'집'의 개념은 사물 전체를 사물의 한 부분으로 설명하는 제유적 의미로 사용하면 집 안의 모든 것을 가리킬 수도 있고, 그냥 단순한 의미로 집이란 건물을 가리킬 수도 있습니다.[6] 그리고 '무릇'이라고 번역된 말 속에는 "여기에 언급된 것들 외에도 이웃의 소유라면 어떤 것이든"이라는 의미가 있으므로, 탐심의 대상이 집, 아내, 여종, 소, 나귀와 함께 "네 이웃의 모든 소유를 탐내지 말라."는 총괄적 의미로 보면 됩니다.[7]

## 네 이웃의 것을 지켜 주라

네 이웃의 집을 탐내지 말라 네 이웃의 아내나 그의 남종이나 그의 여종이나 그의 소나 그의 나귀나 무릇 네 이웃의 소유를 탐내지 말라(출 20:17)

제10계명에서는 '네 이웃'이라는 인칭대명사를 세 번 강조하고, 같은 대상을 가리키는 대명사까지 합하면 총7번 사용됩니다.[8] 제10계명은 특별히 "이웃의 것을 탐내지 말고 지켜 주라"는 언약 공동체에게 적용할 것을 강조합니다.[9] 그러니까 제10계명의 의도는 단순히 "탐심을 품지 말라."는 단순한 도덕적 교훈이 아닙니다. 이웃의 소유를 자신의 것으로 만들려는 교묘한 방법 안에 숨겨진 탐심을 지적함으로써 '이웃의 자유'를 구체적으로 지키는 데 목적이 있습니다.[10] 다윗이 충신이었던 우리아의 아내 밧세바를 취한 것이나, 아합과 이세벨이 나봇의 포도원은 빼앗은 일은 모두 얼굴을 알고 가까이 사는 '네 이웃'이었습니다.[11]

## 왜 십계명이 마지막을 '탐내지 말라'로 마무리를 했을까?

제 6, 7, 8, 9계명들은 대체로 짧습니다. 반면 제10계명은 상대적으로 길 뿐만 아니라 앞선 계명들을 반복하거나 확장하는 것처럼 보입니다.[12] 그래서 마치 스스로 어떤 독자적인 내용을 갖고 있기 보다는 다른 계명을

설명하는 부록같은 느낌을 줍니다.[13)]

믿음의 동역자 여러분! 왜 "탐내지 말라."가 제일 마지막 계명에 위치할까요? 다른 계명과 달리 "탐내지 말라"는 표현을 두 번이나 반복하면서 이 계명의 엄중함을 각인시키고 있습니다.[14)] 하나님은 열 번째 계명 속에 십계명 전체와 율법에 대한 어떤 정신과 핵심 가치를 심어 놓으셨을까요?[15)]

제10계명은 단순히 앞의 계명을 다시 반복해서 알려 주는 강조도, 이전의 아홉 계명에 더해진 또 하나의 계명도 아닙니다. 오히려 제10계명은 우리 마음 속 깊숙한 곳에 있는 '욕망의 문제'를 말함으로써, 궁극적으로 사람이 율법을 범하는 것의 근원인 욕망을 강조합니다.[16)] 십계명의 후반부에서 다른 계명들은 주로 사람의 외적인 행위와 관련되어 있지만, 마지막 제10계명은 사람의 내적인 마음과 연관되어 있는 '탐심'(貪心)입니다.[17)] 우리가 앞에 나오는 아홉 개의 계명을 아무리 외적으로 다 지켰다 하더라도 탐욕을 갖고 있다면 결국은 십계명을 다 지키지 못한 것이요 율법 전체를 범한 겁니다. 십계명은 상당히 의도적인 구조로 이루어져 있습니다.[18)]

제10계명은 탐심을 금함으로 죄의 참모습을 파헤칩니다. 곧 죄의 뿌리인 탐심은 바로 내면의 생각(inward thoughts)과 마음의 문제입니다.[19)] 구약에 이미 죄의 근원이 마음임을 많은 곳에서 강조합니다.

> 만물보다 거짓되고 심히 부패한 것은 마음이라 누가 능히 이를 알리요마는 나 여호와는 심장을 살피며 폐부를 시험하고 각각 그의 행위와 그의 행실대로 보응하나니(렘 17:9-10)
> 모든 지킬 만한 것 중에 더욱 네 마음을 지키라 생명의 근원이 이에서 남이니라(잠 4:23)

> 자기의 마음을 제어하지 아니하는 자는 성읍이 무너지고 성벽이 없는 것과 같으니라(잠 25:28)

우리가 깊은 곳을 들여다보려고 하면 탐조등을 켜야 하는 것처럼 우리 마음 안에 무슨 일이 일어나는지 알려면 영혼의 탐조등을 켜야 합니다. 그리고 탐욕은 영혼의 잡초이기 때문에 그 독초를 두고 살 수가 없습니다. 마음의 정원을 가꾸어야 합니다. 성도는 영혼의 정원사들이 되어야 합니다. 탐심의 조그만 싹이라도 나면 잘라버리고 날마다 우리의 영혼에 하나님의 말씀의 씨앗을 부지런히 심어야 합니다.

> 하나님이여 나를 살피사 내 마음을 아시며 나를 시험하사 내 뜻을 아옵소서 내게 무슨 악한 행위가 있나 보시고 나를 영원한 길로 인도하소서(시 139:23-24)

우리는 인간의 마음과 뜻을 아시는 하나님께 자신의 악한 의도와 행위를 감찰하심으로써 자신을 영원한 길로 인도해달라고 간구해야 합니다.

## 신약에서

### 예수님의 가르침에서

> 마음에서 나오는 것은 악한 생각과 살인과 간음과 음란과 도둑질과 거짓 증언과 비방이니(마 15:19)
>
> 속에서 곧 사람의 마음에서 나오는 것은 악한 생각 곧 음란과 도둑질과 살인과 간음과 탐욕과 악독과 속임과 음탕과 질투와 비방과 교만과 우매함이니(막 7:21-22)

신약 성경을 살펴보더라도 하나님의 계명은 인간의 외적 행동만이 아니라 마음을 주목하고 있습니다. 산상수훈에 이르러서 마음의 성찰이 활짝 꽃을 핀 것처럼 십계명 안에 그 씨앗을 심어 놓으셨습니다.[20]

## 바울의 가르침: 탐심은 우상숭배

> 음행과 온갖 더러운 것과 탐욕은 너희 중에서 그 이름조차도 부르지 말라 이는 성도에게 마땅한 바니라(엡 5:3)
> 그러므로 땅에 있는 지체를 죽이라 곧 음란과 부정과 사욕과 악한 정욕과 탐심이니 탐심은 우상 숭배니라(골 3:5)

바울은 우리가 죄의 유혹 앞에 얼마나 연약한 존재인가를 인정하고, 탐욕은 이름조차도 부르지 말라고 당부합니다. 탐심을 한 번 받아들이면 마치 폭군과 같이 매우 거칠게 밀고 들어옵니다. 나는 이길 수 있다고 치기 어린 호언장담한다고 이길 수 없습니다.

탐심을 우상 숭배라고 하는 이유는 하나님보다 물질을 더 사랑하며 위하기 때문입니다.[21] 우상숭배는 겉으로 드러났던 형상화된 게 아니고 우리 안의 탐심 그 자체입니다. 실로 탐심은 인간 속에서 신의 자리를 차지하고 있으며 우상이 형태로 존재합니다. 그러므로 제1계명이 뒤의 모든 계명들의 근본이 되듯이, 제10계명은 앞의 아홉 가지 계명들의 원인이 됩니다.[22] 제10계명은 모든 계명들을 요약한 것이며, 모든 것을 포괄하는 것이고도 특이한 적용 때문에 십계명의 맨 마지막에 위치한 이유입니다.[23] '난 제1계명에서부터 제9계명까지 해당사항이 없어!'라고 생각하는 사람에게 마지막 일격을 가합니다.[24] 이어서 우리 믿음의 선배들은 어떻게 제10계명을 적용했는지 볼까요? 하이델베르크 요리문답 제113문은 제10계명을 소극적인 면과 적극적인 면을 다음과 같이 해설합니다. 제10계명은 결국 '마음의 문제'이며 '욕망의 문제'라고 성경의 주제를 따라 규정합니다.

## 하이델베르크 요리문답에 나타난 제10계명의 요구

하이델베르크 요리문답

제 113문 제 10계명에서 하나님께서 우리에게 요구하시는 것이 무엇입니까?

답 ❶ 우리가 하나님의 모든 명령에 반대되는 가장 적은 생각이나 욕망이라도 우리의 마음속에 품어서는 안 되고, ❷ 항상 온 마음을 다하여 모든 죄를 미워하고, 모든 의 가운데서 기뻐해야 한다는 것입니다.

**소극적 명령: 탐심, 마음으로 짓는 모든 죄를 미워해야 한다**

"우리가 하나님의 모든 명령에 반대되는 가장 적은 생각이나 욕망이라도 우리의 마음속에 품어서는 안 되고", 작은 욕망이나 생각이 점점 커지면 결국 구체적인 살인과 간음과 도둑질과 거짓증거로 이어집니다.[25)]

**적극적 명령: 온 마음을 다하여 죄를 미워하고, 모든 의를 기뻐하라**

우리가 죄를 이길 수 있는 적극적인 방법은 무엇일까요? 많은 사람이 어쩔 수 없이 죄를 짓는다고 생각합니다. 하지만 그렇지 않습니다. 하이델베르크 요리문답의 답은 "항상 온 마음을 다하여 모든 죄를 미워하라."고 말합니다. 우리는 구체적인 범죄를 피하기 위해 노력할 뿐만 아니라, 마음의 깊숙한 곳까지도 살펴 구체적 범죄의 원인이 될 만한 작은 욕망까지 미워해야 합니다. 우리 안에 있는 죄를 미워해야 하며, 그 죄와 몸부림치며 싸워야 합니다.[26)] 사람이 죄를 짓는 것은 정말로 그 죄를 미워하지 않기 때문입니다. "항상" 온 마음을 다하여 정말로 죄를 미워하십니까?

탐심을 이기는 더 적극적인 방법은 "모든 의 가운데서 기뻐"해야 합니다. 이 세상은 불의가 만연해 있습니다. 세상은 시간이 가면 갈수록 불의와 불공평이 더 심해지고 있습니다. 자기 가족만 잘 먹고 잘 살면 된다는 개인주의가 판단의 기준이 되었습니다. 그저 약자와 소외된 이웃이 당하는 고통과 아픔에 대해서 별 관심이 없습니다. 그들의 가난을 나태나 게으름이라고 생각하면서 그들 책임으로만 돌리려 합니다. 그러면 마음이 편하기 때문입니다.[27] 하지만 우리 마음이 좋아하고 사랑할 대상은 정의입니다.

하이델베르크 요리문답

제 114문 하나님께 회개한 사람은 이 계명들을 완전히 지킬 수 있습니까?

답 지킬 수 없습니다. 가장 거룩한 사람이라 해도 이생에서는 이 순종의 작은 시작만 할 수 있을 뿐입니다. 그럼에도 불구하고, 그들은 진지한 목적(굳은 결심)으로 하나님의 계명의 일부분에 대해서 뿐만 아니라 하나님의 모든 계명에 따라 살기 시작합니다.

## 바로 그때, 희망 : 가장 거룩한 자일지라도 이러한 순종의 시작만 조금할 뿐이다.

그렇다면 우리는 이 세상에서 사는 동안에 십계명을 온전히 지킬 수 있을까요? 하이델베르크 요리문답은 "가장 거룩한 사람이라 해도 이생에서는 이 순종의 작은 시작만 할 수 있을 뿐입니다."라고 말합니다. 아주 부드럽게 말하지만, 솔직하고 참혹하게 말하자면 우리는 죄의 욕망으로 '떡칠'이 되어 있기 때문에 절망적입니다. 그렇다면 아무도 온전히 지길 수 없는 이 계명을 우리는 왜 언급해야 하며 왜 지키려고 해야 합니까?

우리의 노력이 어차피 수포로 돌아갈 것이 아닙니까? 이에 대한 하이델베르크 요리문답의 답은 이와 같습니다. "그럼에도 불구하고, 그들은 진지한 목적(굳은 결심)으로 하나님의 계명의 일부분에 대해서 뿐만 아니라 하나님의 모든 계명에 따라 살기 시작합니다."

물론 회심한 자가 계명을 순종하려고 애쓰는 것은 역시 여전히 부족하며 완전하지 않습니다. 그럼에도 불구하고 중생하고 회심한 사람은 하나님의 계명을 지키려 애를 씁니다. 왜냐하면 나의 의를 위해서가 아니라 하나님을 사랑하기 때문입니다.[28] 회심한 자가 하나님의 계명에 순종하는 것은 하나님의 율법의 요구하는 완전의 기준에서 본다면 아주 작은 시작에 불과합니다. 더욱이 가장 거룩한 사람이 가장 높은 수준의 순종에 이르렀다 할지라도 자신이 성취한 것은 단지 미약한 시작에 불과한 것이라고 고백해야 합니다. 그것은 자기 자신의 능력에 의해서 된 것이 아니라 오직 하나님의 은혜가 있어서 가능한 것이었기 때문입니다. 만약 자기 자신에게 원인을 돌린다면 벌써 교만한 것이며, 하나님의 은혜의 방식과 어긋납니다.[29]

하이델베르크 요리문답

제 115문 만일 아무도 이생에 있어서 십계명을 완전히 지킬 수 없다면, 어찌하여 하나님이 십계명을 그렇게 엄격하게 선포하셨습니까?

답 첫째로, 우리가 일평생 동안 우리의 죄악 됨을 점점 더 깨닫게 되어, 그리스도 안에 있는 죄의 용서와 의를 더 열심히 추구하도록 하기 위한 것입니다.

둘째로, 성령의 은혜를 얻기 위하여 우리가 계속적으로 열심히 하나님께 기도하고, 마지막에 생이 끝난 다음에 완성의 목적에 도달할 때까지, 하나님의 형상에 따라 점점 더 새롭게 되기 위해 투쟁하는 것을 멈추지 않도록 하기 위한 것입니다.

## 십계명을 엄중하게 설교해야 하는 이유

믿음의 동역자 여러분! 아무도 십계명을 지킬 수 없음에도 불구하고, 왜 하나님께서는 우리에게 십계명을 그토록 엄중히 설교하게 하실까요? 하이델베르크 요리문답은 두 가지 이유로 설명합니다. "첫째, 죄악 된 성품을 깨닫고 죄 용서와 의를 추구하기 위해서입니다. 둘째, 끊임없이 전심전력하고 성령의 은혜를 간구하기 위해서입니다."

> 그런즉 우리가 무슨 말을 하리요 율법이 죄냐 그럴 수 없느니라 율법으로 말미암지 않고는 내가 죄를 알지 못하였으니 곧 율법이 탐내지 말라 하지 아니하였더라면 내가 탐심을 알지 못하였으리라(롬 7:7)

종교개혁자 칼뱅은 십계명을 '예리한 수술용 칼'에 비유합니다.[30] 종교개혁자들은 제10계명이 우리의 죄악을 깨닫게 하는 영적 거울의 역할을 할 뿐만 아니라, 구원받은 하나님의 백성의 삶의 지침으로서 우리가 실천해야 하는 구체적인 내용으로 강조합니다.[31] 십계명은 우리가 자신을 구원하는 방법을 가르쳐주는 게 아니라, 하나님이 우리의 구원자 되심을 분명히 밝혀주고 그분의 능력과 인도에 의지하는 거룩한 삶으로 초대합니다.[32]

그러므로 회심한 자들은 비록 하나님의 계명들을 온전하게 지킬 수 없지만, 하나님의 계명들에 맞추어 사는 삶을 포기하지 않고 계속해서 살려고 노력하는 이들입니다.[33] 회심한 사람은 하나님의 계명 전부를 지키려는 삶을 포기하지 않습니다. 그들은 절대로 낙심하지 않으며 그리스도의 보혈을 의지하고 내주하시는 성령에 이끌려 순종의 삶을 지속하는 사람입니다.

오호라 나는 곤고한 사람이로다 이 사망의 몸에서 누가 나를 건져내랴 우리 주 예수 그리스도로 말미암아 하나님께 감사하리로다 그런즉 내 자신이 마음으로는 하나님의 법을 육신으로는 죄의 법을 섬기노라(롬 7:24-25)

우리가 우리 자신의 힘으로는 율법을 지킬 소망이 없음을 알고, 그리스도께로 도망가게끔 하는 게 율법의 목적입니다. 십자가의 그늘 아래 있게 만듭니다. 내가 중직자라 내가 복을 받기 위해 내가 나의 의를 증거하기 위해 새벽에 무릎을 꿇고, 기도회에도 나오는 게 아닙니다. 바울은 무능한 자신의 모습을 보았지만 결코 좌절하지 않았습니다. 그는 연약한 자신을 구원하시는 하나님의 능력을 기대했습니다. 바울과 마찬가지로 우리도 십계명을 공부함으로써 자신의 힘으로는 하나님이 율법을 통해서 말씀하신 것을 도저히 이룰 수 없다는 처절한 실상을 깨닫습니다. 그리고 동시에 하나님이 원하시는 완벽한 삶이 무엇인지 알고 그런 삶을 사는 게 쉽지 않으므로 우리는 십계명 설교를 통해서 도전을 받으며 더욱 노력하게 되고 하나님이 힘을 주셔야 가능하다는 사실을 깨닫고 하나님께 성령의 은혜를 간구하며 기도할 수밖에 없습니다.[34)]

그리스도는 모든 믿는 자에게 의를 이루기 위하여 율법의 마침이 되시니라(롬 10:4)

그리스도께서는 율법의 모든 요구를 만족시키면서 율법을 온전히 지키셨습니다. 그리스도를 믿으십시오. 하나님의 모든 계명을 여러분이 직접 지킨 것처럼 여러분을 보실 겁니다. 제10계명도 마찬가지입니다.[35)] 우리는 하나님이 원하는 완벽한 삶에 매번 미치지 못하지만, 완벽함에 이르려는 도전을 멈추지 않습니다. 이것이 바로 신자의 삶이며 우리는 이런 과정을 '성화'라고 부릅니다.[36)]

## 모든 탐심이 잘못된 것은 아님

믿음의 동역자 여러분! 제10계명이 "탐내지 말라."고 했다 해서 아무런 욕망도 가지면 안 된다는 의미로 오해해서는 안 됩니다. 기독교는 어떤 종교들보다 탐욕을 부추기는 자본주의와 가깝게 보입니다. 그러나 성경은 우리의 몸을 죄악시하지도 않고, 자연스런 욕구를 터부시하지도 않습니다. 하나님께서 온 세상만물을 지으셨고, 사람의 육체마저 지으셨기에 무언가를 소유하고픈 욕망은 잘못된 것이 아닙니다. 기독교는 금욕주의와 아무런 상관이 없습니다. 그러므로 제10계명이 욕망 그 자체를 정죄하는 것은 아닙니다. 사람이 무언가를 이루고 싶어 하고 얻기를 원하는 것은 하나님이 주신 자연스러운 마음입니다.[37] 제10계명은 탐욕을 금한 것이지 불교의 주장처럼 '무소유의 삶'과 금욕(禁慾)을 추구하지는 않습니다. 제10계명은 명시적으로 '네 이웃'의 집과 아내와 소유를 탐하지 말라고 한정합니다. 자신이 소유하고 있지 않은 이웃의 것을 가지려고 해서는 안 된다는 뜻입니다.[38]

## 탐심을 이기려면 어떻게 해야 하는가?

### 예배를 통해 은사의 나눔과 성찬

믿음의 동역자 여러분! 조국교회조차 '형통 신학', '기복 신학', '번영 신학'에 오염되어 있는 때에 탐심을 이기는 구체적인 방법이 뭘까요? 세상은 한 사람이 욕심껏 많이 가지면 다른 사람이 그만큼 빼앗길 수밖에 없는 '제로섬(zero-sum) 공동체'입니다. 결국 누구나 욕망의 노예가 될 수밖에 없습니다. 반면 주님의 몸을 찢으시고 피를 흘리심으로 사신 거룩한 교회는 다릅니다. 예배 중에 성만찬을 통해 그리스도의 살과 피를 함께 나눌 때 하나님과 진정한 사귐을 갖고 성도의 교제를 나눈다면 우리는 무질서한 욕망에 종지부를 찍게 됩니다.[39] 설교자 한 사람의 언변에 좌지우지 되는 교회가 아니라 말씀과 성찬이 균형을 이루고 나눌 때, 네 이웃이 아니라 한 형제자매, 한 몸으로 탐욕에 종지부를 찍을 수 있습니다. 교회 공동체 안에서 훈련받고, 예배와 성만찬을 통해 무질서한 욕망에 질서를 부여하는 것으로 끝나면 안 됩니다. 실제 삶에서의 실천으로 반드시 이어져야 합니다. 이를 다음 단계로 실제 삶에서 자족할 줄 알아야 합니다.

### 자족의 삶을 실천

> 내가 궁핍하므로 말하는 것이 아니니라 어떠한 형편에든지 나는 자족하기를 배웠노니 나는 비천에 처할 줄도 알고 풍부에 처할 줄도 알아 모든 일 곧 배부름과 배고픔과 풍부와 궁핍에도 처할 줄 아는 일체의 비결을 배웠노라(빌 4:11-12)
>
> 그러나 자족하는 마음이 있으면 경건은 큰 이익이 되느니라 우리가 세상에 아무 것도 가지고 온 것이 없으매 또한 아무 것도 가지고 가지 못하리니 우리가 먹을 것과 입을 것이 있은즉 족한 줄로 알 것이니라(딤전 6:6-8)

자족(自足)이란 세상을 향한 존재물에 대한 사랑(cupiditas)이 아니라 하나님을 향한 존재에 대한 사랑(caritas)에서 나옵니다.[40] 자족은 철학적 의미에서 자기 스스로를 구원할 수 있다거나, 경제적인 의미에서 자수성가했다거나, 율법주의적인 의미에서 나의 삶이 검소하다고 만족하는 태도도 아닙니다. 하나님은 우리에게 아무것도 주시지 않으시고 무조건 자족하라고 명령하시는 게 아닙니다. 이미 풍성히 주신 이후에 자족하라고

명령합니다.[41]

하나님이 능히 모든 은혜를 너희에게 넘치게 하시나니 이는 너희로 모든 일에 항상 모든 것이 넉넉하여 모든 착한 일을 넘치게 하게 하려 하심이라(고후 9:8)

만족과 탐욕은 서로 반대입니다. 탐욕은 "나에게는 저것이 꼭 필요해. 저게 없으면 나는 행복할 수 없어."라고 부추깁니다. 반면 만족은 "나는 이미 내가 필요로 하는 모든 것을 가졌어. 또한 주님은 다른 사람들에게도 필요한 좋은 것을 주셨어. 지금 내가 지닌 것 이외에 나에게는 더 이상 필요한 것이 없어."라며 답을 줍니다.[42] 사실 우리는 많은 것을 가지고 있습니다. 자신이 가지고 있는 것들을 중에서 주님으로부터 받은 것을 세어보십시오. 너무 많은 것을 받았지만 아주 조그마한 원망과 불평 때문에 그 받은 것을 쏟아버리는 어리석은 인간이 되지 마십시오. 인간은 끊임없이 더 많이 가지려고 하고 더 좋은 것을 가지려 합니다.

내가 두 가지 일을 주께 구하였사오니 내가 죽기 전에 내게 거절하지 마시옵소서 곧 헛된 것과 거짓말을 내게서 멀리 하옵시며 나를 가난하게도 마옵시고 부하게도 마옵시고 오직 필요한 양식으로 나를 먹이시옵소서 혹 내가 배불러서 하나님을 모른다 여호와가 누구냐 할까 하오며 혹 내가 가난하여 도둑질하고 내 하나님의 이름을 욕되게 할까 두려워함이니이다(잠 30:7-9)

탐욕은 부족한 자들이 느낍니다. 우리는 내가 하고 싶은대로가 아닌 하나님이 원하시는대로 살아야 합니다. 하나님으로부터 오는 생수를 얻으십니까, 아니면 나의 욕망으로 갈증을 느끼십니까? 하나님은 여러분은 얼마나 사랑하실까요?

여인이 어찌 그 젖 먹는 자식을 잊겠으며 자기 태에서 난 아들을 긍휼히 여기지 않겠느냐 그들은 혹시 잊을지라도 나는 너를 잊지 아니할 것이라(사 49:15)

이스라엘이 죄를 짓고 징계를 받습니다. 그래도 하나님은 그의 백성들을 절대 잊지 않으시고 손바닥에 새기십니다. 여인이 젖먹이 자식을 잊지 않듯이 하나님도 징계로 그의 백성을 버리시는 일이 없습니다.

주일학교 선생님 앞에 아이들이 서 있습니다. 교회 학교에 처음 와서 등록하려 합니다. "저희 둘은 모두 7살이에요. 제 생일은 4월8일이고요. 제 동생은 4월20일이에요." "그건 불가능해." "아니에요. 사실이에요. 우리 둘 중 하나는 양자거든요." "그러면 둘 중에 누가 양자니?" 소년들은 서로 바라보며 웃습니다. "우리도 얼마 전에 아버지께 똑같은 질문을 했어요. 우리 둘 다 너무 사랑해서 누가 양지인지 잊어버리셨대요."

우리가 받고 있는 사랑이 이와 같은 사랑입니다. 우리에게 하나님의 자녀가 되는 권세를 주신 사랑이 있습니다. 하나님은 우리 과거를 잊으시고 우리의 죄를 기억하지 않으시고 우리를 부요하게 풍요롭게 하시려고 양자 삼아 주셨습니다. 우리가 믿는다고 하면서도 탐욕스러웠다면 하나님을 바르게 소유하지 못한 증거입니다. 탐욕을 버리려면 하나님을 소유해야 합니다.

요한복음 4장 사마리아 여인은 정오의 팔레스타인의 뜨거운 태양을 맞서 목마름을 채우기 위해서 물동이를 들고 야곱의 우물을 찾았습니다. 목이 말라 물동이를 들고 야곱의 우물을 찾았지만 그 여인이 진짜 목마른 것은 영혼의 목마름이었습니다. 정오의 시간에 한 유대인 남자와 대화가 시작됩니다. 대화가 깊어질수록 그분이 메시아야임을 깨닫습니다. 그분을 만나며 대화하는 가운데 이미 그의 영혼의 목마름이 채워집니다. 그 어떤 남자도 채워주지 못했던 갈망을 예수 그리스도를 만남으로 채워지게 됩니다. "영원히 목마르지 아니하는 생수가 되나니 내가 주는 물은 영원히 목마르지 아니하리라." 그분이십니다. 결국 여인은 물동이를 버려두고 동네로 뛰어 들어가 "내가 메시아를 만났다. 메시아를 만났다!" 고 외칩니다.

나의 만족과 유익을 위해 가지려 했던 세상 일들
이젠 모두 다 해로 여기고 주님을 위해 다 버리네
내 안에 가장 귀한 것 주님을 앎이라
모든 것 되시며 의와 기쁨되신 주 사랑합니다. 나의 주.

바울 사도가 그런 사람이었습니다. 그는 아무것도 없었습니다. 인간적으로 보면 불행하고 가난한 나그네 전도자였습니다. 독신이고 육체의 찌르는 가시를 안고 살았습니다. "내게는 모든 것이 있다. 내가 가난한 자 같으나 모든 사람을 부요하게 하는 자다." 그는 그리스도를 온전히 만났기 때문에 가능합니다. 주님을 온전히 만나면 일평생 우리를 가슴앓이 하게 하는 탐심, 탐욕, 욕망, 욕심이 치유됩니다.

**하나님에 대한 갈망 : 주님 한 분만으로 만족하라.**

기독교는 욕망을 소멸시키기 위해 욕망과 싸움을 하는 종교가 아닙니다. 욕망 자체와 씨름을 하기 보다는 궁극적이고 영원한 것에 관심을 돌립니다. 인간의 탐욕은 무신론적 사고에서 나옵니다. 즉 인간이 하나님으로 만족하지 못하기 때문에 세상의 것들을 탐합니다. 오늘날 사람들은 하나님이 계시지 않는 허무 속에서 세상의 것들을 가짐으로 즐거움을 추구하려고 합니다. 그러므로 우리는 주님 한 분만으로 만족해야 합니다.[43]

우리는 무의식적으로 튀어나오는 욕망에 대해서는 어쩔 수 없었다고 변명하면 안 됩니다. 왜냐하면 우리가 하나님을 온 마음과 온 영혼과 온 뜻을 다하여 사랑한다면 얼마든지 그리스도 안에서 욕심을 벗어 던지고 새 사람을 입을 수 있기 때문입니다. 하나님의 사랑을 경험하지 않고는, 하나님을 향한 사랑이 없이는 금지된 욕망을 이길 수 없습니다. 어쩌면 우리는 하나님의 사랑 없이 인간적인 노력으로 욕망을 극복하려다 끊임없이 실패하고 죄책감으로 우울하게 살아가고 있는지 모릅니다.

결국 우리는 기독교의 핵심, 복음으로 돌아가야 합니다. 우리는 오직 그리스도 안에서만 진정한 자유를 누릴 수 있습니다. 오직 그리스도의 십자가 안에 나타난 사랑 아래에서만 탐욕을 이길 수 있는 존재론적인 힘을 얻을 수 있습니다.[44]

> 나의 반석이시요 나의 구속자이신 여호와여 내 입의 말과 마음의 묵상이 주님 앞에 열납되기를 원하나이다(시 19:14)
>
> 여호와는 나의 목자시니 내게 부족함이 없으리로다(시 23:1)

## 거룩한 욕망의 사람

내가 가지고 있는 무수한 것들에 대한 감사가 없고, 가지지 않은 그것에 돋보기를 갖다 대고 불반을 가지게 되는데 이는 사탄의 일이며, 탐욕입니다. 터진 웅덩이처럼 물을 아무리 쏟아 부어도 그냥 다 빠져 버립니다. 탐심의 주원인이 하나님을 떠남으로 일어난 공허함에서 왔던 것이라면 다시 하나님께로 돌아가는 길 밖에는 다른 길이 없습니다. 하나님을 떠남으로 찾아온 불안과 불만족은 하나님에게로 돌아갈 때 비로소 해결됩니다. '하나님을 갈망함'(Desiring God)입니다.

저 스스로 질문합니다. "네가 무엇을 갈망하느냐? 더 많은 교인 더 멋있는 건물? 더 유명해지는 목사?" 하나님 아닌 그 어떤 것도 우리를 만족시킬 수 없습니다. 우리가 주의 일을 할 때도 위험한 것은 하나님을 추구하지 않고 하나님과 관련된 것을 추구하다 보면 나도 모르게 주객이 전도되어 버립니다. 하나님을 섬기는 것이 아니라 자신을 만족시키는 것으로 변질될 가능성을 경계해야 합니다.

> 내가 그리스도와 함께 십자가에 못 박혔나니 그런즉 이제는 내가 사는 것이 아니요 오직 내 안에 그리스도께서 사시는 것이라 이제 내가 육체 가운데 사는 것은 나를 사랑하사 나를 위하여 자기 자신을 버리신 하나님의 아들을 믿는 믿음 안에서 사는 것이라(갈 2:20)

우리는 예수 그리스도 안에서만 욕망을 처리할 수 있습니다.

> 내가 궁핍하므로 말하는 것이 아니니라 어떠한 형편에든지 나는 자족하기를 배웠노니 나는 비천에 처할 줄도 알고 풍부에 처할 줄도 알아 모든 일 곧 배부름과 배고픔과 풍부와 궁핍에도 처할 줄 아는 일체의 비결을 배웠노라 내게 능력 주시는 자 안에서 내가 모든 것을 할 수 있느니라(빌 4:11-13)

한 발은 세상에, 한 발은 하나님에게 두는 어정쩡한 상태가 아니고 "In Christ", 그 분 안에 들어가야 합니다. 내게 능력주시는 분은 누구십니까? 부요하신 하나님이십니다. 하나님 안에서 부요를 경험할 때 근원적인 불안과 불만족과 결핍이 모두 사라져 버립니다.

신앙생활의 즐거움이 무엇인지 맛본 분들이 계실 겁니다. 은혜를 아는 성도들은 그 맛을 압니다. 하나님의 말씀을 읽고 묵상할 때 깨닫는 기쁨, 환희! 여러분은 말씀이 생명이라는 것을 입체적으로 경험하고 있습니까? 기도를 통해 하나님과 신비로운 밀회 속에서 영적인 포만감을 느끼는 사람들은 다른 세계 속을 살아갑니다.

연말이 되면 전체적인 헌금에 관련된 것들을 목회적 관점에서 살펴봅니다. 성도들의 십일조를 보며 느끼는 감동이 있습니다. 어떤 분은 교회에 잘 알려진 직분자도 아닌데 상당한 헌금생활을 하시는 것을 보면서 제가 느끼는 것은 '와! 이분 돈 많이 버는구나.'가 아니라 '이 정도의 헌금을 하는 것을 보면 돈이 주는 탐심으로부터 벗어난 자유인의 삶이 아니면 불가능한 것인데 돈이 주는 가치보다 훨씬 더 큰 영적 가치를 붙들고 사는 분이구나.' 물질주의 세상에서 물질의 탐욕에 사로잡히지 않은 승리자의 모습을 본다는 것은 굉장히 즐거운 것이고 매력적입니다. 돈이나 세상의 것들이 아닌 하나님 안에서 만족을 얻는 삶이 있습니다.

믿음의 동역자 여러분! 영적 세계에 들어와 본 사람들은 다릅니다. 이웃의 소유가 탐나지 않습니다. 좋은 신앙을 가지고 있는 이웃을 보면 그 신앙을 탐냅니다. '어떻게 저렇게 믿을 수가 있나? 너무 멋있다.'

하나님과의 관계, 공동체 속의 관계에서도 헌신적이고 기쁨에 충만한 삶을 살며 겸손하게 최선을 다하는 모습을 보면 정말 매력적입니다. 우리는 이러한 삶에 대한 거룩한 탐심을 가져야 합니다.

> 이 세상이나 세상에 있는 것들을 사랑하지 말라 누구든지 세상을 사랑하면 아버지의 사랑이 그 안에 있지 아니하니 이는 세상에 있는 모든 것이 육신의 정욕과 안목의 정욕과 이생의 자랑이니 다 아버지께로부터 온 것이 아니요 세상으로부터 온 것이라 이 세상도, 그 정욕도 지나가되 오직 하나님의 뜻을 행하는 자는 영원히 거하느니라(요일 2:15-17)

세상에서 우리가 얻을 것이 없습니다. 하나님만이 우리의 신성한 만족이고 기쁨이 되십니다. 모든 탐욕으로부터 자유하는 유일한 길은 오직 예수 그리스도로만 가능합니다.

단순한 종교생활, 교회출석으로 막강한 물질의 힘을 결코 이길 수 없습니다. 소유하라고 외치는 그 소리를 잠재울 수 없습니다. 오직 하나님 안에 깊이 들어가 그분만을 갈망할 때, 그분 안에서 주시는 참된 만족이 유일하게 우리를 승리하게 합니다. 시기에서 자족으로, 여러분 모두 세상의 탐욕이 아니라 하나님의 부요를 이룰 수 있기를 바랍니다.

설교 시청 가이드

2019년 11월 17일(주일),
사월교회당의 공예배에서 강론된
"제10계명, 시기에서 자족으로"(출20:17)는
대한예수교장로회 사월교회 홈페이지(www.sawolch.com)와
오른쪽의 QR코드를 통해 언제든지 시청할 수 있습니다.

A Guide to Sermon Video

# 미주

1) 김지찬,『데칼로그: 십계명, 어떻게 이해할 것인가』(서울: 생명의말씀사, 2016), 452.
2) John Durham, *Word biblical commentary Exodus*, 손석태, 채천석 역,『출애굽기』(서울: 솔로몬, 2000), 490; Duane L. Christensen, *Word Biblical Commentary Deuteronomy*, 정일오 역,『신명기 상』(서울: 솔로몬, 2003), 339.
3) 김지찬,『데칼로그: 십계명, 어떻게 이해할 것인가』, 456-457.
4) 김지찬,『데칼로그: 십계명, 어떻게 이해할 것인가』, 466.
5) Duane L. Christensen,『신명기 상』, 339.
6) 김지찬,『데칼로그: 십계명, 어떻게 이해할 것인가』, 465.
7) 손재익,『십계명 언약의 10가지 말씀: 해설서』(서울: 디다스코, 2016), 380.
8) 정요석,『하이델베르크 교리문답, 삶을 읽다(하)』(서울: 새물결플러스, 2018), 408.
9) John Durham,『출애굽기』, 490.
10) 김지찬,『데칼로그: 십계명, 어떻게 이해할 것인가』, 466- 467.
11) 정요석,『하이델베르크 교리문답, 삶을 읽다(하)』, 408-409.
12) 김병훈,『(소그룹 양육을 위한) 하이델베르크 요리문답 II』(수원: 합신대학원출판부, 2012), 262.
13) 이성호,『특강 하이델베르크 요리문답(하)』(서울: 흑곰북스, 2013), 147.
14) 권율,『올인원 십계명』(서울: 세움북스, 2019), 105.
15) 윤석준,『하이델베르크 요리문답 설교 3: 삼위 하나님과 우리의 위로』(서울: 부흥과개혁사, 2016), 223.
16) 윤석준,『하이델베르크 요리문답 설교 3: 삼위 하나님과 우리의 위로』, 226.
17) Duane L. Christensen,『신명기 상』, 338.
18) John Durham,『출애굽기』, 491-492; 송영찬,『시내산 언약과 십계명』, 318.
19) Cornelis Pronk, *Ten Commandments*, 임정민 역,『하이델베르크 교리문답으로 보는 십계명』(수원: 그책의사람들, 2013), 154.
20) 이상원,『21세기 십계명 여행』(서울: 토기장이, 2006), 230.
21) 박윤선,『창세기·출애굽기 주석』(서울: 영음사, 1976), 558.
22) 황원하,『하이델베르크 요리문답 해설』(평택: CNB, 2015), 521.

23) John Durham, 『출애굽기』, 492.

24) Michael Scott Horton, *(The) law of perfect freedom*, 윤석인 역, 『십계명의 렌즈를 통해서 보는 삶의 목적과 의미』(서울: 부흥과개혁사, 2005), 281.

25) 정요석, 『하이델베르크 교리문답, 삶을 읽다(하)』, 407;

26) 김홍만, 『52주 스터디 하이델베르크 요리문답』(서울: 생명의말씀사, 2013), 311.

27) 이성호, 『특강 하이델베르크 요리문답 (하)』, 151.

28) 김홍만, 『52주 스터디 하이델베르크 요리문답』, 312.

29) 김홍만, 『52주 스터디 하이델베르크 요리문답』, 323.

30) 김진흥, 『교리문답으로 배우는 장로교 신앙』(서울: 생명의 양식, 2017), 362.

31) 김진흥, 『교리문답으로 배우는 장로교 신앙』, 360-361.

32) 율법의 세 가지 용도. ① 세속적 용도: 악을 억제하고 선을 권장 ② 몽학(蒙學)선생으로서의 용도: 예수 그리스도께로 인도 ③ 규범으로서의 용도: 복종의 규칙인 하나님의 영원한 도덕법.

33) 우리가 십계명을 지켜야 하는 이유. ① 예수님이 죽으시고 부활하신 목적과 십계명 실천 ② 성령님이 오신 목적과 십계명 실천 ③ 영적 축복을 체험하는 것은 십계명을 실천하는 것과 비례 ④ 십계명의 실천은 가장 강력한 전도의 방법.

34) 황원하, 『하이델베르크 요리문답 해설』, 529.

35) Cornelis Pronk, 『하이델베르크 교리문답으로 보는 십계명』, 163.

36) 정요석, 『하이델베르크 교리문답, 삶을 읽다(하)』, 414.

37) Edmund P. Clowney, *How Jesus transforms the ten commandments*, 신호섭 역, 『예수님은 십계명을 어떻게 해석하셨는가』(서울: 크리스챤, 2009), 415.

38) Cornelis Pronk, 『하이델베르크 교리문답으로 보는 십계명』, 159; 이성호, 『특강 하이델베르크 요리문답 (하)』, 149.

39) 김지찬, 『데칼로그: 십계명, 어떻게 이해할 것인가』, 476-477.

40) 김용규, 『데칼로그: 십계, 키에슬로프스키, 그리고 자유에 관한 성찰』(서울: 바다출판사, 2002), 500.

41) 이상원, 『21세기 십계명 여행』, 228.

42) Kevin DeYoung, *Good news we almost forgot*, 신지철 역, 『왜 우리는 하이델베르

크 교리문답을 사랑하는가』(서울: 부흥과개혁사, 2012), 380.

43) 황원하, 『하이델베르크 요리문답 해설』, 524.

44) 김지찬, 『데칼로그: 십계명, 어떻게 이해할 것인가』, 483.

# 참고문헌(Bibliography)


## 1. 국내 서적

강사문. 『구약의 하나님』. 서울: 한국성서학연구소, 1999.

강영안. 『강영안 교수의 십계명 강의: 십계명이 열어 보인 삶의 길, 자유의 길』. 서울: IVP, 2009.

______. 『한국교회, 개혁의 길을 묻다: 새로운 한국교회를 위한 20가지 핵심과제』. 서울: 새물결플러스, 2013.

고재수. 『. 개혁주의 입장에서 본. 십계명 강해』. 서울: 여수룬, 1991.

권율. 『올인원 십계명』. 서울: 세움북스, 2019.

김남준. 『성수주일; 청교도의 주일성수, 그 평가와 계승』. 서울: 익투스, 2015.

김병훈. 『. 소그룹 양육을 위한. 하이델베르크 요리문답 II』. 수원: 합신대학원출판부, 2012.

김용규. 『데칼로그: 십계, 키에슬로프스키, 그리고 자유에 관한 성찰』. 서울: 바다출판사, 2002.

김지찬. 『데칼로그: 십계명, 어떻게 이해할 것인가』. 서울: 생명의말씀사, 2016.

김진흥. 『교리문답으로 배우는 장로교 신앙』. 서울: 생명의 양식, 2017.

김창훈. 『하나님의 선물 율법 그 의미와 교훈』. 서울: 호밀리아, 2012.

김헌수. 『하이델베르크 요리문답 강해 II : 높아지신 그리스도와 성신 하나님의 위로』. 서울: 성약출판사, 2010.

김형익. 『은혜와 돈: 돈, 영혼 파괴자인가 은혜 건설자인가』. 서울: 복있는사람, 2019.

김홍만. 『52주 스터디 하이델베르크 요리문답』. 서울: 생명의말씀사, 2013.

김홍전. 『십계명 강해』. 서울: 성약출판사, 2008.

노진준. 『회복하라』. 경기: 넥서스, 2018.

박요한 영식. 『십계명』. 서울: 가톨릭대학교 출판부, 2002.

박윤선. 『창세기·출애굽기 주석』. 서울: 영음사, 1976.

박준서. 『십계명 새로 보기』. 서울: 한들출판사, 2001.

박희석. 『안식일과 주일: 성경신학적 이해와 그 적용』. 서울: 크리스챤다이제스트, 2012.

백금산·김종두. 『. 기독교 윤리의 핵심을 보여주는. 만화 십계명』. 서울: 부흥과개혁사, 2008.

서철원. 『복음과 율법과의 관계』. 서울: 총신대학교출판부, 2000.

성주진. 『사랑의 마그나카르타』. 수원: 합신대학원출판부, 2007 2쇄.

손재익. 『담임목사가 되기 전에 알아야 할 7가지』. 서울: 세움북스, 2016.

______. 『십계명 언약의 10가지 말씀: 교재』. 서울: 디다스코, 2016.

______. 『십계명 언약의 10가지 말씀: 해설서』. 서울: 디다스코, 2016.

______. 『특강 예배모범』. 서울: 흑곰북스, 2018.

송병현. 『엑스포지멘터리 출애굽기』. 서울: 국제제자훈련원, 2011.

송영찬. 『시내산 언약과 십계명: 출애굽기의 메시지』. 서울: 깔뱅, 2006.

송제근. 『시내산 언약과 모압 언약: 출애굽기 19-24장과 신명기 5-28장 연구』. 서울: 솔로몬, 2009, 16쇄.

______. 『오경과 구약의 언약신학』. 서울: 두란노, 1998.

송태근. 『쾌도난마 십계명』. 서울: 지혜의샘, 2015.

신원하. 『교회가 꼭 대답해야 할 윤리적 문제들』. 서울: 예영커뮤니케이션, 2001.

신지철 역. 『왜 우리는 하이델베르크 교리문답을 사랑하는가』. 서울: 부흥과개혁사, 2012.

안재경. "십계명 교독은 왜 필요한가?" 『re』, vol, 06호. 여수: 그라티아, 2013.

______. 『십계명, 문화를 입다』. 서울: SFC출판부, 2016.

유해무. 『개혁교의학』. 서울: 크리스챤다이제스트, 1998.

______. 『유교수의 우리 신조 수업』. 파주: 담북, 2019.

윤석준. 『하이델베르크 요리문답 설교 3: 삼위 하나님과 우리의 위로』. 서울: 부흥과개혁사, 2016.

이광호. 『교회 변화인가 변질인가』. 서울: 세움북스, 2015.

______. 『로마서』(서울: 깔뱅, 2009)

______. 『미디복음』. 서울: 칼빈아카데미, 2012.

______. 『손에 잡히는 신앙생활』. 서울: 깔뱅, 2007.

______. 『아름다운 신앙생활』. 서울: 깔뱅, 2007.

______. 『에세이 상산수훈』. 평택: CNB, 2005

______. 『출애굽기』. 평택: CNB, 2013.

이상원. 『기독교 윤리학: 개혁주의적 관점에서 본 이론과 실제』. 서울: 총신대학교출판부, 2010.

______. 『21세기 십계명 여행』. 서울: 토기장이, 2006.

이성호. 『특강 하이델베르크 요리문답. 하.』. 서울: 흑곰북스, 2013.

이승구. 『하이델베르크 요리문답 강해시리즈 3: 위로 받은 성도의 삶』. 서울: 나눔과섬김, 2015.

이재철. 『성숙자반: 장성한 신앙에 이르기까지』. 서울: 홍성사, 2010.

이정현. 『개혁주의 예배학』. 시흥: 지민, 2013 4쇄.

장수민. 『칼빈의 기독교강요 완전분석』. 서울: 세움북스, 2017.

정요석. 『하이델베르크 교리문답, 삶을 읽다. 하.』. 서울: 새물결플러스, 2018.

차준희. 『교회 다니면서 십계명도 몰라』. 서울: 국제제자훈련원, 2012.

최영인. 『주기도문』. 서울: 예사람, 2018.

한금석. 『현대크리스챤의 생활규범』. 서울: 성광문화사, 1997.

황대우. 『삶, 나 아닌 남을 위하여: 마르틴 부써의 기독교 윤리』. 서울: SFC, 2007.

황봉환. 『기독교 경제윤리』. 서울: 예영커뮤니케이션, 2003.

황원하. 『마태복음』. 서울: 고신총회출판국, 2014.

______. 『하이델베르크 요리문답 해설』. 평택: CNB, 2015.

황희상. 『특강 소요리문답(하)』. 안산: 흑곰북스, 2012.

## 2. 번역본

Abraham Joshua Heschel. *The Sabbath: It's Meaning for Modern Man*. 오만규역. 『안식일: 시간속의 지성소』. 서울: 성광문화사, 1981.

Albert Mohler. *Words From The Fire: Hearing the Voice of God in the 10 Commandments*. 김병하 역. 『십계명: 불 가운데서 말씀하신 하나님』. 서울: 부흥과개혁사, 2011.

Arthur W. Pink. . *The. Ten commandments*. 정시용 역. 『십계명』. 서울: 프리스브러리, 2017.

A. W. Tozer. *Tozer on Worship and Entertainment: Selected Excerpts*. 이용복 역. 『예배인가, 쇼인가』. 서울: 규장, 2004.

Bryan Chapell. *Christ-centered worship*. 윤석인 역. 『그리스도 중심적 예배』. 서울: 부흥과개혁사, 2013 4쇄.

Cornelis Pronk. *Ten Commandments*. 임정민 역. 『하이델베르크 교리문답으로 보는 십계명』. 수원: 그책의사람들, 2013.

Duane L. Christensen. *Word Biblical Commentary Deuteronomy*. 정일오 역. 『신명기

상』. 서울: 솔로몬, 2003.

Edmund P. Clowney. *How Jesus transforms the ten commandments*. 신호섭 역. 『예수님은 십계명을 어떻게 해석하셨는가』. 서울: 크리스챤, 2009.

Eugene H. Merrill. *Kingdom of priests: a history of Old Testament Israel*. 곽철호역. 『제사장의 나라』. 서울: 기독교문서선교회, 1997.

Frank Crusemann. *Bewahrung der Freiheit : das Thema des Dekalogs in sozialgeschichtlicher Perspektive*. 이지영 역. 『자유의 보존 : 사회사적 관점에서 본 십계명의 주제』. 양평: 크리스천헤럴드, 1999.

Fred H. Klooster. *A Mighty Comfort*. 이승구 역. 『하나님의 강력한 위로 :하이델베르크 요리문답에 나타난 기독교 신앙』. 서울: 나눔과섬김, 2014 재개정 1쇄.

Jean Calvin. *Catechismus ecclesiae Genevensis*. 박위근·조영석 편역. 『요한네스 칼빈의 제네바 교회의 교리문답』. 서울: 한들출판사, 2010.

______. *Institutes of the Christian religion*. 원광연 역. 『기독교 강요』. 파주: 크리스챤다이제스트, 2003.

______. *The Ten Commandments*. 황영식 역. 『칼빈의 강해설교 십계명』. 서울: 누가, 2011.

John Durham. *Word biblical commentary Exodus*. 손석태, 채천석 역. 『출애굽기』. 서울: 솔로몬, 2000.

John H. Sailhamer. *The pentateuch as narrative: a biblical-theological commentary*. 김동진·정충하 공역. 『'서술'로서의 모세오경』. 서울: 크리스찬서적, 2006, 2쇄.

John H. Stek. *Studies of Old Testament : text and interpretation*. 류호준 역. 『구약신학: 본문과 해석』. 서울: 솔로몬, 2000.

J. I. Packer. *Knowing God*. 정옥배 역. 『하나님을 아는 지식』. 서울: 한국기독학생회출판부, 2008.

______. *Growing in Christ*. 김진웅 역. 『십계명』. 서울: 아바서원, 2012.

John MacArthur. *Slave: The Hidden Truth About Your Identity in Christ*. 박주성 역. 『슬레이브』. 서울: 국제제자훈련원, 2012.

Kevin DeYoung. *Good news we almost forgot*. 신지철 역. 『왜 우리는 하이델베르크 교리문답을 사랑하는가』. 서울: 부흥과개혁사, 2012.

______. *What Does the Bible Really Teach about Homosexuality?*. 조계광 역.『성경이 동성애에 답하다』. 서울: 지평서원, 2016.

Martin Luther. *Deudsch Catechismus: Deutsch Deutscher Katechismus Große Katechismus*. 최주훈 역.『마르틴 루터 대교리문답』. 서울: 복있는사람, 2017.

Marva J. Dawn. *Keeping the Sabbath Wholly: Ceasing, Resting, Embracing, Feasting*. 전의우 역.『안식: 그침, 쉼, 받아들임, 향연』. 서울: IVP, 2001.

Michael Scott Horton. . *The. law of perfect freedom*. 윤석인 역.『십계명의 렌즈를 통해서 보는 삶의 목적과 의미』. 서울: 부흥과개혁사, 2005.

Paul K. Jewett. *The Lord's Day*. 옥한흠 역.『주일의 참 뜻』. 서울: 한국개혁주의신행협회, 1976.

Paul R. House. *Old Testament Theology*. 장세훈 역.『구약신학』. 서울: CLC, 2001.

Raymond Brown. *The Message of Deuteronomy*. 정옥배 역.『신명기 강해』. 서울: 한국기독학생회출판부, 1997.

Roland K. Harrison. *Introduction to the Old Testament*. 류호준·박철현.『구약서론 상』. 서울: 크리스챤다이제스트, 1994.

Thomas Watson. *The. Ten commandmants*. 이기양 역.『십계명 해설』. 서울: 기독교문서선교회, 1984.

Timothy J. Keller. *Counterfeit Gods: The Empty Promises of Money, Sex, and Power, and the Only Hope that Matters*. 윤종석 역.『내가 만든 신』. 서울: 두란노, 2017.

Tremper Longman III and Raymond B. Dillard. *An Introduction to the Old Testament*, 2nd ed. 박철현 역.『최신 구약개론』 제2판. 고양: 크리스챤다이제스트, 2009.

Trevin Wax. *Holy Subversion: Allegiance to Christ in an Age of Rivals*. 김수미 역.『우리 시대의 6가지 우상』. 서울: 부흥과개혁사, 2011.

Walter Brueggemann. *Theology of the Old Testament: Testimony, Dispute, Advocacy*. 류호준·류호영 역.『구약신학 :증언, 논쟁, 옹호 』. 서울: 기독교문서선교회, 2003.

Walter C. Kaiser. *Toward an Old Testament theology*. 최종진 역.『구약 성경신학』. 서울: 생명의말씀사, 1982.

William Dyrness. *Themes in Old Testament Theology*. 김지찬 역.『주제별로 본 구약

신학』. 서울: 생명의말씀사, 2013.

Zacharias Ursinus. *Commentary on the Heidelberg catechism*. 원광연 역. 『하이델베르크 요리문답해설』. 경기: 크리스챤다이제스트, 2006.

## 3. 외국 서적

Brevard S. Childs. *Exodus*. Louisville, Kentucky: Westminster John Knox Press, 1995.

## 4. 국내 논문

이광호. "사형제도에 관한 기독교 윤리적 고찰" 『철학논총』, 제26집, 제4권. 경산: 새한철학회, 2001.

## 5. 정기 간행물

황희상. "십계명을 십계명답게" 『re』, vol, 36호. 여수: 그라티아, 2013.

_____. "십계명을 다루는 철저한 방식" 『re』, vol, 37호. 여수: 그라티아, 2013.

## 6. 웹 사이트

https://www.korean.go.kr/front/search/searchAllList.do . 국립국어원 2019년 8월 23일 검색.

https://www.korean.go.kr/front/search/searchAllList.do . 국립국어원 2019년8월21일 검색.

## 저자소개 : 최영인 목사

목회자의 소명을 받아 총신대학교에서 신학대학원 (M.div)을 졸업한 후, 논문 "김남준 목사 설교에 대한 연구: 설교학적"으로 동 대학 신학석사 (Th.M)를, 논문 "성경플롯을 드러내는 성경적 이야기식 설교 연구: 창세기를 중심으로"로 동 대학 신학박사(Ph.D)를 취득하였습니다.

2015년부터 담임목사로 섬기고 있는 사월교회는 성경에 정확무오한 하나님 말씀의 권위를 두고 역사전통적 신앙고백을 가르치고 고백하는 개혁 교회를 추구하며, "All 바른: 바른 말씀, 바른 목양, 바른 신앙"이라는 표어아래, 인본주의적 신학과 목회가 범람하는 현대사회에 하나님 중심의 신앙을 회복하고자 노력하고 있습니다.


| | |
|---|---|
| 공식 홈페이지 | http://www.sawolch.com/ |
| 공식 페이스북 | https://www.facebook.com/sawol.church |
| 설교영상 시청 | 유튜브에서 "사월교회" 또는 "최영인 목사" 검색 |

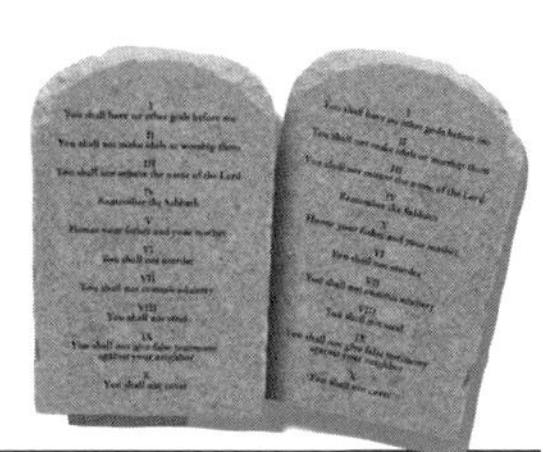

역사속에 잃어버린 보물

# 십계명


지은이 최영인
펴낸이 김동현
펴낸곳 민영사 임프린트 예사람
펴낸날 2020년 4월 5일 초판

주소 서울시 성동구 독서당로 39길 43 1층
전화 (02)711-1224, 711-1225
팩스 (02)711-1226
등록 2014년 1월 1일 제2014-000001호
Home http://www.minyoungsa.com
E-mail myspub@hanmail.net

ISBN 979-11-86378-35-9 03230
정가 15,000원





※ **예사람**은 예수 닮기 소망하는 사람들이라는 뜻으로 문서 선교를 위한 **민영사**의 기독교 임프린트입니다.